上海文化发展系列蓝皮书
THE BLUE BOOK SERIES ON
SHANGHAI CULTURAL DEVELOPMENT

上海文化发展报告
（2022）

SHANGHAI CULTURAL DEVELOPMENT REPORT(2022)

文化建设与城市软实力

主编/徐锦江

执行主编/郑崇选

上海人民出版社   上海远东出版社

摘　要

　　文化是一个城市的灵魂,是城市软实力的根本所在。本年度文化发展报告以"文化建设与城市软实力"为主题,以人民城市和社会主义国际文化大都市建设为目标,聚焦提升上海城市软实力的各个维度,既有宏观的前瞻和预判,同时又有基于上海实践和横向比较的微观分析,在准确把握问题和挑战的基础上,为"十四五"乃至更长时间上海城市软实力建设提供宏观视野和具体对策。全书分为"总报告""宏观视野"和"重点关注"三个板块。"总报告"深刻阐释了人民城市建设、海派文化传承创新与提升城市软实力的关系。宏观视野从服务发展新格局、文化创新、五个新城、国际经验等几个方面,提出了上海城市软实力建设的前瞻性思考。"重点关注"在实地调研和案例分析的基础上,提出了城市软实力建设的具体路径,包括构筑城市形象的全球识别系统、打造各种类型的市民节日、用艺术点亮十五分钟社区生活圈、上海建设世界著名旅游城市的痛点和难点、营造以"上海元素"为核心的"夜上海"城市意境、上海文化产业数字化转型与治理、大力推动文创产业区块链建设、构筑城市品牌、建设城市公共阅读空间体系等。

ABSTRACT

Culture is the soul of a city and is fundamental to its soft power. With the theme of "Cultural Construction and City Soft Power", this year's report on cultural development focuses on various aspects of enhancing Shanghai's soft power and aims at building Shanghai into both a people's city and an international socialist cultural metropolis. The report contains not only macroscopic foresight and prognosis, but also microscopic analysis of Shanghai's practice compared with other cities. Based on an accurate grasp of issues and challenges, the report provides macro-insights and specific measures for the construction of Shanghai's soft power during "the 14th Five-Year Plan (2021—2025)" period and beyond. The report consists of three sections: "General Report", "Overview", and "Principal Focus". "General Report" explains the relationship among the construction of the people's city, the heritage and innovation of Shanghai-style culture, and the enhancement of city soft power in detail. "Overview" puts forward prospective thinking in improving Shanghai's soft power from several aspects including new patterns of service and development, cultural innovation, "five new cities", and international experience. On the basis of in-depth research and analysis, "Principal Focus" has made practical recommendations for enhancing Shanghai's soft power, including pains and difficulties of building Shanghai into a world-renowned tourism city, digital transformation and governance of Shanghai's cultural industry, building a global identity system for city's image, creating various types of citizen festivals，lighting up 15-minute community-life circle with art，creating an ambience of "Shanghai by Night" with "Shanghai elements" as the core，vigorously promoting the construction of block chain for the cultural and creative industry，and building Shanghai's city brand and an urban public reading space system，etc.

目　录

总　报　告

宏　观　视　野

重 点 关 注

CONTENTS

General Report

Overview

Principal Focus

总 报 告

进一步提升上海城市软实力的
价值追求与文化特质

徐锦江　郑崇选①

摘　要　人民城市理念是中国特色社会主义理论在城市领域的集中体现,彰显了社会主义制度与城市建设的内在联系,是提升城市软实力的核心价值追求。从城市文化意象构建和城市文化形象传播的角度来看,海派文化已经成为上海城市文化特质的核心表达,如何丰富新时代海派文化的内涵和影响,深入挖掘海派文化与新发展理念和城市精神的内在契合,不断传承创新海派文化的时代呈现,对于上海城市软实力的提升具有至关重要的意义。

关键词　城市软实力　人民城市　海派文化　新时代

---

①　徐锦江,上海社会科学院文学研究所所长,城市文化创新研究院院长,研究员。
郑崇选,上海社会科学院文学研究所副所长,城市文化创新研究院副院长,研究员。

作为改革开放排头兵,上海在城市建设和更新方面积累了大量经验,是许多重要城市发展理念的"先行者"。2020年6月23日,中国共产党上海市第十一届委员会第九次全体会议的报告题目是《中共上海市委关于深入贯彻落实"人民城市人民建,人民城市为人民"重要理念,谱写新时代人民城市新篇章的意见》,根据习近平总书记考察上海时提出的建设"人民城市"精神,在超大城市的实践领域具体化了这一重要发展理念。2021年6月28日,中国共产党上海市第十一届委员会第十一次全体会议的报告题目是《中共上海市委关于厚植城市精神彰显城市品格全面提升上海城市软实力的意见》,提出了全面提升"城市软实力"的主张。在上海,"提升软实力"与建设"人民城市"构成了城市富有内涵、连续而有机的整体论述。

一、城市软实力的中西差异

上海市委全会通过的《关于厚植城市精神彰显城市品格全面提升上海城市软实力的意见》(以下简称《意见》),围绕城市精神品格,从文化特质、人居环境、治理模式、全球叙事能力、硬实力的提升等方面论述软实力内涵。就此,我们需要对两个问题进一步深入思考:一、当下上海为什么要以如此隆重的方式来提出全面提升城市软实力? 二、更重要的,作为具有世界影响力的社会主义现代化国际大都市,我们所说的软实力与西方国家的软实力有何根本不同?

关于第一个问题。需要了解几个学术背景:第一,"软实力"是西方学者约瑟夫·奈在1990年出版的《注定领导世界:美国权力性质的变迁》一书中提出的概念,虽已有30年历史,但作为一个重要学术概念,历时并不算很长。第二,这个概念虽然最早是针对美国,在国家层面提出的。但是"软实力"一词却充满了中国智慧。这一点,约瑟夫·奈在他的中文版(序)中也不得不承认:"中国古代文化中虽然从未提及软实力,但中国人其实早已深谙此道。"比如《孙子·谋攻篇》中就睿智地说道:"故上兵伐谋,其次伐交,其次伐兵,其下攻城。故善用兵者,屈人之兵,而非战也。"《孟子·公孙丑章》中说道:"以力服人者，非心服也，力不赡也；以德服人者，中心悦而诚服也。"第三，"软实力"只是个描述性概念，并非规范性概念。和其他任何一种力量一样，它既可以用于正义目的也可以用来作恶。第四，约瑟夫·奈在提出"软实力"后，还提出过既非硬实力，也非软实力，而是两者巧妙结合的"巧实力"概念，并一度成为奥巴马政府外交战略的主轴，但"巧实力"并没有像"软实力"那样被广泛接受。第五，城市软实力很容易被理解成为是文化方面的概念，如将文化理解为"是为社会创造意义的一整套价值观和实践的总和"，而非狭隘理解成艺术甚至高雅艺术，应也可匹配。但这次市委领导特意强调，软实力不仅仅指文化。现在又有很多专家的解读侧重在经济方面。从经济高质量发展、产业升级换代、消费模式的变化、参与全球资源配置、硬实力和软实力的双向赋能上理解，应该说都很受启发。但实际上，城市软实力是"政治—经济—社会—文化—情感"一体化理解的概念。第六，"软实力"概念提出后，世界又有诸多新发展，伴随着移动互联网时代的到来和数据资源、科技新场景的广泛应用，软实力和硬实力融合发展的趋势日益明显。新冠肺炎疫情发生后，世界格局更是发生了新变化，人们以往的许多观念和思维方式遇到了不小的颠覆和更新。

按照约瑟夫·奈的说法，软实力指的是在国际关系领域中能够影响他国意愿的无形的精神力，包括政治制度的吸引力、价值观的感召力、文化的感染力、外交的说服力、国际信誉以及领导人与国民形象的魅力。用中国传统语言来说，软实力就是"不战而屈人之兵"，用更通俗的话语来讲，软实力就是"无法抗拒的魅力"。

城市软实力是软实力概念在城市研究中的具体运用，是建立在城市文化、城市环境、人口素质、社会和谐等非物质要素之上的一种合力，这一力量最终通过内部公众对城市的认可和城市对外部公众的吸引得偿所愿。波特的国家竞争优势理论认为，初级生产要素主要包括自然资源、气候、地理位置、非技术人工及资金等，高级生产要素包括通讯、信息、交通等基础设施，以及受过高等教育的人力资源、科研机构等。随着社会的发展，初级生产要素的重要性逐渐递减，高级生产要素对于获得竞争优势的重要性日益彰显。中共上海市委全会以决议的方式通过《意见》，意味着提升城市软实力已成为城市治理重要战略。此时提出全面提升城市软实力，一是上海作为国家战略的体现者，作为排头兵、先行者，要通过城市形象的提升，加强国际传播力和影响力，为国家在世界上解决从挨打到挨饿、挨骂的问题。二是城市竞争的目的，从经济角度而言，就是将具有高流动性和高弹性的生产流、资金流、人才流和消费流吸引到自己的国家或城市。进入网络全球化后，城市间竞争日趋激烈，尤其是在竞争锐化的高阶阶段，比拼的就是软实力。软实力对城市社会经济系统具有极为重要的"加速器"作用，提升软实力，可以为城市发展提供"无形有质"的动力。

从深层次看，打造城市软实力是在可持续发展世界背景下，在社会转型、经济转换、文化转向浪潮中，在后疫情时代人类重新反省自身发展的情况下，对城市本质的正确回归和选择，真正体现出上海的高质量发展，打造"人文之城、创新之城、生态之城"的城市发展目标。

关于第二个问题。在全面提升城市软实力的同时，我们一定不要忘记建设人民城市的崇高使命。中国共产党上海市第十一届委员会通过的关于城市精神品格和软实力的意见和中国共产党上海市第九届委员会通过的关于人民城市的意见是一个连续的、有机的整体。社会主义国家城市软实力的核心无疑应该是"人民性"，即"人民城市人民建，人民城市为人民"的发展理念。这也是我们城市治理的根本目的，而不是在简单套用一个西方的现有概念。城市的精神品格无疑是城市软实力的核心，对软实力具有基础性、引领性、决定性作用。城市精神品格是一个城市的民族和社会的代表性精神和普遍心态，是生活在这个城市的人普遍认可的价值观。习近平总书记高度概括的上海城市精神品格体现的是上海长期积累的独特精神气质。

曾有海外学者在研究亚洲城市后梳理有助于推广城市精神的因素，包括没有贫富差距，也没有群体间的巨大鸿沟；国家内部城市与城市之间维持长期的竞争关系；城市的身份认同若受到外来力量挤压，居民有强大动力去维持这种身份；城市制定地方法规和条例来增强其身份辨识度；城市规划者用道德、政治、法律权威来推行有利于共同精神的城市改造计划；通过城市品牌形象推广给城市贴上特征标签，等等。但其忽略了最重要的一条，在社会主义中国,无论哪一个城市,城市建设的最高要求是人民的满意。全会特别强调:"上海城市精神品格是由千千万万的人创造出来的,也要在千千万万的人身上更好展现出来。"全会强调坚持"人人都是软实力",坚持"人人展示软实力","使在这儿的人引以为豪、来过的人为之倾心、没来过的人充满向往"。

软实力的根本在人,在治理者水平和市民素质的提高。信息化、城市化和再城市化的过程中,尤其需要把握人民城市的主体力量,最大限度调动人民群众的积极性、主动性、创造性,通过基层社区的重塑、社会网络的重建、社会关系的重构,强化人民群众参与的制度化保障,打造共建共治共享的社会治理共同体,最终体现"人民城市人民建,人民城市为人民"的宗旨。只有将全面提升软实力与全面建设人民城市紧密联系起来,我们才不会迷失方向,才会有一个不同于西方的软实力概念的正确降落方式,硬实力让城市强大,软实力让城市伟大。强大和伟大谁说了算,无疑是人民。

二、世界城市的发展模式

在现代城市理论中,关于城市建设大体可分为两种不同的发展理念:一种是形体主义的发展理念,强调规划决定论、功能主义、机械增长,注重规则、秩序;一种是人文主义的发展理念,强调城市多样性、历史风貌保护、可持续发展,反对破坏城市活力的机械规划[①]。形体主义的实践代表是巴黎,1853 年拿破仑三世时期奥斯曼男爵持续 18 年之久的改造工程,造就了今天巴黎的基本格局[②]。早期城市思想家中,芒福德(Lewis Murnford)和霍华德(Ebenezer Howard)是兼具规划和人文思想的代表人物。芒福德在《城市发展史》中推崇中世纪城市,霍华德在《明日的田园城市》中,设想建成一座田园城

---

① 通常认为,由形体主义向着人本主义转变的思路,最鲜明地体现在土地开发和城市更新的主张当中。人本主义的出现是为了修正形体主义发展中的不足,近年来更有提出人与自然并重的发展主张。参见国土资源部土地整治中心编著.美国土地开发与再开发[M].北京:地质出版社,2017:257-258.

② [法]丹妮尔·查第奇,多明尼克·勒伯涅著.巴黎一个城市的故事[M].北京:中国友谊出版公司,2018:220-229.

市后,再建上一圈同样规模的六个城市,在正中央建一中心城市,各城市之间有环形交通线,与中心城市之间也有交通线。这些新城镇一旦发展到一定个数,就组合在一个新的政治文化组织中,这种社会组织被称为"社会城市"①。芒福德认为,霍华德的这种乌托邦城市设想可以遏制土地、工业、人口扩张,有效抵制资本推动的城市建设。

活跃于 1930～1960 年代的现代城市规划家勒·柯布西耶(Le Corbusier)的"光辉城市"直接来源于花园城市概念。值得一提的是,柯布西耶喜欢把飞机作为工具,用空中视角进行规划建模,像上帝一样主宰城市建设。在这位认为"房屋是居住的机器"、强调功能主义的"机械美学"奠基人眼中,空中城市的美丽图景是由摩天大楼、宏伟广场、宽阔绿地和笔直干道构成的。不可否认,柯布西耶的"光辉城市"有其历史性的巨大贡献,很大程度上塑造了现代城市的样貌,但也带来了负面影响,如在"大拆大建"中逐渐消失的社会创造力、文化多样性和城市活力,伴随着现代城市建设,逐渐加剧的贫富隔离和市民通勤时间。

后期持人文主义立场的代表人物是加拿大的简·雅各布斯(Jane Jacobs)。雅各布斯于1963年出版了《美国大城市的生与死》,强烈批判了现代城市缺乏"家"的概念,也缺乏人与人之间有意义的接触,从而提出地面视角下自然生长、曲线、小街段、混合街区、人性化的芭蕾城市。她说:"如果一个城市的街道看上去很有意思,那这个城市也会显得很有意思;如果一个城市的街道看上去很单调乏味,那么这个城市也会非常乏味单调。"②雅各布斯认为,之前的城市规划把城市当作积木玩具,缺乏对现实生活中互相关联机制的研究,甚至批评芒福德提出的这种规划先行的理论已经过时。在雅各布斯影响下的一些规划师、设计师相信,城市应该建立在几世纪以来连续变化过程的基础上,而不是"瞬变"所造成的现代断裂上。而后,莎伦·佐金(Sharon Zukin)在此基础上又发展出"原真城市"(Naked City)的理念,对此她说:"原真性是一

---

① [英]霍华德著.金经元译.明日的田园城市[M].北京:商务印书馆,2000.
② [加]简·雅各布斯(Jan Jacobs)著.金衡山译.美国大城市的死与生[M].南京:译林出版社,2005:29.

种生活和工作的连续过程,是一种日常体验的逐步积累,一种人们对眼前房子、身边社区每天依然如故的期待。当这种连续性中断,城市就失去了灵魂。"①

简单概括:形体主义的城市发展理念强调空中视角②,强调城市的整齐划一、井然有序,强调规划性和可控性。人文主义的发展理念相比之下更强调地面视角,强调有序复杂性和文化异质性,强调烟火气、市井气、接地气、聚人气。

如果厘清了这两条城市发展的主线,包括围绕着这两条主线,还有互联网时代出现的很多城市的发展理念,我们就可以对前面的近三十年的中国城市发展的成就和得失有一个比较中肯的了解和概括。改革开放以后,所谓的现代化、城市化道路,包括上海178年的城市规划和建设,基本上是在西方的语境里面诞生的。虽然我们这个城市里没有奥斯曼,没有柯布西耶,没有摩西,但可以看到他们无形之手在影响我们城市的规划。到了今天,我们中国可以有自己的自信。其实西方的城市理论已经固化了,它的城市发展形态已经非常成熟,成熟到固化的程度了。接下来的城市发展模式要看中国了,很多西方城市文化理论研究的学者,希望到中国来了解中国城市的发展情况。

---

① [美]莎伦·佐金著.丘兆达,刘蔚译.都市文化研究译丛 裸城 原真性城市场所的生与死[M].上海:上海人民出版社,2015:6.

② 空中摄影始于18世纪80年代的巴黎,之后越来越成为满足规划者空想与现实双重理想的特有手段。这种视角完全脱离地面,势必增加摄影媒介固有的"距离感",因而增加了其假想的客观性。当然,还有由于缺乏难以处理的个人或社会对象而固有的可操控性。照相机在20世纪20年代阿特格特的重新发现之后,其真实效果成为抵制空中鸟瞰视角规划者的工具,为激进者和怀旧者们提供了站在地面的视角,倡导城市规划艺术应顾及历史及社会情境。照相机日益突出的便携性,使得日常生活中的无数瞬间被作为事实真相捕捉下来。照片揭示了一个城市的私密,而不是它的"正式性格"。皮埃尔·麦克奥兰在《阿特格特》著作再版序言中说:"城市并不是通过官方建筑来显示,而是通过一些外表模糊的热闹街道。"关于摄影视角在城市规划中的辩论和应用,重新提出了早在奥斯曼之前就开始的拆除与重建之争。这场论战的两个时刻,一是二十世纪二三十年代,勒·柯布西耶把飞机作为建筑模型以及规划的工具,迷醉于其带来的平静和净化效果,确定了空中视角的规划作用。二是五六十年代对这种观点不完全成功的抵制。空中视角和地面视角的对立,其实也是"宏大叙事"与"日常生活"的对立。

三、人民城市是中国城市软实力的价值追求

从世界范围内城市发展实践及其理论构建的历程来看，人民城市概念的提出本身就具有显著的社会主义制度的本质特征，与资本主义城市具有政治属性上的明显差异。人民城市理念既超越了传统的民本思想，同时又与西方的城市理念有制度和文化上的显著差异，为中国特色社会主义城市发展道路提供了科学理论的支撑。人民城市建设理论的形成是基于中国城市的独特实践，蕴含着党的历史观和实践观，深刻回答了城市建设发展依靠谁、为了谁的根本问题，深刻诠释了建设什么样的城市、怎样建设城市的重大命题。列宁在《关于德国各政党的最新材料》中曾明确指出："城市是人民的经济、政治和精神生活的中心，是进步的主要劳动力。"在社会主义国家的历史实践中，这是经典马克思主义首次把城市和人民紧密联系起来，也可以看作是人民城市的最初的形态。[①] 人民城市的提出是中国特色社会主义理论在城市领域的集中体现，彰显了社会主义制度与城市建设的内在联系。

习近平总书记总结当代中国城市发展状况，提出"人民城市人民建，人民城市为人民"的发展理念。明确将"人民"作为城市的核心，力求在城市建设中做到宜业、宜居、宜乐、宜游，让人民有更多获得感、幸福感、安全感。在这个意义上，"人民城市"观念是对中西城市发展理论的有机创新，既是依据中国当代城市现状作出的深刻归纳，也体现了现代城市理论在发展中不断凸显的人文转向。

"人民城市"理念指明了下一步建设中国特色社会主义现代化城市的正确方向。今天强调提出"人民城市"的中国特色社会主义城市发展理念，同全球城市发展从形体主义向人文主义的逻辑转向是密切相关的，是从形体主义、规划主义、空中视角，向人文主义、有机成长、地面视角的一种转化。以"人民城市"发展理念为指导，中国城市应建立起以"获得感、幸福感、安全感"

---

① 刘士林.人民城市：理论渊源和当代发展.南京社会科学,2020-8.

三感为依据的中国城市评价体系,力图使未来的理想城市在生产、生活、生态和生命之间实现有机统一,以共建、共治、共享为实现路径,在城市更新和治理过程中努力贯彻人文主义导向和全过程民主。只有将全面提升软实力与全面建设人民城市紧密联系起来,才会走出一条不等同于再版、翻版西方发展道路,真正"以人民为中心"的中国城市发展新版。

城市的发展最终是为了促进和实现人的全面发展。尽管这看似是一个哲学意义上的终极目标,然而却是城市得以长期存续的根本依据,以此来衡量一个城市发展的健康与否,也是最为科学的标准,以人民为中心的城市建设观应该是基本出发点。我们过去一直喜欢用西方的话语体系来解释中国的城市发展,很多研究者喜欢用中国的城市实践检验西方理论的正确性。从社会科学理论的成熟程度来考量,西方经典的城市文化理论和研究成果当然值得尊敬和借鉴,但我们同时也应该看到,相对于西方城市的成熟形态,中国城市在改革开放 40 多年里的丰富实践和生动创新所取得的巨大成就,也并不是西方理论完全能够描述解释清楚的。这就需要我们的理论工作者投身热烈的生活,用我们的沉思眼光和学术智慧,梳理总结出具有中国特色的城市发展理论。

总而言之,习近平总书记提出的"人民城市"和学界提出的"人文城市"在本质上有相通之处。"人民城市"的发展理念是基于中西城市发展实践和理论,针对当代中国城市发展现状作出的理论创新,它对于扭转城市发展"大拆大建"所造成的一系列缺憾有很好的纠偏作用,对于下一阶段城市的长效发展和有机更新也具有理论指导意义——在逐步脱离形体主义、空中视角的今天,城市发展过度强调资本在全球城市间进行资源配置的能力,显然与"人民城市为人民"的初心并不完全合拍,而数字化的进程,在塑造城市生活便利化的同时,也不能忘记城市生活以人为本的本质。在这个意义上,建设"人民城市"的主张,还对应于当今全球范围内新出现的城市发展问题,为城市究竟应该如何发展、为了什么目的而发展指明了方向。在强调"以人民为中心"的当代中国,"以人为本"的人文主义或许更能代表未来城市建设和发展的理念趋势,而对"人文转向""烟火气"的呼唤,也是朝着世博会提出的"城市,让生活更美好"口号所蕴含的城市本质的回归。

只有将全面提升软实力与全面建设人民城市紧密联系起来，我们才不会迷失方向。因此，除了有必要建立外向型国际城市对标体系，我们还应该按照以人民为中心的发展理念，建立以"获得感、幸福感、安全感"三感为依据的中国城市软实力评价体系。硬实力让城市强大，软实力让城市伟大。强大和伟大谁说了算，无疑是人民。城市软实力的测量和分析，不仅要注重城市环境、文化产业、数字化建设等"可见的实力"，更应注重"人们对城市实力的感知"，让人民群众真正成为城市发展的积极参与者、最大受益者和最终评判者。

四、新时代海派文化的时代建构

从城市文化意象构建和城市文化形象传播的角度来看，海派文化已经成为上海城市文化特质的核心表达，不同于红色文化和江南文化覆盖区域的不确定和不唯一，海派文化与上海之间形成指向明确的想象路径。如何丰富新时代海派文化的内涵和影响，打造具有时代魅力和世界影响的新时代海派文化高地，对于上海城市软实力的提升具有至关重要的意义。

海派文化是一种发端于上海，但不局限于上海区域的现代性城市文化类型，是中国近现代社会城市化、工业化、现代化转型过程中的产物。海派文化以近代上海开埠以后的城市发展为时代背景，在江南文化深厚积淀的基础上，积极吸收和融合各种中西文化滋养而形成。关于海派文化的内涵和价值，在不同时代、不同领域甚至不同语境下，各有不同的理解，不断损益、代谢、嬗变、拓展和深化，大致经历了一个发轫、争议、沉寂、新生、倡扬的发展脉络。改革开放特别是浦东开发开放以来，海派文化早已内化为上海城市精神和城市品格的重要体现，原有的争议和贬损随着上海改革开放的伟大实践，基本失去了生存的历史语境。置于百年未有之大变局，海派文化以其与时俱进的开放性品格，与红色文化、江南文化交相辉映，在世界文化交融激荡中绽放独特光彩，为上海全面建成社会主义国际大都市提供了强大的文化支撑和精神动力。

理解新时代海派文化之于上海的价值与意义,我们需要建立综合立体的时空维度。

一是历史的维度。新时代的海派文化虽然在城市文脉的传承上有很多近代海派文化的文化基因,比如近代上海开埠以来形成的上海的城市空间、文艺形态、文化设施、名人名作等,都为新时代海派文化积淀了丰厚的文化内涵。新时代的海派文化不是历史虚无的文化断裂,而是新的时代语境中的创造性转化和创新性发展。与近代海派文化有本质不同的是,新时代海派文化是中国特色社会主义文化的重要组成部分,无论是革命文化、传统文化,还是先进文化,新时代的海派文化都有丰富而具体的呈现,"创新、协调、绿色、开放、共享"的新发展理念也将为新时代海派文化提供最为鲜活的思想力量。对于新时代海派文化与近代海派文化的解读和阐释,一个基本的出发点就是对上海在不同历史阶段城市定位的根本性不同,也就是中国特色社会主义国际大都市和半殖民地半封建社会远东大都市的根本区分。新时代海派文化本质性内涵主要来源于改革开放之后上海经济社会的创新实践,来源于浦东开发开放以来所形成的新的上海现代城市格局,更来源于党的十八大以来上海排头兵的姿态和先行者的担当。

二是空间的维度。对于新时代海派文化当下实践与未来发展的研判,要放在世界、中国、长三角和上海四重空间所构成的整体格局之中,上海在这四重空间中的方位和方向决定了新时代海派文化的样态和趋势。当前全球发展趋势充满不稳定性和不确定性,逆全球化的力量和意识形态的矛盾不断形成新的文明冲突。中国特色社会主义文化道路扛起构建人类命运共同体的大旗,以中国优秀传统文化的现代价值和中西文化的吸纳和贯通为全球文明的延续和发展提供独特的中国经验。新时代海派文化具有开放性的品格和包容性的胸怀,鼓励多样性文化的繁荣共生,与人类命运共同体精神旨归一脉相承。文化是城市发展的本质性资源。面向2035年,上海提出要建设卓越的全球城市,建成令人向往的创新之城、人文之城、生态之城,不仅要构建具有全球影响力的城市功能,同时更要具备鲜明特质的城市文化,而海派文化就是体现上海全球城市卓越性的文化特质。全球城市是所在国家文明与文化发展程度的重要代表和象征,上海作为中国的全球城市,要为中国式现代化和人类文明新形态提供上海探索和上海样板。海派文化立体展示着中国特色现代全球城市的独特文化魅力,新时代的海派文化将对中西不同的文化形态进行充分的吸纳、聚集、融合,创新发展成为社会主义先进文化的重要组成部分,助力社会主义文化强国的全面建成。改革开放以来,海派文化从江南文化的土壤中汲取了丰富的营养,完成了从承继江南文化、到熔铸江南文化、再到引领江南文化的历程,从而推动了上海文化在整个江南文化格局中心地位的确立。在长三角一体化成为重要国家战略的背景之下,新时代的海派文化将引领江南文化的现代转化,构建长三角文化共同体,为高水平打造长三角世界级城市群提供强大的文化动力。

五、海派文化的传承创新与城市软实力提升

关于海派文化的核心特征和外在体现,至今仍没有形成高度的共识,直接影响了海派文化的广泛传播和价值认同。当务之急,应该不窄不泛,尽快厘清海派文化的准确内涵和合理外延,以习近平总书记关于上海品格的阐释为基本阐释方向,深入挖掘海派文化与新发展理念和城市精神的内在契合,从改革开放以来的上海伟大实践和新时代的辉煌成就中升华提炼海派文化的时代特质,在既有海派文化优秀传统中更多融入新时代的文化基因。

(一)追源溯流,深挖新时代上海城市软实力的海派文化特质

作为海派文化的发祥地,先进文化的先行区,文化名人的聚集地的上海,文化资源丰富。海派文化是其核心元素之一,展现上海作为现代大都市的文化魅力。了解海派文化特质,考订源流,有利于发挥传统文脉的现实意义。海派文化强力表现都市生活风尚。比如新感觉派文学作品中突出对上海繁华都市生活的描写,又如海派文化中所包容的传统与现代交融的生活方式,雅俗共赏、政治与娱乐共生、市场化等多元文化气息,成为重要的文化类型和

历史叙事。这是讲好中国故事的重要资源。

首先,作为上海标志性的文化形态,保护和传续"海派文化",就是传承上海的城市文脉。海派文脉传承体系,无论是客观物质化的特色建筑,还是非遗、民俗、方言等财富,应加以保护研究,并将其发扬壮大。《意见》中提出:"以珍爱之心、尊崇之心善待历史遗存,加强对历史建筑、风貌街区、革命遗址、工业遗迹的保护利用,探索传统历史文化更富创意的'打开方式',推动更多'工业锈带'变为'生活秀带''文化秀带',让人们更好感受'里弄小巷石库门、梧桐树下小洋房'的独特气质。推进城市记忆工程,传承发展戏曲曲艺、民间艺术、手工技艺等非物质文化遗产,留存好古意古韵的水乡古镇,保护好吴侬软语的本土方言,努力使典籍中的上海、文物中的上海、遗迹中的上海在穿越时空中活态呈现。"

其次,讲好上海故事,以树立文化自信。通过海派文化中的上海叙事,建构文化自觉意识,"激活叙事资源的当代价值,彰显上海故事的时代魅力"[1]。这一话语叙事功能,是提升国际传播能力的有效途径。在建立充分的文化自觉和文化自信的基础上,强化本土叙事力量。通过运用海派文化中所蕴含的历史叙事,诸如新感觉派对都市生活的描绘,以海派文化传统融入上海日常鲜活叙述,强化地域认同感与凝聚力。用自己的话讲自己的故事,"从顶层设计到基层探索,进行以丰富实践和生动创新"[2],充分融入城市精神与社会主义核心价值观,强化和丰富本土文化故事内核。

(二)立足本土,吸收外来资源,打造上海文化品牌

立足本土文化资源,根据其不同属性,调整相应方案;并吸收外来文化养分,面向未来,提高文化辨识度和认同感,有效利用上海传统文化资源。

第一,在城市更新中,合理利用历史风貌区,按照其内在发展规律,打造上海文化品牌,加强有辨识度的城市形象传播。

---

① 郑崇选.讲好国际传播中的上海故事,要高度重视话语能力和叙事能力的提升.
② 同上。

通过文物、文献、文化老人加田野调查的"三文一野"故事打捞法和"逛马路、穿弄堂、进客堂、听故事、有感悟"阅读建筑五步法，欣赏中西不同建筑文化风格，讲好上海故事，并发挥讲述者和阅读者的主观能动性，全面提升"建筑可阅读""街区可漫步"的服务水平。通过富有创造力的打开方式，让不同文化地标绽放各自的精彩。

一是把握具有历史风情的地标式建筑。从外滩核心区、老城厢地区、外滩源地区、陆家嘴地区(与西外滩历史性的"万国建筑博览会"遥遥相对，东外滩堪称"后现代建筑博览会")、北外滩地区、衡复地区、徐家汇地区等建筑出发，打造出适合步行的1.5公里海派文化阅读区。使之成为走读海派文化的标志。

二是全力打造与红色文化紧密相连的高光场所。将中共一大、二大、四大纪念馆和龙华烈士陵园作为学习和传承红色文化的重要基地，挖掘珍贵史料，加强党史学习和研究。正如《意见》中所论："充分用好用活上海丰富的红色资源，引导人们走进红色旧址遗址和设施场馆，追寻初心之路，感悟理想之光、信仰之力，把红色传统发扬好、红色基因传承好。充分运用改革开放的生动场景，特别是浦东开发开放的显著成就，引导人们真切感受发展的变化，深切感悟党的创新理论的实践力量、真理力量，进一步增进对中国特色社会主义的情感认同、价值认同，不断增强奋斗新征程、共筑中国梦的自豪感和责任感。"

三是对具有历史文化风情的标志性场所和建筑，如豫园、新天地、和平饭店、国际饭店、上海邮政总局、上海展览中心、马勒别墅、科学会堂、杨树浦水厂、各高校内的历史建筑群，以及武康大楼、上生新所、黑石公寓等新晋网红地加强开掘，打造成新海派文化的地标，并从文旅融合的角度加以规划利用，开拓文化产业。

四是对当下还有开拓想象空间的大世界、百乐门、大光明电影院等建筑，通过梳理其层叠的历史含义，加以新的阐释，利用其品牌变身为"最美海派文化空间"，打造成以海派青年为受众的文化场所。

五是对改革开放，尤其是浦东开发开放后形成的东方明珠、世博会中国馆、上海中心、金茂大厦、环球金融中心、浦东美术馆等代表新时代海派文化精神的现代和后现代建筑进行审美解读,从中体会海派文化在新时代的突破和张力。

与此同时,充分运用海派文学中对上海都市风貌的描写吸引众多读者。将文本阅读与城市阅读相结合,形成独具特色的上海文化之旅。

另外,通过建构海派文化地标评估指标体系,开展年度十大海派文化地标评选活动,在公认的海派文化区域打造或改造一座高标识度、大体量的"新海派文化"展示馆,通过有细节的城市景观让人们直观感受到"有梧桐树的地方才叫上海"。

第二,科技改变未来,以城市数字化转型不断赋能海派文化发展动力。

通过整合各领域各部分优质海派文化资源,大力推动海派数字化资源库建设,向全球不断推出可共享可参与的海派文化场景体验和文化活动。同时,借助"十四五"期间全市范围内城市街区微更新的铺开,在街区社区营造中融入充分的海派文化元素,广泛打造海派文化智慧化呈现的街区场景,促进新海派文化与城市日常生活肌理的深度融合。

第三,加强文旅融合发展,开发"上海文旅大 IP",大力促成原创作品的生成。

将文化产业规划和城市规划相系连,强化文化与经济领域的协调合作,促进文化的多元与包容。在精心规划中,让城市更美好。结合对百年海派文化的研究,包括海派电影、建筑、戏剧、美术等,开发具有全球大都市魅力的海派文旅故事。以此提升新时代海派文化的利用率,增强城市文化软实力,丰富市民精神文化生活。

特别是打造原创性新时代海派精品文旅产品。加大投入,积极鼓励和培育原创性文化精品的生产。推动"上海文艺再攀高峰工程"。结合时代主题,紧跟时事,在文学、艺术、文化、非遗民俗等领域,产生更多以"上海原创""上海制作""上海出品"为主旨的作品,让文化"爆款"和文化精彩涌现。完善原创机制,鼓励人才不断创新,并通过激励机制,加大对文化"精品、优品、新品"的支持力度。发挥人才的重要意义,组建一支由规划师、建筑师、设计师、艺术家、作家、学者、媒体工作者、在地居民组成的海派文化宣讲团，实现多媒体跨界破圈传播效应和虹吸效应。推出"考现（相对考古）上海，阅读海派"文旅结合的微游项目。包括一江一河海派文化贯通游；武康路、愚园路、思南路、多伦路等上海特色马路游；新场、朱家角、金泽等上海特色小镇游；张江、金桥、临港等上海新区游。

加强原创性文化品牌的生成发展，使红色文化、海派文化、江南文化这三种文化在和谐共生的环境中不断发展，相互促进，有机融合，打造更富独特魅力的人文之城。最终能够提升市民的全面发展，并"培育更多具有世界眼光、家国情怀的名家大师，让更多的人在上海实现艺术梦想"，"让天下英才近悦远来"。"城市成为品质生活的高地、成就梦想的舞台，使在上海者引以为豪、来上海者为之倾心、未到过上海者充满向往。"

（三）构建多重有效平台，加强新时代海派文化传习与传播

首先，加强海派文化的宣传，提升市民主体参与意识。海派文化的传承与发扬，事关城市全局和长远规划，需要自上而下和自下而上双线实行。各级领导带头学习，培育和弘扬城市精神与品格；市民人人参与，在日常生活中参与领悟海派文化精神，引领风气之先，更加包容，形成正面的、有"腔调"的市民形象。全民起而行之，从细处、小处、实处落笔，形成城市文化建设不竭的动力。同时，深入推进精神文明建设，在活动参与中培养市民的自治意识、审美意识，和对城市的文化认同感，让新时代海派文化精神深入人心。

其次，以海派文化为主题，强化上海的文化主场优势，通过对元对话，让"上海之声"响彻全球，增进他国对上海的理解与认同，构筑全球文化交流体系。通过以海派文化为议题的大型会议、论坛、会展、艺术节、电影节等国际性重大活动，让城市形象不断向外推广，让上海文化走向世界。同时，系连长三角一体化发展节奏，通过海派文化、江南文化、红色文化的三文一体，拓展海派文化影响领域，增强国际影响力。

通过有效的宣传方式，将上海文化品牌以及优秀的文化资源播撒于世界各地。此外，加强文化间的交流与碰撞、融合，进一步提升海派文化的文化魅

力和影响力、感召力,在全球文化的有机互动与交融中激荡属于上海文化的独特光彩,让中国风、东方韵以及"上海故事"传扬海内外。在传播话语现代转化、传播形式创新、传播内涵重新阐释的基础之上,打造上海故事的新叙事、新表述、新内涵,更加鲜明地彰显上海故事的思想力量和精神力量,提升国际传播能力和上海城市软实力。

当前世界发展面临百年未有之大变局,城市综合实力的竞争是国家实力的反映,而城市软实力又是城市综合实力的重要组成部分,它为城市发展提供不竭的精神动力,有效促成城市凝聚力和创造力的生成。作为上海城市软实力的重要组成部分,海派文化的不断丰富和创新发展,无疑是增强文化竞争力,提升城市综合实力,乃至建设文化强国的重要动力。作为上海三大文化形态之一,对海派文化的传承创新和创造转化,有利于"塑造注重人情味、体现高颜值、充满亲近感、洋溢文化味的'城市表情',让城市更有温度、更为雅致、更有韵味"。与此同时,将增强软实力与硬实力相结合,统筹兼顾,从大局出发,推进综合性建设,使两种实力共生、融合、转化、协调发展。"把经济、科技、产业、基础设施等硬实力优势,加快转化为制度、体验、品牌、环境等软实力优势,持续提升人才、治理模式、创新生态等软实力,进一步为硬实力的增强集聚要素、激发潜力、巩固优势",由此推动上海城市软实力的整体提升。

宏 观 视 野

激活软要素　迸发软实力　赋能硬实力
——在服务新发展格局中彰显上海担当作为

何万篷①

摘　要　软实力,是文化导向、价值理念、秩序规范、服务品质、人本要素、公
　　　　共传播、综合交互等"吸引物"的抽象集合和"吸引力"的具象呈现。
　　　　它经由善治而孕育出来,衍生开来。它让人们因认同而喜欢,因参
　　　　与而享受,在自我意识作用下,采取自觉行动。软要素激发软实力,
　　　　软实力优化软环境,软环境赋能硬实力。软实力的渗透和扩散,在
　　　　很大程度上是激活软要素、实现软联通、营造软环境的过程。厚植
　　　　城市精神,彰显城市品格,全面提升城市软实力是上海面向全球、面
　　　　向未来的一次创举,既是上海城市化发展道路的必然选择,也是应
　　　　对国际形势变化的有力举措,更是人民追求美好生活的重要内涵。
　　　　上海是一座有管理的自由城市,在这里自由度、舒适度非常的高。

---

①　何万篷,上海前滩新兴产业研究院院长,博士,正高级经济师,大学兼职教授,中国统计学会
理事,上海市宏观经济学会理事。本文为上海前滩新兴产业研究院自主课题"软实力与软要
素研究——国家使命和上海担当"的阶段性研究成果。

迸发软实力,需要我们讲好上海故事,推动高水平开放,吸引足够的"玩家",以更广阔的胸怀吸引、接纳、包容人才,发展数字经济,加强整体政府建设等务实举措。

关键词　软要素　软实力　硬实力

城市发展到一定阶段后,软实力的作用更加凸显。上海作为全国经济中心城市和改革开放的前沿阵地,是世界观察中国的一个重要窗口。在我们心目中,上海是承载、彰显国家软实力的标志性平台、战略性窗口。知性、理性,专业、专注,低调、情调,温和、稳重,安全、安心,规范、规矩,能挑重担、堪当大任,这是上海软实力的"标签"。

一、提升城市软实力的"上海创举"

加快构建以国内大循环为主体、国内国际双循环相互促进的新发展格局,是"十四五"规划纲要提出的一项关系我国发展全局的重大战略任务。2021 年 6 月 22 日,中国共产党上海市第十一届委员会第十一次全体会议审议通过《意见》,立意高远,博大精深。在建设人类命运共同体、推动形成国内国际双循环新格局、加快建设具有世界影响力的社会主义现代化国际大都市等背景下,这份文件的意义极其深远。

(一) 国家需要与城市担当

上海历来重视城市软实力建设。但是像这次以全会文件的形式,系统全面地研究城市软实力、部署城市软实力的提升工程,在上海是第一次,在全国各大城市中也是第一次。会议和文件的背后,蕴含着"国家需要与上海担当"。上海发展城市软实力,不是和兄弟省市比高低,而是要代表国家,走出去,到国际舞台传递上海的好声音、中国的好声音。百年未有之大变局,变在哪里？变在大规模的实力迁移（power shift），或者说全球生产力再布局。此时此刻,上海担负着全球资源配置、科技创新策源、高端产业引领和开放枢纽门户的四大功能。要"时不我待,只争朝夕";要有不进则退,慢进也是退的紧迫感。

软实力,是可感、可及、可交互的,是生动、具象和多样化的。软实力和硬实力一起,构成超大城市的综合实力。软实力和硬实力,如同 DNA 双螺旋,相互赋能、相互触发、相互牵引。贯穿双螺旋的,就是城市能级和核心竞争力的成长曲线。为了确保上海的经济"水面"持续扩大,必须持续抬升经济和社会的"水位"。靠什么？靠软实力和硬实力建设双管齐下。超大城市是一个复杂巨系统,通过软实力进行调优、适配,冲破硬实力的发展瓶颈。软实力还是时间维度的传承接续和空间维度的开放吸收。习近平总书记要求,不忘本来、吸收外来、面向未来。这些都要求上海强化"全国连接"和"全球链接"。

（二）历史发展与必然选择

上海推出提升城市软实力这一战略举措,既是城市化发展道路的必然选择,也是应对国际形势变化的有力举措,更是人民追求美好生活的重要内容。

我国的超大城市,基本过了在全市集中搞基础设施建设、在全国主要开发物质化的工业产品市场、在全球大规模招商引资的阶段。要往哪里转段？方向就是在市域内让生活更美好,在全国为其他省市提供高品质的公共服务,到全球诠释好故事、传播好声音、树立好形象,去争取乃至创设和国家阶段性的大局全局相匹配的游戏规则。这就需要上海这个超级城市显著地提升自己的经济密度、城市能级以及核心竞争力。

长三角一体化的要义是基于自由贸易制度,实现资源要素的便利化流动,建设发展强劲的活跃增长极。其内涵是连接周边,链接全球;是向下兼容,向上迭代;是硬实力支撑,软实力引领。上海作为经济中心城市,既要瞄准全球顶尖城市,更好地代表国家参与国际合作和竞争,还要服务全国发展大局,更好地为其他地区赋能。如何代表？如何赋能？就不能唯 GDP 论,要有增值服务,提升城市软实力。加上原有的、并且不断提升的硬实力,上海系统性综合竞争力就上去了,综合服务功能也就提升了。

(三)"物的现代化"与"人的全面发展"

改革开放以来,我们从"发展是硬道理"到"高质量发展",上海从"容器建设"进入"内容运营"的新阶段,从"物的现代化"进入"人的全面发展"新阶段,从物质消费进入物质消费和精神消费、体验经济的新阶段,生产方式、生活方式、交易方式、治理方式创新齐头并进,提升城市软实力更加紧迫,需要我们拿出可操作的行动方案。

(四)国际叙事与能力挑战

我们的国家故事、国家声音、国家形象,这几年改善了很多,起到了凝聚人、感召人、吸引人的效能。不过,还是需要更多层级、更多侧面、更多颗粒度的故事、声音和形象。其中,城市这个层级、侧面和颗粒度的重要性愈发凸显。

改革开放以来,区域性发展单元从本地化、区域化到国际化、全球化,不断升维,持续扩容、增能。国内区域性的发展单元一开始以县域经济为主,现在变为参与全球合作竞争的城市、大都市、都市圈、城市群、经济带。这里面,最关键的是人口过千万的超大城市,也叫"尖峰城市"。美国学界最近提出超级城市概念,指的是人口过 2 000 万的超级城市。超大城市尤其是超级城市,多数处于工业化后期和后工业化的阶段,产业结构有两个 70% 的特点——服务业占 GDP 的 70%,现代服务业占服务业的 70%。

怎样把我们的故事讲得开、传得远、入心入脑?对内来讲,我们的市民安居乐业;对外,我们讲出去的东西,国际上要喜闻乐见,这两者是相辅相成的。

二、提升城市软实力的主要内涵

软实力,是文化导向、价值理念、秩序规范、服务品质、人本要素、公共传播、综合交互等"吸引物"的抽象集合和"吸引力"的具象呈现。它经由善治而孕育出来,衍生开来。它让人们因认同而喜欢,因参与而享受,在自我意识作用下,采取自觉行动。

软实力一词最早由哈佛大学著名学者约瑟夫·奈在20世纪90年代初提出[①]。他认为,软实力指的就是:"一种通过让人做自己想做的事情而获得预期结果的能力。这是一种通过吸引而非强迫获得预期目标的能力。它可以通过说服他人遵从或使他人同意那些能够产生预期行为的准则或制度来发挥作用。"

(一)"两力""两权"与软实力

城市是人类活动"流—留—聚—转"的载体和结果,是烙印、是符号、是灯塔。土耳其著名诗人纳齐姆·希克梅特曾说:"人生有两件东西不会忘记,那就是母亲的面孔和城市的面孔。"美籍城市规划专家伊利沙尔说过:"让我看看你的城市面孔,我就能说出这个城市在追求什么文化。"母亲的面孔存在于子女心中,城市的面孔则是城市内外的共同反映。如果说高楼大厦、繁华商圈、高科技企业等构筑起了城市的面孔,那城市的文化、品格、精神、理念等则赋予了面孔以独特的"城市表情"。

城市之间的比较或PK,主要围绕着两个"力"和两个"权"展开——影响力、控制力,话语权(影响力的高级形式)、定价权(控制力的高级形式)。两"力"和两"权"中润物无声,让人愿意仿效追随的,就是软实力。比如美国有的四个"片":芯片、药片、影片、土豆片。芯片、药片,就是硬实力;影片、土豆片,就是软实力。同样道理,美军、美元是硬实力,迪士尼、环球影城是软实力。

上海城市软实力的首要体现是上海的城市精神与城市品格。上海的城市精神——海纳百川、追求卓越、开明睿智、大气谦和,是需要内化于心,正在努力追求的、培育的;上海的城市品格——开放、创新、包容,是外化于行,已

---

① [美]约瑟夫·奈著.吴晓辉,钱程译.软力量:世界政坛成功之道[M].北京:东方出版社,2005:11.

经表现出来的,是外界有直观感知,并且得到了外界认可的。城市精神是自我追求、内在价值,城市品格是外部观感、外在形象。两者是一个硬币的两面。

(二)综合善治与自然感召

软实力的内核,是基于精神品格和文化特质的共识,没有共识就没有软实力;软实力这个"场域"的最外面边界,是文化,以文化人,以文化物,文化是人类全部精神活动及其产品。这里的文化是广义的文化(Culture with a big C)。毛主席说,一定的文化是一定社会的政治和经济的反映,又给予伟大影响和作用于一定社会的政治和经济。内核和外延的关系,有点像恒星及其周边的星际物质。恒星,也就是共识,是强大的、广泛的、清晰的、高质量的。星际物质是延展的、杂糅的、不断组合调整的。具体体现在综合善治与自然感召两个方面。

首先,强化综合善治。综合善治是公共服务的均衡和平等,是对文化设施的投入,对人居环境的美化、对市民的呵护和对领军人物的褒扬等,包括政府职能部门统筹的,也包括市民自律自治的;是"一网通办""一网统管"的精细化治理和"最多说一次"等精细化服务,对自然人和法人自然的吸引。

曾经有段时间,陆家嘴地区的高楼大厦之间相互看得到但是过不去;张江地区是科创设施设备密布,"张江男"出没。但是两个地方都不大能留住人,缺乏足够的烟火气和人情味。这几年改观巨大,在严谨的硬实力载体之外,增加了大量的人文内容和生活服务,就把人留住了,把人心稳住了。

科创中心主阵地之一、全速转型的宝山,之前给人的印象是集卡车轮滚滚,粗大笨重,宇宙级的钢铁企业及其产业生态。然而,现在宝山已经大变样,既有像吴淞口路那样的日式马路,也有智慧湾那样的科创市集,还有赛艇嘉年华、国家级的传统工艺展,让人流连忘返。

南边的奉贤,在过去几年中也是焕然一新,九棵树、JW万豪酒店等,把现代品质和江南文化完美结合,新江南文化呼之欲出。原来硬实力不突出,软实力不显著,现在兼而有之了。宜居的下一步自然就是宜业。

其次,强化自然感召。以上海"四大品牌"中的"上海购物"为例,购物的背后是消费促进和贸易服务。上海是全国最大的消费城市，2020 年全年社会消费品零售总额 1.6 万亿元，北京不到 1.4 万亿元，重庆不到 1.2 万亿元，其他城市则都在万亿元以内①。上海的首发、首秀、首店经济为什么这么发达？和上海对全国消费者的感召力、吸引力是密不可分的。

在上海购物，就等于品质保证，就等于时尚潮流。2020 年，上海举办"全球新品首发季"，发布新品接近 3 000 款，新设首店 909 家②。在第二届上海"五五购物节"的拉动下，2021 年 5 月，上海市网络零售额超过 1 200 亿元，同比增长 11.3%；线下消费超过 2 500 亿元，同比增长 10.2%。"五五购物节"成为一场倒逼的消费促进领域的"自我革命"。

购物，就像火车头，牵引着文化、服务、医疗、教育等，是一套很复杂的系统。购物也是一个"入口级"的平台，通过它导入高净值人士、高成长人士、高增值环节、高竞争力总部型企业。其表层是自然人的"买买买"，后面却隐含了大量的对法人进行赋能、授权的活动。城市，城市，"城"的初心和使命在于"市"，即市场、交易或贸易。贸易形态，一直在升级。

上海是全球最大的口岸贸易城市。2020 年，上海基本建成了在全球贸易投资网络中具有枢纽作用的国际贸易中心。口岸贸易总额达到 8.75 万亿元，占到全球的 3.2% 以上，继续保持全球首位。上海港集装箱吞吐量达到 4 350 万标准箱、连续 11 年位居世界第一③。全年上海市货物进出口总额 34 828.47 亿元，占到全国的十分之一④。

贸易创造万物，消费和贸易，或者笼而统之讲服务业，是上海城市软实力

---

① 王帆.2020 年十大消费城市出炉：上海、北京、重庆排前三［N/OL］.搜狐网，（2021-02-04）［2021-12-03］.https://www.sohu.com/a/448738738_260616.

② 方卓然.上海全球新品首发季启动，逾 550 个品牌将推出 2 800 余款新品［N/OL］.封面，（2021-04-30）［2021-12-03］.https://www.thecover.cn/news/7360466.

③ 敖蓉.中宣部举办新闻发布会介绍上海发展情况和建党 100 周年庆祝活动相关内容：红色基因推动高质量发展［N/OL］.经济网，（2021-04-23）［2021-12-03］.http://paper.ce.cn/jjrb/html/2021-04/23/content_442238.htm.

④ 上海统计局.2020 年上海市国民经济运行情况［N/OL］.中华全国工商业联合会，（2021-01-28）［2021-12-03］.http://www.acfic.org.cn/fgdt1/fgdt2/202101/t20210128_252576.html.

很重要的组成部分。关键是贸易流量的背后,我们想抓住什么? 已经抓住了什么? 真正增值的是什么? 有一句顺口溜:珠三角造箱子,苏南装箱子,义乌发箱子,宁波—舟山运箱子,上海数箱子,新加坡数单子,伦敦数票子,纽约发票子。这虽然是坊间的顺口溜,但也说明我们在全球的城市价值分配网络上,前进的空间还很大。

(三) 软实力与软要素、硬实力之间的关系

在提升城市软实力的过程中,必须处理好软要素与软实力、软实力与硬实力之间的关系,努力形成政府、企业、社会、公民系统集成的合力,形成"多元共治"的场景。

首先,软实力是综合实力之基,而软要素又是软实力之基。上海第三产业增加值 GDP 占比已经达到了 73.1%,市场经济要高级化,离不开服务经济深化,打造中国特色、上海特质、世界级、综合性的城市软实力,系统性梳理和活化软要素,就提上了议事日程。

2020 年 9 月,习近平总书记在中国国际服务贸易交易会全球服务贸易峰会上的致辞中指出:"纵观人类社会发展史,世界经济开放则兴、封闭则衰。服务业因其独特的轻资产、软要素等特点,更加需要开放、透明、包容、非歧视的行业发展生态,更加需要各国努力减少制约要素流动的'边境上'和'边境后'壁垒,推动跨境互联互通。"就此,提出了"服务业软要素"的重大命题[1]。2021 年 11 月 19 日,习近平总书记在第三次"一带一路"建设座谈会中又提出了"软联通"的概念[2]。软要素、软联通是软实力、软环境形成的前提。

软要素有几个关键词:溶解,赋能,增值,抑制。软要素能消除要素之间的隔断,为城市、为市场主体赋能,实现要素集聚、集成,涌现新的功能,同时抑制物质主义、沙文主义。

---

[1]　习近平在 2020 年中国国际服务贸易交易会全球服务贸易峰会上的致辞[N/OL].新华网,(2020-09-04)[2021-12-03].http://www.xinhuanet.com/politics/leaders/2020-09/04/c_1126454718.htm

[2]　习近平出席第三次"一带一路"建设座谈会并发表重要讲话[N/OL].新华网,(2021-11-19)[2021-12-03].http://www.gov.cn/xinwen/2021-11/19/content_5652067.htm.

软要素的缺失与富集直接影响到软实力的形成。英国脱欧之际，巴黎拉德芳斯制作了全球招商海报，标语"是否厌倦了伦敦金融城（FOG），请试试青蛙之城（FROG）吧"，风趣又巧妙双关，但是招商进展不尽如人意。原因之一在于作为新城的拉德芳斯，遍布硬邦邦的大板楼，缺乏软要素的积淀，难以形成软实力。与之相比，伦敦金融城提出，便捷创造价值，让人们享受狭窄而密集的街道（有人闲聊的地方就会是生意产生的地方）；口头承诺即有效保证（My word is my bond）。软要素的集聚让伦敦金融城即便在英国脱欧后，依然处于工作人口净导入状态。

软实力的渗透和扩散，在很大程度上是激活软要素、实现软联通、营造软环境的过程。上海从1843年开埠开始，历史并不算长，但是软要素高度富集，江南文化、红色文化、海派文化，现代商业文明、技术进步、治理手段交相辉映。上海是一个"混序"型城市，"混"是指它元素多，关系复杂。"序"是指它的主基调、主脉络、主战略是清晰的，有广泛共识的。共识牵引共同行动。不管是本地公民、外来游民、企业公民，想到上海时都有一个图景、一条路径，然后把自己代入进去，评估自己的奋斗过程，眺望自己的奋斗成果。这就是上海这个大舞台、大世界的价值。

其次，软实力是硬实力的加固器、倍增器。美国乔治敦大学战略与国际研究中心主任克莱因，在20世纪70年代提出了一个现实国力方程式。现实国力＝（人口＋国土面积＋经济实力＋军事实力）×（战略意图＋追求国家战略的意志）。将综合国力分为第一个括号里的物质力量，即硬实力，及第二个括号里的精神力量，即软实力。硬实力和软实力相互影响，共同支撑起了一个国家的综合国力。

在工业经济时代，哪里有企业，哪里就有就业（people follow business）；在服务经济时代，哪里有人群，哪里就有产业（business follows people）。美国国家经济研究局，最近几年重新审视了生产率与人口密度的关系，发现人口越多，生产率越高。人口规模是硬实力。和人（人才、人口、人流、人气）有关的其他方方面面，服务于人的，人所提供的服务，则是软实力的范畴。这也是软、硬实力交叉渗透的重要领域。

国家也好,区域也好,城市也好,越来越分化发展。一条很重要的原因,就是软实力和硬实力如何合理配置,如何相得益彰。硬实力的布局在某些情境下是碎片化的,甚至存在冲突,存在合成谬误,譬如研发和制造的割裂,产业与人居的干扰,必须通过软实力的熔解、赋能、增值和控制功能,实现要素集合和系统集成,让城市涌现出新的高级功能。

软实力和硬实力,你中有我,我中有你,是无法割裂的。李政道研究所、朱光亚研究院本身,是硬实力,他们包容并蓄,吸引青年才俊到浦东,投身科研。对浦东而言,这个可复制可推广的现象,就变成了一种软实力。上海技术交易所是个硬平台,但是延伸、衍生出来的功能服务,是软实力。这就是软实力的奥妙之处——让硬实力更"硬",更可持续。

三、提升城市软实力的"上海行动"

上海每天都在催生现象级事件、颠覆性创新、传奇式英雄,是一片做梦、圆梦、造梦的热土。以前总说上海是冒险家的乐园,现在我们说上海是创新创业者的天堂。为什么各路英豪接踵而至？上海的软实力在吸引他们。这里整体便利、相对便宜、本质公平、全面安全、持续开放。这里,资源和要素能便捷、增值地流动,能就地就近组合。提升城市软实力的"上海行动",要有系统观念,注重宏观科学设计、中观能动传导、微观创新发挥,特别要重视并发挥基层群众的首创精神。

(一)讲好"上海故事",增强全球叙事能力

发展具有全球影响力的资讯产业。信息掌握的多寡,已经成为城市软实力的重要标志。重点围绕上海信息传播与信息服务骨干企业,借助产业链的全覆盖,形成一至两家在全球有影响的龙头主导企业,通过自身所具备的对产业链上中下游的影响力,积极建立完善起信息产业链。为此,要帮助企业提升自身资源整合力,即通过以信息作为生产力,把构成信息产业的各个环节、各种要素、各类企业按照效益、效率第一的原则,进行结构优化、资源配置

和利益关系的调整,以达到产业生产力最大化。

研发具有时代特征的"上海剧本"。要把上海故事、上海价值讲出去,传开来,入心入脑。公共传播是头等大事,剧本是前提条件。讲故事、写故事,太重要了。需要好的剧本,好的讲述者,勇敢的实践者,以及大量的有温度的案例。在西方文化圈,有句名言叫"故事驱动发展"。故事是引人入胜的,还是机械生硬的,效果大不一样。更重要的,是讲故事背后的设计能力——议题的设计、议程的设计、规则的设计,具体说就是上海标准、上海价格、上海信息、上海通道、上海平台。现在都讲基于规则的秩序。规则是动态权变的。不是什么都靠块头、靠嗓门说话,我们要以理服人、以德服人、以文服人,发挥软实力的吸引和说服作用。让软实力成为对接获取上海价值、对接"两种资源""两个市场"的一把金钥匙。唯有如此,方能提高全球叙事能力,"自塑"国际形象,而非被动"他塑"。唯有如此,才能解决三个"差"——信息流进流出的"逆差",中国真实形象和西方主观印象的"反差",软实力和硬实力的"落差"。上海是多元的、安全的、稳定的,所以"上海故事"能传遍天下。

(二) 推动高水平开放,导入高能级发展要素

高水平开放,是对内开放、对外开放、对未来开放、高水平开放、主动开放,是有大国担当、大城担当、大平台担当。

持续办好中国国际进口博览会。进博会就是上海推动高水平开放的重要抓手。进博会是对广交会的迭代、对世博会的接力,是优质优价、优进优出、进出口平衡、内外贸一体化、贸易＋、消费＋。在疫情反复的考验下,参加过去年进博会的世界 500 强或者行业头部企业,2021 年的"回头客"占到了80% 以上。这是进博会的"黏性",更是中国市场的"黏性"。进博会是"母场景",将孵化出源源不断的可感、可及的商业新机会。

招国际性组织,引全球化活动。包括主场外交、公共外交、民间外交等在内的国际交往,是上海提升城市软实力的重中之重。这方面,我们尤其要向纽约、伦敦、巴黎、东京、迪拜、新加坡、瑞士等城市学习,向东京从学管理到全

面对标学习;向中国香港学自由贸易;向新加坡学综合营运;向伦敦学文化和商业交相辉映;向纽约学全球影响;向硅谷学科技创新。最终实现从本地化到区域化,到国际化,再到全球化的发展路径。

(三) 吸引足够"玩家",提升城市综合能级

"好玩"的城市才能吸引人。"好玩"是具象的,譬如城市风貌;"好玩"又是抽象的,譬如城市风情。"好玩"的城市,让人宾至如归、流连忘返,愿意不断地探索、"挖宝"。不"好玩"的城市,让人兴趣阑珊、浅尝辄止。

"好玩"是一种软要素的集合,"好玩"的城市,有让人愿意亲近的功能性入口,可以是山水,可以是特色美食,可以是一段传奇故事,可以是概念题材和想象空间……不"好玩",则可能是法不责众地闯红灯,是熟视无睹的违章建筑,是服务台前面排起的长队,是服务价格和品质之间巨大的缺口……

新加坡在2001年6月之前实行IBH(国际商务枢纽)计划,效果寥寥,因为它完全是政治家语言。后来改为GTP(全球服务商计划),显然传播性更好,言简意赅、生动具象,符合市场主体的语境。企业听得懂、够得上、参与得进去。这样一个积极的服务业企业集聚计划、服务贸易促进政金融服务业。"玩家"多了,亚太营运中心自然成型。

城市能级是由"玩家"的能级决定的,不"好玩"的城市肯定无法集聚足够数量、足够高级的"玩家"。而上海显然是大"玩家"云集的地方。上海勇立潮头,不是收费站,恰恰是中国的首席加油站、世界的超级加油站,是给人增值赋能的源头和码头。上海让"玩家"在此享受有管理的自由,舒舒服服地辗转腾挪,当然近悦远来。

(四) 敞开城市胸怀,接纳包容各类人才

实行"回形针"和"吸铁石"计划。上海是海外进入中国、中国走向世界的人才大码头。2020年11月8日,科技部(国家外专局)发布了2019年"魅力中国——外籍人才眼中最具吸引力的中国城市"主题活动结果,上海再次排

名第一,实现"八连冠"①。上海要成为集聚人才的孵化器,转移输送人才的枢纽。通过"世界顶尖科学家论坛"等国际活动,导入多层次创新创业人才队伍,激发各类人才的创新活力和潜力。

扩大公众参与软实力建设。最好的软实力是优医优教,是共同的美好生活。作为国内大循环的中心节点、国内国际双循环的战略链接,上海的"公众参与"可能要突破现有的2487万人口,应该致力于全国参与度乃至全球参与度的拓展。

(五) 发展数字经济,赋能智慧城市治理

数字经济具有城市软实力的"护盘"功能,让城市运行更加安全;发挥"赋能"功能,释放新兴动能;发挥"强基"功能,让基础设施更加坚韧;发挥"监管"功能,全生命周期的提升管理和治理的效率效能。

数字经济就是非常典型的软要素和硬要素的交叉集合,包含新动能、基础设施、交易标的、游戏规则等。要坚持基础建设与实战应用同步推进,全覆盖、全过程、全天候,让基于数字经济的智慧城市、韧性城市、安全城市建设,成为新技术、新业态、新模式的试验场和竞赛场。

要发展数字经济,要聚焦"六个化":一是"数字化",摸清各类底数,统一数据结构。二是"智慧化",安全有效地管控,智敏便捷地运用,越用越有用。三是"产业化",着眼于规模性、成长力、贡献度。四是"协同化",优化上海数字经济发展的空间结构。五是"国际化",参与和引领全球数字经济新规则的制定。六是"PPP化","国引民进,双向渗透",发展混合经济。

发展数字经济要进行风险识别。识别标准动作、规定动作多,特色动作、自选动作少的风险;识别归集多、开放少、使用成本高的风险;识别疏于数据归集、流通和应用等环节监管的风险;识别被大企业"锁定",拘泥于单一解决方案的风险;识别被全球化新规则"锁定",在国际竞合中处于不利地位的风

---

① 上海市人民政府办公厅.外籍人士眼中哪座城市最具吸引力? 上海"八连冠"[N/OL].澎湃网,(2020-11-09)[2021-12-03].https://m.thepaper.cn/baijiahao_9906930.

险；识别困于横向、纵向的"合成谬误"，无法实现各应用模块的系统集成的风险；识别数字经济专项软件能力薄弱的风险；识别产业地图被固化为"高级黑板报"的风险。

（六）争取"上海定价"，明确明晰"上海定义"

比"定价权"更珍贵的，是"定义权"。上海要率先构建与新发展格局相匹配的经贸新规则，建设具有全球影响力的思想市场和城市软实力的"上海样本"。

推进学科建设和学派创新，打造"思想高地"。世界级的思想市场源于科技创新，又高于科技创新。科技成果的研发、转化和应用是金字塔的最底层，国际科技创新资源的市场化集散是塔中，科技创新的思想市场则是金字塔的塔尖。思想高地包括无形的，也包括有形的，比如将淮海中路建设成为具有全球影响力的智库街区。要鼓励新文科的从业人员，走进街头巷尾、田间地头、工矿企业，把报告和论文写在祖国的大地上，而不是书斋里。

推动城市软实力（上海）年度报告首发。建立城市软实力评价"上海标准"，常态化量化评估城市软实力。包括反映他山之石的"长表"、表征自身优势和不足的两张"短表"，以及正面清单和负面清单共同构成的行动指南。

（七）避免合成谬误，提升综合"善治"水平

在充满不确定性的外部环境中，最稳定的是中国路径。中国国家治理能力和治理体系现代化，将极大增强我们的信心，显著提振外部的预期。这是"中国强起来"的必由之路。

所以，我们要在深改革新开放再出发中，保持制度和治理体系的稳定性和延续性，聚焦国家治理"急需"和人民美好生活"必备"的领域，推动我们的制度不断完善和发展，永葆生机活力，赢得比较优势。"破""立"并举，从善"制"到善"治"，关键还在执行。我们必须果敢地解决很多困难，包括但不限于："塔西陀陷阱""合成谬误""幸存者偏差""路灯下的醉汉""闹钟现象"和"手电筒现象"等。

要克服合成谬误,填补部门缝隙。不能隔断化、碎片化、板块化,更不能板结化。新冠肺炎疫情深刻暴露了我们在这方面的欠缺,职能部门"守位"有余,"补位"不足,横向、纵向、斜向,缝隙随处可见。要有效调动所有相关治理要素,形成治理合力。

软实力建设是人心工程,人人工程。人人都是城市软实力的载体,人人都是城市软实力的建设者、受益者、传播者。人人有份,人人有责。

以文化创新作为提升城市
软实力的强大引擎

摘　要　突出创新驱动,提升城市软实力,这是世界上许多中心城市转型升级的共同选择,也是上海在新时代必须激发的可持续发展动能。在城市的整个创新大系统中,文化创新具有不可替代的重要价值,堪称城市最为宝贵的"勇敢的心"。城市的文化创新力集中表现在以下三个方面:文化吸引力,即广泛吸收创新资源并且进行优化整合的能力,包括建设大量文化设施,引入国际优秀人才,开发著名会展等平台,优化服务环境等;文化创造力,即大量创造文化新产品、文化新业态、新型文化消费模式的能力,包括吸引和培育大批创新型的文化企业、机构和人才;文化影响力,即强化全球文化资源的配置,成为国际文化合作与文化贸易的关键节点和强劲引擎。上海在上述方面取得了长足的进步,仍然需要对标国内外先进水平而进行持续的提升。

关键词　文化创新　城市软实力　强大引擎

党的十九大报告指出:"世界每时每刻都在发生变化,中国也每时每刻都在发生变化,我们必须在理论上跟上时代,不断认识规律,不断推进理论创新、实践创新、制度创新、文化创新以及其他各方面创新。"《意见》指出:"以增

---

① 花建,上海社会科学院文学研究所研究员,文化产业研究中心主任,北京大学文化产业研究院研究员,长期从事文化产业、城市文化、国际文化贸易等方面的研究和决策服务。

强城市凝聚力、吸引力、创造力、竞争力、影响力为主攻方向,全面提升引领全国、辐射亚太、影响全球的城市软实力。"在全球经济经历着艰难的复苏、经济下行压力增大、世界政治格局深刻重组的背景下,创新成为许多国家和中心城市转变发展方式,激发增长新动力的重点。而在技术创新、制度创新、资源创新等组成的创新大系统中,文化创新以独特的作用,成为推动城市创新的催化剂和快捷键。

一、城市软实力以文化创新作为强大引擎

突出创新驱动,提升城市软实力,这是世界上许多中心城市转型升级的共同选择,也是上海进入新时代所必须激发的可持续发展动能。探讨这个问题,可以从横向的全球化视野和纵向的城市创新两个维度来把握。

1990年,美国学者约瑟夫·奈明确提出软实力理论,即针对主要国家的综合实力,将其区分为经济、军事等硬实力和文化、价值观及国民凝聚力等软实力。他强调近代以来主要国家的强盛与衰落,与硬实力和软实力的有机组合密切相关[1]。在这之后,有关国际智库和专家学者对软实力的内涵进行了广泛的探讨,分析的对象也从国家延伸到城市。如芝加哥全球事务委员会发表了一份《亚洲软实力报告》(2008年),调查对象包括美国、中国、日本、韩国、越南和印尼公民。它采用问卷调查的方式从经济、文化、人民资本、政治和外交五个方面考察了美国、中国、日本在上述几个国家的影响力和软实力;英国《单片眼镜》杂志自2010年开始,与英国知名智库政府研究所每年联合发布一份全球软实力排名,其指标体系包括企业创新、文化、国家治理、外交和教育五个方面;英国国际咨询公司"PORTLAND"则从政府、教育、文化、企业活动、外交、数字化六个领域的数值对全球主要国家的软实力进行排名。

---

[1]　约瑟夫·奈著.马娟娟译.软实力.中信出版社,2013,118-120.

值得注意的是：近年来一批著名智库和专家，把城市软实力与创新力研究结合起来进行深化研究。其核心理念是：在后工业化时代，以知识型人才、信息、技术等为基础的创新力，已经超越了初级劳动力、土地、矿产等，成为最有价值的核心资源。城市对创新力资源的培育、吸引和争夺，决定了城市的综合实力优势。创新力包含了创意、创新、创造。这三者语义相近，在内涵上各有侧重。创意，即理念和观念的创造；创新，即通过各种新技术、新模式、新路径，带来生产方式的重组；创造，即把创意转化成为实际的产品，并使之成为社会财富。

在城市的整个创新大系统中，文化创新具有不可替代的重要价值。早在 1950 年代，知名管理学专家熊彼得就指出创新模式分为原材料、工艺、产品、市场及管理方式创新五种。德鲁克则将创新来源细分为"七种创新机会"。2006 年经济合作与发展组织（OECD）颁布了《奥斯陆手册》（Oslo Manual），进一步把创新活动分为产品创新、流程创新、组织创新、营销创新。而《奥斯陆手册》第三版则进一步强调了非技术的组织和服务创新①。在这之后，更多的有识之士发现文化要素在整个创新系统中具有独特作用。2009 年英国国家科学与艺术基金会的研究报告《软创新——创新变革的全景图》②指出：在创新活动中，除了技术、材质、工具等"硬创新"，还有针对人类情感、想象、象征、品格的"软创新"。它是一种主要针对人的感官知觉、审美情趣、感情共鸣、风格时尚等的创新活动，可以创造很高的经济效益和品牌价值。

有研究者分析了 1 500 多名富有开创精神的企业 CEO，发现创新者并非天赋神授，而是在实践中培育了自己的创新基因。这些创新人才的认知和行为特点包括：①勇于发问；②勤奋观察；③广泛交际；④善于实践③。由此可见，文化创新已经成为提升城市软实力的强大动能。文化创

---

① *Oslo Manual — Guidelines for Collecting and Interpreting Innovation Data*，3rd Edition，https://www.oecd-ilibrary.org/science-and-technology/oslo-manual_9789264013100-en.

② NESTA，*Soft innovation — Towards a more complete picture of innovation change*，July 2009，P5.

③ 杰夫·戴尔，赫尔·葛瑞格森，克莱顿·克里斯坦森著.管佳宁译.创新者的基因.中信出版社 2013-2：11-12.

新不仅仅作为高级生产要素而流动到工业、商贸业、城市建设业等不同领域，更是一种先进的价值观、人格力量和社会心态。它鼓励人们普遍投入各种创造活动，把探索未知领域看作是人生的高尚理想，对失败抱着宽容和平静的态度，持续地颠覆陈旧的技术模式和生产方式，敢于运用创造力去形成生产力的新组合。它是知识经济背景下一座城市最为宝贵的"勇敢的心"。

有鉴于此，国际知名智库 2thinknow 自 2006 年成立以来，就致力于创新城市研究。它自 2007 年起连续发布全球创新城市指数、评选全球创新城市 100 强。它的研究被公认为代表了全球创新城市的发展方向。它采用文化资产、人文基础设施和促进创新的市场网络 3 个一级指标、31 个二级指标和 162 个三级指标（包括 1000 + 数据点输入），对全球 500 个城市的创新能力进行评价、排名，将它们分为 4 个等级，包括创新核心型城市、创新枢纽型城市、创新节点型城市和创新潜力型城市。其研究的重点不仅仅在创新型机构、研发投资等方面，也涉及到吸引国际化人才、多元文化环境等。

历经 14 年的连续研究，2thinknow 发现创新城市建设不能千篇一律，要根据资源禀赋、经济实力、科研基础、文化基因等条件选择不同发展模式，如伦敦的"知识（服务）＋创意（文化）＋市场（枢纽）"模式、硅谷—旧金山的"科技（辐射）＋产业（网络）＋制度（环境）"模式、东京都市圈的"工业（集群）＋研发（基地）＋政府（立法）"模式，新加坡的"硬件＋软件＋心件（心态和人格）"模式等，而鼓励文化创新是具有普遍意义的创新城市驱动力。在 2021 年第十四次全球创新城市排行榜上，有 38 个城市进入第一等级创新核心型城市。前十名依序为东京、波士顿、纽约、悉尼、新加坡、达拉斯、首尔、休斯敦、芝加哥、巴黎。在进入第一等级的六座中国城市中，上海得分最高，位列第十五名，比上年提升了 18 个位次，引起广泛瞩目。（见表 1）与此同时，上海与东京、波士顿、纽约、悉尼、新加坡等城市的综合创新能力，仍然存在差距，需要付出持续的努力。

表 1   中国城市入选 2021 年全球创新城市 100 强的排名①

		评分（最高 60 分）	2021 年排名	比上年排名变化
上海	创新核心	51	15	＋18
北京	创新核心	50	19	＋7
台北	创新核心	49	23	＋21
深圳	创新核心	49	26	＋27
香港	创新枢纽	47	49	＋7
广州	创新枢纽	47	51	＋23

上海提升创新力的速度及其地位引人瞩目，获得了国际的公认。近 14 年来，上海在培育文化资产、人文基础设施和促进创新的市场网络等方面进行了卓有成效的努力。这显示了上海的决策层、管理层和各界有识之士，对上海发展面对之瓶颈、必须突破之重点、转型升级之规律的深刻认识。改革开放 40 年来，在相当长的一段时间内，中国许多城市的经济增长依赖于劳动力、资源和资本三大传统要素的投入。但是，如今这三大要素在不同程度上面临着瓶颈约束。从劳动力角度看，根据《国家人口发展规划（2016～2030 年）》，中国总人口将在 2030 年前后达到峰值 14.5 亿，中国总人口的老龄化程度将持续加深。上海则是中国最早迈入老龄化的城市之一，截至 2020 年底，全市户籍人口中，60 岁及以上老年人口 533.5 万人，占户籍总人口的36.1%；80 岁及以上高龄老年人口 82.5 万人，占 60 岁及以上户籍老年人口的15.5%②。从资本角度看，经过 40 年的改革开放，我国资本总量相对充足，经过几轮积极财政政策的刺激，政府的投资已经面临着边际回报率逐步递减的状况；从资源角度看，2017 年获批的《上海市城市总体规划（2017～2035 年）》明确提出"坚持规划建设用地总规模负增长"，"到 2035 年，上海常住人口控制在 2 500 万左

---

① *Innovation Cities™ Index* 2021：*Top 100 World's Most Innovative Cities*，https://www.innovation-cities.com/worlds-most-innovative-cities-2021-top-100/25477/.

② 老龄化达 36.1%，上海"十四五"如何服务银发人群?.界面新闻.https://www.jiemian.com/article/6478664.html，2021-8-13.

右,建设用地总规模不超过 3 200 平方公里"。上海所需要的土地等资源将面临更加严格的控制。

有鉴于此,上海未来的发展,必将进一步跨越要素驱动、投资规模驱动发展的阶段,而都把创新驱动作为疫情冲击之下,推动城市繁荣和可持续发展的主要动力。城市的创新力内涵很丰富,包括以自主创新形成完备的技术创新体系、以产业创新形成新型产业体系、以战略创新形成协同创新体系,也包括以文化基础设施等为支撑,以创新型文化机构和人才等为主体,以增强城市凝聚力、吸引力、创造力、竞争力、影响力为主攻方向的文化创新体系,并且以此与城市的硬实力相配合,真正成为引领全国、辐射亚太、具有世界影响力的社会主义现代化国际大都市,成为具有全球影响力的长三角世界级城市群的核心引领城市。

二、文化吸引力：让城市成为集聚
全球文化资源的高地

在全球化深入发展的时代,一个城市的文化创新力与其文化吸引力,即吸引全球优质文化资源的能力密切相关。根据联合国贸发会议的有关研究,近 10 多年来,全球信息、人才、资金等的流通大大加快。而主要国家吸引资源的重点,是创新性资源包括创新型企业、创新型人才、创新型平台和网络等。正因如此,一个城市能否形成对创新型资源的强大吸引力,并且对这些资源进行优化配置,而成为全球创新网络的核心或者枢纽,就在很大程度上决定了它的软实力。

英国国家科学与艺术基金会的研究报告《中国的吸引力状态》把"吸引力"定义为:"有些地方比起其他地方,可以更好地吸收新思想/吸引人才和创造机会。"[1]并且强调:"吸引力"已经成为一个国家创新活力的重要内涵。它分析中国的例子指出:提高"吸引力"不仅仅是指单纯吸收外资,而是如同中

---

[1]　Nesta，*CHINA'S ABSOPTIVE STATE*，Oct 2013，P7-8.

国那样,必须把"广泛吸收""再创新""自主创新"等各类创新路径有机地结合起来,让来自世界各地的创新资源在中国迅速植根,并且与中国本土市场有机地结合。从世界的范围来看,自金融危机以来,许多中心城市积极建设大型文化设施,引入国际优秀人才,开发著名会展等文化交流平台,建立连接世界的合作与贸易网络,成为吸引优质文化资源的沃土。这已经成为一股新兴的潮流,也成为国际上评价城市竞争力和软实力的重要指标。

日本森纪念财团自2008年起发布GPCI"全球城市综合实力排名",对世界各城市竞争力的经济、科学研发、文化交流、居住、环境、交通这6大领域的70个具体指标进行分析。这70个具体指标分别由其收集的59个统计数据与11项问卷调查构成。该调查重点评估一个城市的软实力,包括城市的舒适度和安心感、款待环境以及城市居民所拥有的感性价值。该评估共涉及"效率性""准确迅速""安全及安心感""多样性""款待环境""新陈代谢"6个项目,合计使用32项指标,对象是世界上21个城市中居住从业并有旅居其他三个国家经验的人士。在日本森纪念财团2021年3月发布的《2020全球城市实力指数(GPCI)报告》中,伦敦、纽约、东京位列全球最具综合吸引力城市的前三位。在前十名城市中亚洲占据五席,分别为东京(第三名)、新加坡(第五名)、首尔(第八名)、中国香港(第九名)和上海(第十名)。特别是上海,从上一年度的第三十位跃升至2020年的第十位①。在各项指标评分中,上海在"就业人数""学习能力""工作方式的灵活性""国际货物流通规模"这几个综合吸引力指标上都位居第一。这与2thinknow在2021年全球创新城市100强中对上海的评价,具有一定的契合关系。

这从一个方面证明:上海对国际创新资源的吸引力正在加快提升,大量的创新资源从世界各地源源不断地汇聚到上海。上海不仅是连续多年的全球吞吐量第一大港,而且正迈向吸引海量文化资源特别是文化创新资源的文化巨港。对于上海来说,树立和提升文化吸引力的优势,就必须以培育和践行社会主义核心价值观为根本任务,以弘扬"海纳百川、追求卓越、开明睿智、

---

① 上海GPCI指数跃升全球前十,中日专家齐聚交流展望未来.新浪财经,2021-3-19.

大气谦和"的城市精神和"开放、创新、包容"的城市品格为价值引领,也包括建立良好的基础设施网络,联接海内外的流通网络,适应创新型人才的生活环境,提出前瞻性的规划,为创新型人才创造丰富的发展机会。近年来,上海在建设和优化文化基础设施,升级国际化的交流平台,推动国际文化合作与文化贸易,根据国际规则提供全方位的服务,吸引多元化市场主体参与文化建设,开展会展、演艺、艺术品、影视、视听等大型国际文化项目方面,做得尤为出色。

在代表城市文化品质的博物馆和美术馆建设方面,截至 2020 年上海拥有已备案的博物馆 149 家,以上海常住人口 2 400 余万计,每 16 万人拥有一座博物馆,远远高于国内平均 25 万人拥有一座博物馆的水平[①]。根据联合国教科文组织的报告,自 2020 年新冠肺炎疫情爆发以来,全世界 95 万家博物馆都受到不同程度的冲击,其中约有 10%的博物馆永久性关闭了。而上海的博物馆在 2020 年共举办主题展或者临时展览 238 场,策划公共讲座 1 170 场,推出学生教育和亲子活动 4 137 场,新开发文创产品 681 种;全年接待观众总量为 982 万人次,其中,青少年观众达 196 万人次。截至 2020 年上海拥有正式注册的美术馆 89 家,其中民营美术馆 63 家。上海的徐汇滨江(西岸)集中了西岸美术馆、油罐艺术中心、龙美术馆、德美术馆、桥艺术空间等一大批美术博物馆;上海的外滩也集中了久事美术馆、久事艺术空间、外滩美术馆、复星艺术中心等一批美术馆,成为媲美纽约曼哈顿第五大道的美术馆大道。它们的投资者、经营者和合作者来自国有企业、民营企业、海外华人等,也包括法国蓬皮杜国家艺术和文化中心等世界级著名美术馆,显示了上海已经成为吸引国内外博物馆、美术馆投资和建设的首选胜地。

在代表城市文化艺术消费水平的艺术品交易领域,上海首创的上海国际艺术品交易月已经连续举办三届,成为中国规模最大的国际艺术品交易活动。在 2021 年的交易月期间,累计艺术品货值超 100 亿元(人民币,下同),参与交易主体达 300 多家,国际主要知名画廊和艺术品经营机构悉数参加,累计

---

① 中国平均 25 万人拥有一座博物馆 如何多元化发展?.中国新闻网,2020-5-20.

举办 200 余场艺术活动。它突出了"三个联动""三个首次":艺博会和中国国际进口博览会联动,首次进入"进博时间";交易月和美术季联动,首次推出"上海美展";艺术收藏和艺术美育联动,首次实施"艺术上海"。在首次亮相 2021 年进博会的文物艺术品板块中,有来自英国、西班牙等 11 个国家和地区的包括佳士得、苏富比等著名拍卖行在内的 20 家境外机构参展,申报展品 178 件,总货值超 23 亿元。上海国际艺术品保税服务中心也在 2021 年 11 月举办首届上海自贸区艺术季,吸引来自 10 个国家和地区的 16 家顶级艺术机构包括豪瑟沃斯、佩斯、贝浩登等知名画廊参加。这也预示了上海在文化吸引力方面继续提升的愿景。

三、文化创造力:让城市成为迸发文化新产品的源泉

文化创新以提供文化新产品作为主要成果。城市的文化创造力,即大量创造文化新产品、文化新业态、新型文化消费模式的能力,已经成为上海提升软实力的核心要素。文化创新的成果包含了价值观念,但是又超越了政治、伦理和意识形态,在更高的意义上创造了美。它不仅仅表达了一种对真理、伦理和科学的追求,而且体现了对美的想象力和表达力,它不但包含了意识形态,而且要创造丰富多彩的文化内容和艺术形式。这是与技术创新、制度创新等不一样的创新特色。由于美的创造具有共享性,所以,一个国家或者城市的文化创新力越是旺盛,以艺术方式讲述的故事越是动人,审美的魅力越是深厚与精湛,等于它向世界提供的文化公共产品越多,为人类贡献和积累的文化财富就越多。上海提升城市软实力,要发挥出创意、创新、创造的强大能量,能够在文化艺术各个领域的主题、技艺、品种、魅力、形态等方面,以人文精神与运作模式、艺术质量与表现技能以及文化特色等的结合,长期保持引领的活力,引导人类文化发展的潮流。

从 2006 年开始,世界经济论坛和麦肯锡公司联合发布"全球创新城市热图"(Innovation Heat Map),它根据各城市的专利、版权等知识产权的创造数

量、创新活动的多样性和创新规模等,把全球城市的创新能力评估和划分为四类:"涓涓的细流""涌动的温泉""汹涌的海洋""萎缩的池塘"。"涓流"是在创新发展初期的城市;"温泉"为快速发展中的创新城市;"汹涌的海洋"是在创新规模和产业化程度高速增长的城市,"萎缩的池塘"是失去了转型活力的老工业城市①。根据该项研究,旧金山、纽约、伦敦、东京等已拥有"汹涌的海洋"之实力,中国的上海、深圳等城市正在上升到"涌动的温泉"状态,而许多城市正在积极焕发人的创造活力和增强内生型的动力,以争取从"涓流"迈向"温泉"状态。

从综合比较的角度看,一座城市的文化创新力,主要来自一大批创新型的文化企业、机构和人才。这是因为:在全球化的时代,文化创新基于文化、科技和金融的融合,需要敏锐把握潜在的市场需求,孵化文化创新成果,形成领先的竞争力和规模优势,同时在全球化推广的过程中加速本地化的适应性,即通过适应不同地区居民的文化需求而加快文化产品的开发和流通。而这一切恰好符合了文化企业的特点。恰如熊彼得所概括的"正是企业家把要素(资本积累和技术进步,或资本、劳动和技术)组织起来进行生产,并通过不断创新改变其组合方式,才带来了经济增长。隐藏在增长要素背后的'国王'就是企业家。②"

近年来,在新冠肺炎疫情冲击下,上海文化创新的主体即文化产业的企业表现出强劲的韧性,在营业收入、资产总计、营业利润、利润总额等主要指标和人均营业收入等方面都显示了良好的发展势头。2020 年上海文化创意产业实现总产出 20 404.48 亿元人民币。虽然部分上海文创产业收入大幅下滑,但与数字经济相关的行业领域的发展势头十分强劲。在上海的网络文化产业板块中,移动游戏、网络视听、数字阅读等新业态纷纷实现"井喷式"增长。其中的互联网和相关服务业、软件和信息技术服务业分别逆势增长 18%和 12.5%,占文创产业总收入的 28.4%;网络文学销售收入 115 亿元,同比增

---

① http://www.weforumihm.org/IHM_Tutorial.htm.
② 汪仲华,汪耀华编.当代管理箴言录.上海人民出版社,1988:2.

长 37.7%。在连续十三届评选的全国文化企业 30 强中,上海连续保持了 2 家
上榜的纪录。以上海为核心的长三角地区,在 2021 年第十三届全国文化企业
30 强中,上榜数量达到 11 家,占比达 36.6%,拥有举足轻重的规模优势。长
三角四省市优秀文化企业数量的变化,也反映出江苏、浙江、安徽在培育优秀
文化企业方面正在奋起直追,对上海形成越来越大的竞争压力。(见图 1)

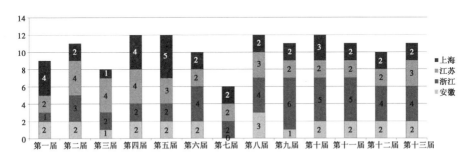

图 1　长三角在连续十三届全国文化企业 30 强中所拥有的席位①

　　上海文化创新的一大重点是发展新型平台。由于数字经济具有全移动、
全覆盖、全渗透、全时段、全体验的特点。数字文化产业可以采用空前巨大的
规模和利用跨越时空的便捷性,把分散的个人脑力资源连接到一个巨大的网
络上,从而组成高效的产业链和价值链,再通过"数据 + 计算力"突破个体劳
动者的智力局限,把人类智能和人工智能相结合,优化各种要素和资源的配
比。从这个意义上说,数字文化产业正在向"平台 + 网络"的方向提升。美团
点评、喜马拉雅、小红书、哔哩哔哩等头部企业拉动互联网服务平台实现总产
出 1 435.90 亿元;今日头条、玄霆娱乐、七猫文娱等企业营业收入增速均超过
一倍。上海拥有的一大批数字文化产业平台型企业,包括喜马拉雅——国内
市场占有率最高的音频内容开发与服务商、巨人网络——中国领先的网络游
戏开发企业和游戏运营平台、哔哩哔哩——海量年轻消费者聚集的网络文化
社区和视频平台、小红书——引导时尚生活方式的平台和消费决策的入口
等,显示出蓬勃的创新研发活力和不断扩张的规模优势。(见表 2)

---

　　①　图 1 由本文作者根据各方面资料汇总绘制而成。

表 2　上海有代表性的平台型数字文化产业企业(部分)

	名称	特点
1	阅文集团	国内领先的数字阅读平台和文学 IP 培育平台
2	哔哩哔哩	海量年轻消费者聚集的网络文化社区和视频平台
3	喜马拉雅	国内市场占有率最高的音频内容开发与服务商
4	巨人网络	中国领先的网络游戏开发企业和游戏运营平台
5	盛大游戏	中国领先的网络游戏开发商和国际化网游平台
6	小红书	引导时尚生活方式的平台和消费决策的入口
7	携程	中国在市场规模方面领先的在线旅行服务公司

四、文化影响力：让城市成为国际文化
合作与贸易的枢纽

习近平总书记要求上海强化全球资源配置、科技创新策源、高端产业引领、开放枢纽门户"四大功能"，为上海推动经济高质量发展、提升城市能级、增强城市软实力指明了主攻方向。中共上海市第十一届委员会第八次全体会议强调，要把强化"四大功能"与落实上海的重大战略任务紧密结合①。上海承担全球资源配置功能的关键是对全球战略性资源、战略性产业和战略性通道具有良好的控制力与影响力。在全球城市体系的网络中，作为核心节点的全球城市必须要具有现代产业体系。上海建设现代产业体系不仅要实现实体经济、科技创新、现代金融、人力资源的协同发展，而且要求结构优化，即以高端的专业服务业为主体、战略性新兴产业为引领、先进制造业为支撑，充分发挥自身比较优势。与此相适应，上海必须提升文化影响力，即强化全球文化资源的配置，提升专业服务能力，成为国际文化合作与文化贸易的关键节点和强劲引擎。

---

① 中共上海十一届市委八次全会举行.看看新闻,2019-12-20.

上海加强文化影响力,建设国际文化合作与贸易的枢纽,对于建设社会主义文化强国具有深远的意义。马克思、恩格斯在《德意志意识形态》中指出:共产主义的实现应"以生产力的普遍发展和与此有关的世界交往的普遍发展为前提","交往的任何扩大都会消灭地域性的共产主义"①,而封闭的地域性的共产主义会导致愚昧、迷信和专制。这一论断对于中国实现现代化是极其重要的。中国建设社会主义文化强国,是从一个相对落后和封闭的国情基础上起步的,要在一个西方国家占优势的世界文化市场上获得中国文化建设所需的高端要素和市场空间,则需要开放、包容的远见卓识和文化战略。从打造人类命运共同体的意义上说,中国通过强化全球文化资源的配置功能,形成高质量的文化创新成果,将对人类社会形成更加广泛的影响力和号召力;从地缘经济战略与区域文化合作的意义上说,上海提升文化影响力,可以利用信息、投资、贸易、消费等的网络,推动周边国家和"一带一路"相关地区的文化资源加快流通,形成文化产业领域中互惠互利的关系,扩大中华文化的近中远三个辐射圈。

上海提升对外文化开放优势,促进国际文化交流与文化贸易,必然要推动文化产业的结构优化,以高端的专业服务业吸引国内外各类文化主体,形成符合国际惯例的双向流通优势,以外向型的文化企业开展各类国际文化贸易。从 2009 年开始,在每两年颁布一次的国家对外文化出口重点企业和重点项目中,上海表现出色。如商务部、中宣部、财政部、文化部、国家新闻出版广电总局联合公示的《2021~2022 年度国家文化出口重点企业和重点项目名单》(共 369 家企业和 122 个项目)中,上海拥有国家文化出口重点企业 30 家,包括巨人移动、中华商务联合印刷、幻维数码、上海新闻出版、米哈游等一批重点企业,显示了强大实力。其中的米哈游年营业收入突破 100 亿,进入到上海企业 100 强的榜单;上海拥有国家文化出口重点项目 13 个,包括国家对外文化贸易基地(上海)、上海国际艺术品展示交易服务平台、球球大作战等一批对外出口的文化品牌项目,显示了出色的业绩。以上海为核心的长三角包

---

① 马克思恩格斯选集.第 1 卷.人民出版社,1995:40.

括沪苏浙皖四省市,在 2021～2022 年度国家文化出口重点企业共 369 家中,拥有 104 家企业,占比高达 28%,成为中国扩大对外文化出口,加强国际文化贸易的主力军团。沪苏浙皖四省市的相关数据也显示出,在提升文化影响力、扩大对外文化贸易方面,上海与江苏、浙江、安徽正在进入加速奔跑、合作与竞争并重的新赛道。（见图 2）

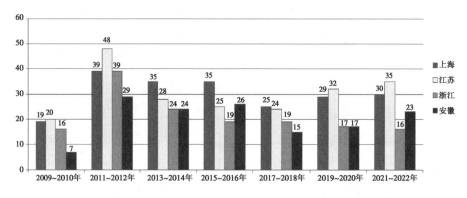

图 2　长三角拥有的国家对外文化出口重点企业数量(2009～2022 年)①

在数字经济背景下,上海加强文化影响力必然要与数字经济相结合。联合国贸发会议的研究文献指出:数字经济是一个充满活力的结构。它犹如七块芯片组成的场域,包括全球经济的数字化、电子商务、数字内容、数字解决方案、互联网平台、信息技术软件和硬件、通讯七个方面②。其中有些要素是更加纯粹的数字经济,有些具有复合型的特点。在云计算、人工智能、大数据和区块链的时代,一个城市激发文化影响力,必须形成多渠道、多语种、全媒体、多品种、全链条的立体传播网络,包括台、网、屏、院线、论坛、平台等渠道,顺应国际文化贸易规则和市场变化,扩大数字文化产品和文化服务的国际流通。上海张江作为全国最早建立的国家数字出版基地,集聚了上海主要的数字出版机构。方正集团与上海张江集团共同投资 2.85 亿元,组建全国数字出版的旗舰企业——中国数字出版技术有限公司。这是迄今为止中国数字出

---

① 图 2 由本文作者根据各方面资料汇总绘制而成。
② 联合国贸易发展大会.世界投资报告 2017——投资与数字经济.P32.www.unctad.org.

版史上投资规模最大、合作层次最高的项目,将成为中国数字出版走向国际市场的强力助推器。

近年来,上海根据国际文化贸易的规则,不断优化对外文化贸易服务体系。2020年8月30日,国务院正式批复同意上海外高桥保税物流园区转型为上海外高桥港综合保税区。上海自贸文投平台作用日益彰显,先后推出艺术品进出口批文申办5个工作日内完成、艺术品进境免除CCC证明、艺术品进出境备案免除文广局批文等贸易便利化创新措施。上海进出境文化艺术品量从2019年的61件增加至2020年的2 234件,占全国总量90%,保税区文化艺术品累计进出境货值逾480亿元。① 国家对外文化贸易基地(上海)作为全国第一个,也是规模最大、运作最有效的国家对外文化贸易基地,自2011年正式挂牌运营以来,对标国际文化贸易规则,发挥上海海纳百川的开放优势,为各类外向型文化企业创造良好的发展环境,推动它们扬长避短、相互促进。它从建立之初的近百家外向型文化企业,到2020年12月已集聚了超过1 400家的各类文化企业,吸引投资规模超过580亿人民币,年贸易规模达到350亿元人民币,年税收贡献超过3.8亿人民币,成为中国境内集聚外向型文化企业最具规模效应的龙头基地。

正如《中国的吸引力状态》所指出:今天的中国犹如一个古希腊神话中的阿基里斯巨人,正在奇迹般地成长起来。"中国是一个极具吸引力的国家,越来越善于吸引和利用全球知识和网络。中国日益增长的创新系统已成功地结合外国的技术和知识来迅速提高本土的能力和基础设施。"② 上海根据党和国家的战略部署,以增强城市凝聚力、吸引力、创造力、竞争力、影响力为主攻方向,全面提升引领全国、辐射亚太、影响全球的城市软实力,必将在打造向世界展示中国理念、中国精神、中国道路的城市样板方面做出更大的贡献。

---

① 上海统计.2020年上海市国民经济和社会发展统计公报.澎湃,2021-3-19.
② Nesta,*CHINA'S ABSOPTIVE STATE*,Oct 2013,P15-16.

以"历史文化名城""水系城市"和"创新都市"的特色切实增强上海城市软实力

陈燮君①

摘　要　上海正在加快形成"中心辐射、两翼齐飞、新城发力、南北转型"空间新局。上海城市的发展,"五大新城"的发力,大力推动规划落地、政策落地、项目落地,形成有集中度、显示度的阶段性成果。既要培育各自的独立竞争力,又要整合于上海城市文化,以"历史文化名城""水系城市"和"创新都市"为特色切实增强上海城市软实力。这已成为上海发展、"五大新城"发力的战略思考和拓展践行。

关键词　历史文化名城　水系城市　创新都市　上海城市软实力

软实力是西方学者约瑟夫·奈在 1990 年提出的,意指在国际关系中能影响他国意愿的无形的精神力,包括政治制度的吸引力、价值观的感召力、文化的感染力、外交的说服力、国际信誉以及领导人与国民形象的魅力。我们既要关注"诗与远方",又要重视"史与远方"。一座城市正因为它有深远的历史,才有可能拥有更为广袤的未来的发展空间。水是一座城市的灵动和活力。一个城市有了水,就可以流向远方,淌向远方,可以更滋润地把眼光伸展到远方。一个城市首先需要眼光的伸展,它比肢体的触摸、情感的寄托、乡愁的漂流更重要。城市有了创新,才能养育睿智、生机勃勃、拒绝平庸、笑迎成

①　陈燮君,1952 年生,宁波市人。研究员,二级教授,博士生导师,现为上海市新学科学会会长,上海中国画院画师。曾任上海市文物管理委员会常务副主任、上海文博学会理事长、上海市文化广播影视管理局党委书记、上海博物馆馆长、亚欧基金会博物馆协会执委、美国亚洲协会国际理事会理事、国际博协中国国家委员会副主席、中国博协副理事长。

长。上海城市的发展,"五大新城"的发力,既需要"硬实力",又需要"软实力","软实力"是城市凝聚智慧、弥漫灵气、凸显精神、舒展气象的着力点、发力点和聚焦点。有了城市软实力,才能更好体现以文铸魂、以文润城和以文化人。有了城市软实力,才能进一步提升城市的生活品质、个性魅力和诗性品格。

一、结集于"国家历史文化名城"

上海是国务院于 1986 年命名的"国家历史文化名城"。上海具有六千年的历史文脉,有距今 6 000 年的马家浜文化、距今 5 000 年的崧泽文化、距今 4 000 年的良渚文化、距今 4 100 年的广富林文化、距今 3 700 年的马桥文化和距今 700 多年的元代水闸遗址。崧泽文化遗存在青浦,广富林文化遗存在松江。上海地区各历史时期的文化遗存非常丰富。青浦区出土的唐代长沙窑瓷器、南宋越窑青瓷,松江区出土的春秋时期青铜尊、南宋金器等,都体现了当时的社会状况与文明成就。除了埋藏于地下的文化遗存外,松江的唐经幢、方塔、西林禅寺,青浦的青龙寺,嘉定的秋霞圃、法华塔,静安的静安寺,则向我们展现了古代先民日常活动的场所。嘉定、青浦、松江、奉贤及南汇五个新城的发展,应结集于"国家历史文化名城",以"国家历史文化名城"的名义,规划运筹,向未来积极拓展。

上海的老城厢有着丰富的历史细节。讲到老城厢,如果把徐光启这个故事说透、展项做好,老城厢这本书一定是非常好看的。其实老城厢也可以尝试和黄道婆这样的历史人物联系起来,就像徐光启与九间楼的故事,是一样精彩的。循着这个线索,我们可以把文章做足,可以把整个老城厢的古迹名园、公馆公所,包括大境阁,把它们串起来。我们讲文化要素、文化单元,可以按照这个系列,点对点、点对面、点对线,把它们串起来梳理。从历史文化名城上海 6 000 年的文明史,慢慢讲到老城厢的形成,这样才吻合"国家历史文化名城"这个命名。谈论老城厢应该要有历史的大视野、历史的大时间、历史的大角度,要通透,要贯穿古今。江南名园豫园起于明代潘允端的私人花园,得益于明代造园名家张南阳的"江南名园"的精心设计,关注于江南园林建筑览读,聚焦于江南灵逸之美,留驻了江南古意风韵,凝聚和映照了江南文化气象。

从历史文化名城的视角看,上海还有丰富的工业遗存。如何留驻城市记忆、激活工业遗存,是增强城市软实力的新课题。报载,宝山区共富小区的居民没想到,曾经在家门口的仓库、集装箱堆场等"脏、乱、差"地带,经过五六年的华丽变身,变成了既别致又实用的"城市客厅":不仅有洋气的"集装箱创客部落"等产业园区,聚集了朝气蓬勃的年轻白领,还有 1 万多平方米的公共空间,在此可随时"遇见"展览场馆、剧院、社区影院、咖啡馆、健身馆等。地处宝山顾村的智慧湾科创园,曾是重要的老工业基地。伴随城市发展和产业转型,这一"铁锈区"逐渐落寞,嘈杂的环境让老百姓叫苦不迭。在这场城市更新的变革中,工业遗存的"再造"过程并不平顺,非一蹴而就。从仓库、集卡、堆场、搅拌站的待淘汰空间,发展成一个企业、区域、市民共享的城市大空间。智慧湾的变迁,是上海"工业锈带"变身"城市秀带"的又一范例,这背后给予我们留驻城市记忆的一些启示。在上海以及我国许多城市,有大量的存量工业用地需要调整,如何能让这种调整既符合新发展理念,又符合存量时代的要求,值得思索。智慧湾项目是新旧动能转换非常生动具体的体现,它是一举多得的,不仅使"记忆"保存、环境改善、存量盘活、资产增值,而且带动了就业和消费,在当前推动经济内循环中也有很强的现实意义。

二、凸显"水系城市"

上海是"水系城市",连接太平洋、长江、黄浦江、苏州河、湖港湾浜。嘉定、青浦、松江、奉贤及南汇五个新城的发展,应凸显"水系城市",以"水系城市"映照江南文化、都市文化和红色文化,以"水系城市"反映五个新城的"襟江带海"、滋润水揉。今天青浦有环城水系公园,这个由淀浦河、油墩港、上达河和西大盈港四条共约 21 公里的骨干河道围合而成的约 24 平方公里区域,有 43 公里的滨水绿道、近 3 000 亩滨水开放空间。下一步还需要正确理解水生态系统健康,按照科学方法推进水生态系统保护、建设、维护和生态系统服务功能的提升与维护。

上海城市的发展,"五个新城"的发力,是在"水系城市"、诗性江南的背景下舒展的。上海有高楼大厦、现代设施,也有小桥流水,石径通幽,春末落英缤纷,金秋巷角璀璨,风中传递古镇故事,河里抖落漫天星斗,那点点农舍、千古水道、穿梭轻舟、黛瓦粉墙演绎着江南情趣、水乡时空、古镇魅力、流连忘返。上海到处可见"水系江南"。江南是水系的江南,是水揉的江南,灵动的水让江南柔了、美了、清了、醉了。神奇的水使上海有了四季的温度、水乡的广度、情愫的深度和历史的跨度,使田园湿漉漉的,使乡愁水淋淋的,使白墙留有年轮的屐痕,使人文见人有文。

"一江一河"、关注"水系"已成为上海发展、"五大新城"发力的民心工程。黄浦江沿岸45公里岸线和苏州河沿岸42公里岸线的陆续贯通,让历史建筑更加生动,让城市记忆更好延续,让城市软实力更加彰显。贯通后的黄浦江两岸美景一览无余,尽收眼底,让人心旷神怡。而在苏州河两岸不仅存在众多的历史保护建筑,更是承载了人们对美好滨水空间的向往,对宜居宜业美好生活的憧憬。苏州河是上海的母亲河,20世纪的苏州河两岸码头林立,船来船往,见证了城市的变迁,没有哪一条河流像苏州河这样与上海如此亲近。但在贯通之前的很长一段时间,苏州河两岸很多地方是"沿河不见河",黑臭的河道更难让人想象这里能成为漫步休息的地方。开放苏州河两岸的滨水空间不仅是拆围墙、通堵点,更是在书写"把最好的岸线资源留给市民"这篇大文章。上海市五金交电公司仓库,现在已成了湖丝栈创意产业园,矗立起几幢有着清水青砖外墙、水平红砖带饰和壁柱的老建筑,与开放的华东政法大学校园滨河空间遥相呼应,形成具有韵律感、层次感、活力感的滨水景观体系。"西岸梦中心"地处徐汇滨江,是上海西岸打造的国际级艺术集聚区中的重量级项目,将以文化功能为核心驱动力,塑造上海的城市文化新地标。"西岸梦中心"总建筑面积15.6万平方米,由13幢(组)建筑组成,其中保留历史建筑5处,以西岸穹顶艺术中心、西岸大剧院、西岸剧场以及西岸艺术中心等剧场群落为主要载体。梦中心位处徐汇滨江滨水岸线的核心段,全面启用后也将充分激活以西岸传媒港为旗舰的核心商务区,有机串联"西岸美术馆大道"的文化场馆及艺术设施,构建多元文化消费场景。西岸穹顶艺术中心,曾经是中国首个湿法水泥厂上海水泥厂的预均化库。该厂由昔日中国"实业大王"刘鸿生于1920年创办,拥有完整的生产线,曾是亚洲最大的水泥厂。2009年,随着徐汇滨江整体开发与区域更新的启动,上海水泥厂正式退出历史舞台,完成了工业生产的使命。西岸穹顶艺术中心,由直径80米的水泥厂预均化库改造而来,保留了极具空间特色的穹顶式建筑构架,为艺术展览、演绎活动提供了颇具想象力的空间。

上海一江(黄浦江)、一河(苏州河)、一湖(淀山湖)均与青浦紧密相连。这里依水而建、因水而兴,是历史悠久、底蕴深厚的上海之源,也是面向全球、面向未来的上海之门。规划面积91.1平方公里的青浦新城,河道水系纵横如棋盘状,同时连接了青西郊野公园等大型生态空间。水,是它的核心元素,亦是未来发展的着力点。"十四五"期间,青浦新城重点聚焦"一个中心,三个片区"开展规划建设,每个区域都以水为媒,打造人水相亲、绿水相融的江南水乡风貌。"一个中心",即上达河两岸的青浦新城中央商务区,区域面积6.5平方公里,未来将建青浦之芯岛、青浦新城中央公园、外青松企业总部走廊等,区域内细化设计了生态型、生活型和城市型等各种水岸空间,同时还将滨水布局8个近1公顷的"口袋公园",服务半径300米,居民步行5分钟可达一处"口袋公园"。"三个片区",即城市更新实践区、未来新城样板区和产业创新园区,这些区域同样将借助水系打造职住平衡、生态宜居之城。云间大地,九峰三泖,钟灵毓秀。松江有山,佘山森林公园内数座山峰从西南趋向东北,逶迤绵亘如绿色长龙;松江有水,油墩港、洞泾港、通波塘等蜿蜒曲折,浦江之首烟波浩渺;松江有绿,从黄浦江涵养林到天马生态片区,从新城中央公园到广富林郊野公园,自然可亲。引山水入新城、将新城融于山水,山水入城,是本次松江新城总体城市设计的亮点之一。基于北佘山、南浦江的独特自然基底,依托众多骨干水系形成多条连山通江的南北向结构性蓝绿通道,松江新城将形成北达佘山、南通浦江的"大生态"格局,形成"山——城——水"共融的空间基底。伴随上海"一江一河"建设持续推进,长达11.2公里的苏州河岸线长宁段全线贯通后,成为长宁区老百姓和沿岸园区、企业感知城区活力的理想之地。苏州河滨河步道华政段、北新泾中环桥下空间等地标区段串珠成链,成为市民休闲运动的时尚地标。在布局"一江一河"、打造"城市项链"中,高等学府开放、融入滨水岸线,建设成为社会公共空间。华东政法大学与长宁区协力合作,规划建成苏州河华政段"一带十点"景观,与市民分享一个真正的"共享校园"。在中山公园二号门对面,华东政法大学长宁校区,被苏州河以 U 形姿态紧紧拥抱,好似一座楔形半岛,雅香四溢、幽静迷人。重视"一江一河"、关注水系已成为上海发展、"五大新城"发力的软实力、硬道理。

三、聚焦于"创新都市"

上海在城市发展中养育、成长为"创新都市"。在上海文化积累的城市化突破中,申城文化—科技—经济—社会动荡性互动,东西方文明集散与互补,更新了城市经济开发观念,松动了原有的价值观念、审美态度、文化立意和城市理念,磨砺出新的城市人文精神。城市从闭锁到开放,引发出上海人的开放精神;城市在困惑和抗争中觉醒,引发出上海人的拓展精神;城市从吞吐西方文明中形成自己的经济—社会—文化个性,引发出上海人的创新精神;城市从激烈的冲突和竞争中求得生存与发展,引发出上海人的竞争精神;城市从汲取国外各种经济管理、金融管理、城市管理的思想、方法中吐故纳新,引发出上海人的进取精神;城市从各路人才的汇聚闯荡中吸纳百川,引发出上海人的宽容精神……嘉定、青浦、松江、奉贤及南汇五个新城的发展,应聚焦于"创新都市"。嘉定是教化之城、汽车之城、科创之城,"从科学卫星城"到"创新活力城","科创基因"应进一步深植于嘉定的发展血脉。松江将扩大长三角 G60 科创走廊的辐射带作用,发挥全国首个国家级新型工业化产业示范基地的先发优势,依托腾讯长三角 AI 超算中心、海尔 CosMoplat 等平台,加快5G、云计算、数据中心等新基建,率先建成长三角 G60 科创走廊工业互联网生态链,推动重点领域智慧应用,全面提升"两张网"服务管理质效,引领生产生活方式和思维模式全面创新,不断提升城市治理现代化能力和水平。南汇新城将全面打造具有国际影响力的前沿产业体系,强化科技创新策源功能,重点建设"东方芯港""生命蓝湾""大飞机园""信息飞鱼"等特色产业园区,力争形成三个以上千亿级产业集群、30家开放型产业创新平台、1 000家高新技术企业,让城市的功能更强、活力更足、机会更多,积极塑造"国际风、未来感、海湖韵"的现代化新城。要切实增强上海城市软实力,推进"创新都市"建设,就要"关注纵深""完善周旋""留出空白""绿色低碳""触摸四季""懂得乡愁""让城市韧性始终带着温度落地"。

聚焦于"创新都市",就要向科技要贡献率,向创新要引领力,以科技创新突破赢得未来战略主动。要把科技创新摆在全局核心位置。在加强原创性科技攻关上取得新突破,在赋能经济高质量发展上打开新局面,在强化战略科技力量上见到新成效,在构建开放创新生态上展现新气象。要源源不断催生新的发展动能。要按照中央部署,全面强化科技创新策源功能,进一步激活创新要素、释放创新潜能、提升创新效能,以科技创新的竞相突破赢得未来发展的战略主动。实现科技自立自强,关键要有标志性原创成果。必须持之以恒加强基础研究,持续用力提高原始创新能力,努力在基础科技领域作出大的创新,在关键核心技术领域取得大的突破。处于新旧动能转换期的上海,更加需要增强创新这个第一动力,向科技要贡献率、向创新要引领率,源源不断催生新的发展动能。上海是国家战略科技力量的重要承载地,要积极抓好系统布局、系统组织、跨界集成,进一步提升科技创新体系整体效能。加快科创中心建设,离不开开放、协同、包容的良好生态系统。要持续深化科技体制改革,增强改革的系统性、整体性、协同性,破除一切制约科技创新的制度藩篱,减少对微观科研活动的干预,进一步为科研人员松绑解绑。要持续加强国际创新合作,积极融入全球创新网络。浦东已基本建成具有全球影响力的科技创新中心核心承载区框架。量子计算机原型机"九章"等重大成果涌现,C919大型客机等科技赋能产业创新效果明显。此外,浦东率先在全国试点药品上市许可持有人制度等,也体现了体制机制改革方面的示范引领作用。

"五大新城"聚焦于"创新都市",积极贡献着"新城智慧"。在嘉定,一座产城深度融合的新城正逐渐崛起——这里有智能网联汽车、精准医疗、智能传感器等高精尖产业,也有远香湖的水景、800 年古嘤城的文气和便利的生活。城因人而精美,人因城而精致,嘉定新城使来之者一见倾心,使未至者心向往之。嘉定通过空间"版本升级"释放了产业发展活力,同时对标汽车、智能传感器、高性能医疗设备等嘉定区"十四五"期间重点发展的高端制造业,加快推动一批重大项目与头部企业落地,在宜居新城中引入能代表、提升新城地位的产业项目,为新城发展提供动力。

青浦突出新发展理念的引领作用,坚持创新驱动发展,加快产业转型升级,综合经济实力显著增强。重点围绕"品牌塑造工程""集群培育工程""消费提升工程""数字迭代工程"四大工程,青浦积极打造未来发展的强劲活跃增长极,经济发展焕发新活力。集群培育方面,目前青浦已形成快递物流、绿色金融、软件信息等三个千亿级产业集群和会展商资、北斗导航、新材料、人工智能等一批百亿级产业平台。迅速发展壮大的产业集群,成为推动经济高质量发展的前进引擎和核心动能。青浦正对标"五型经济"和"3 + 6"新型产业体系,全面梳理现有产业基础,加强激励引导,促进产业集群化发展。数字迭代方面,围绕"围绕长三角数字干线"建设,青浦推动华为研发中心、西岑科创中心、市西软件信息园、人工智能产业园、北斗西虹桥基地等加快建设和发展,依托上海东西发展轴上数字信息产业集聚优势,向东加强与上海张江科学城的联动,向西加强与吴江、嘉善等长三角沿线城市的对接,加快集聚形成一条万亿级的数字经济带,努力打造上海"国际数字之都"的重要板块。横贯青浦区的 G50 沪渝高速,一路上产业亮点纷呈:北斗产业技术创新西虹桥基地、市西软件信息园,以及建设中的华为青浦研发中心……青浦新城正对G50 高速的沿线产业资源统筹布局,打造一条"长三角数字干线"。

松江上下逐渐形成建设 G60 科创走廊的共识。区委区政府大力推进供给侧改革,大刀阔斧去除过剩产能、落后产能,同时科学规划沿线布局发展空间。而这个规划,对标的是世界最高标准。G60 高速公路松江段沿线既有全国知名的大学城,又是面向长三角,以产业链和创新链为纽带的制造业重镇,背靠上海全球卓越城市"五大中心"建设,具有产业配套基础和资源要素禀赋。着眼于产城深度融合,作为卓越全球城市的重要科创承载区,以及在全球产业定位的重要引擎,G60 科创走廊找到了其功能定位——科创驱动"中国制造"迈向"中国创造"的示范走廊。在 G60 科创云廊科创企业孵化器——G60 云创空间内,蒂姆维澳(上海)网络技术有限公司这家初创企业走上了发展快车道。专注于 5G 和 AR 技术在工业领域的应用,公司耗时三年研发的AR 远程指导智能产品,迅速抢占了汽车、智能装备等市场。G60 脑智基地等一大批重大研发平台和实验室集聚而来,生物节律紊乱体细胞克隆猴模型、AST 大硅片等自主可控重大原创成果不断涌现,在"卡脖子"领域和颠覆性技术方面实现突破,松江布局"G60 星链"卫星互联网等"五型经济"领域"先手棋"。目前,松江全社会 R & D 投入强度达 4.59%,拥有高新技术企业及专精特新企业的总量均处全市前列。其中,高新技术企业有 1 755 家,是"十二五"末的 3.7 倍;专精特新企业有 544 家,是"十二五"末的 6.5 倍。松江是长三角 G60 科创走廊创新策源地,"十三五"以来,长三角 G60 科创走廊建设实现了从 1.0 版"源起松江"、2.0 版"联通嘉航"到 3.0 版"九城共建",再到纳入顶层设计,推动基层生动实践上升为国家战略。集成电路、生物医药、人工智能、高端装备、新能源汽车、新材料、新能源等科创企业纷纷在此集聚,为提高长三角地区配置全球资源能力和辐射带动全国发展能力贡献磅礴力量。长三角 G60 科创走廊自建设以来,九城市 GDP 总量占全国比重上升到 1/15,地方财政收入占全国比重从 1/15 上升到 1/12,市场主体数量占全国比重从1/18 上升到 1/16,拥有高新技术企业数量占全国近 1/10,科创板上市企业数量占全国超 1/5。

奉贤区和上海临港经济发展(集团)有限公司合作,共同开发"数字江海"国际产业社区,总规划面积约 2 060 亩,计划用 10 年时间完善城市功能,优化空间布局,构建产业生态,建成一座产城融合、功能完备、职住平衡、生态宜居、交通便利、治理高效的智慧数字产业社区。南汇新城是中国(上海)自由贸易试验区临港新片区的主城区,同时大部分区域叠加了社会主义现代化建设引领区又一项国家战略。新城加速引入前沿产业,打响"数联智造"品牌;围绕产城融合、职住平衡,大跨步完善城市功能。《南汇新城"十四五"规划建设行动方案》在城市形象、城市功能上提出更高追求。南汇新城要着力塑造"国际风、未来感、海湖韵"城市风貌,到 2025 年初步建成具有较强国际市场影响力和竞争力的特殊经济功能区核心承载区,初步建成"开放创新、智慧生态、产城融合、宜业宜居"的链接全球、辐射长三角的独立综合性节点滨海城市。临港新片区规划建设了上海临港智能网联汽车综合测试示范区,新片区已经基本形成"1＋2＋N"的智能网联汽车发展格局。"1"是指规划建成国内领先的智能网联汽车封闭测试基地;"2"是指形成东海大桥智能重卡与环湖一路智慧公交示范运营线路;"N"是指逐步形成含智慧客运、智慧物流等在内的 N 个示范场景。"十四五"期间,临港新片区将加快建设"对外高效畅达、对内便捷绿色、管理智能便民"独立完善的综合交通体系。在智慧交通方面,新片区将打造 AI＋智慧交通综合测试示范基地。为推动智能网联汽车产业大规模、高质量、快增速发展,将建设国内首位、国际领先的"AI＋示范基地"。为提升应急快速响应、指挥调度能力,临港城运中心防台防汛应急指挥管理模块进一步梳理自然灾害、事故灾难、公共卫生、社会安全等领域的应急指挥管理需求,开发智能化应用,帮助指挥中心和救援队实现"身临一线""面对面"的无延时指挥调度和及时有效救援。以气象、水文、地震等预警数据为基础,建设和整合安全生产、自然灾害、消防安全、交通运输等领域的物联感知数据、业务数据以及视频监控等数据,最终将建立成熟的灾害预警系统,为智能预警和科学决策做支撑。如果说大数据、人工智能、云计算、传感网与物联网等泛智慧城市技术运用为临港韧性城市"智慧大脑"提供支撑,那么正在建设、将要建设的以覆盖申港社区、芦潮港社区 54 个小区和重点园区等区域的未来社区,以及将应用到一线海堤的智能安防系统和韧性水系、韧性绿地、韧性路径,则将是临港新片区韧性城市规划"强体魄"的线路图,助力城市治理现代化。

从"世博会"到"花博会",上海进行了"百年一遇"的历史穿越和体现城市软实力的创新践行。中国 2010 年上海世博会圆了百年之梦,进行了创新拓展和文化积淀,给予亲历者、参与者和后来人许多文化震撼、激励、睿智与启迪。作为中国 2010 年上海世博会主题演绎顾问、总策划师,上海世博会城市足迹馆馆长、世博会博物馆馆长，投身于世博长达十个春秋。在组织、策划、践行、管理的过程中，深刻领悟到：世博是创意的摇篮、经典的盛宴、艺术的节日和生命的礼赞。世博贵在创造，创造、创新成为世博文化的灵魂。世博会的创新放飞人类的思想与智慧。在英国伦敦的维多利亚·阿尔伯特博物馆有专门收藏、展示历届世博会展品的展厅，伦敦科技馆收藏了历届世博会的科技创新成果方面的展品；巴黎装饰艺术博物馆收藏了世博会上曾经展出过的"新艺术"和"装饰艺术"展品……在筹备中国 2010 年上海世博会的过程中，有机会在半年时间里奔赴九个国家的三十多个博物馆进行考察、借展；在国内我们更是深入了各省市几十家博物馆商借展品，盛情点赞"世博文化"的各种创造、创新和创意。创意是世博历史的主旋律。纵观世博会的历史，满目创意，世博建筑往往创意汇聚，引领建筑思潮和建筑技术，具有明显的标志性、艺术性、前瞻性和实验性。上海世博会博物馆的"吉祥世博城"和"向往和平"展项全面反映了这些创意出色的标志性建筑。中国国际进口博览会也为"创新都市"提供了强劲的动力。在第三届进博会设置 4 个专区的基础上，第四届进博会结合国家发展战略和市场实际需求，增设和优化了集成电路、数字工业、美妆及日化用品、能源低碳和环保技术等专区，并在医疗器械及医药保健、汽车、技术装备三个展区分别为初创企业搭建了创新孵化专区，共计 13 个专区，集聚了全球产业的最新智慧。

以"历史文化名城""水系城市"和"创新都市"的特色切实增强上海城市软实力，已成为上海发展、"五大新城"发力的战略思考和拓展践行。

全球城市提升软实力的一般
经验及对上海的启示

李　健①

摘　要　城市软实力已经成为当前国际城市竞争中的重要内容,这在多个权
威国际城市比较报告中都有体现。在明确城市软实力的基本概念
之后,本文通过与硬实力进行对照分析,把握城市软实力的发展内
涵。本文注重案例分析和对比总结研究方法,重点梳理伦敦、纽约、
巴黎和新加坡四个全球城市软实力发展特色与一般经验,把握不同
全球城市软实力提升的社会背景、发展需求以及主要工作、对策措
施,总结其一般规律,进而从更为综合开放的视角对上海城市软实
力发育特点和未来提升的路径举措进行研究。本文着重提出,必须
深入理解城市软实力共性特点和全球城市软实力个性特质,从开放
性、动态性、结构性和系统性四大特性出发全面理解和提升上海城
市软实力。

关键词　全球城市　城市软实力　文化产业　上海

一、城市软实力的概念与内涵解析

哈佛大学教授约瑟夫·奈(Joseph Nye)在 20 世纪 90 年代首创"国家软
实力"概念,之后相继演化形成"区域软实力""城市软实力"等。与"城市软实

---

①　李健,博士,研究员,上海社会科学院城市与人口发展研究所区域经济研究室主任,主要从事
城市地理与区域经济领域的教学与研究工作。

力"相关的包括城市综合实力和城市硬实力两个概念,其中,城市综合实力是指一个城市生存和发展所拥有的包括物质力量与精神力量在内的"硬实力"和"软实力"。本文认为,"城市软实力"是相对于经济发展、城市基础设施等"城市硬实力"而言的,指在城市竞争中通过文化、政府管理、市民素质等非物质要素的建设,不断增强文化的影响力、政治上的吸引力、市民的凝聚力、城市形象的亲和力,充分发挥它们对城市社会经济运作系统的协调、扩张和倍增效应,从而全面提升城市经济、社会、政治发展水平,塑造良好的城市形象,提高城市核心竞争力,为城市经济社会的和谐、健康发展提供坚实的"无形有质"动力。

由此,城市软实力与硬实力相比有以下不同和联系:第一,硬实力和软实力具有不同特性和作用。在当前全球化浪潮、信息革命、网络时代背景和浪潮下,硬实力是城市一切工作和发展的有形载体,软实力则具有超强的扩张性和传导性,可超越时空,对人类生活方式和行为准则产生巨大影响。第二,硬实力和软实力是紧密联系、相互依存的。他们不是简单的加减关系,而是相辅相成、相互制约和协调,不应将"软"单纯理解为"无形",城市文化、形象、吸引力的构建均需要基础设施、政治结构、文化载体等"硬件"支撑,而"软件"提升又能大大改善"硬件"的品质。第三,国际大都市与一般城市在软实力的内涵上存在差异。一般城市更强调城市宜居度、文化建设、管理水平等内容,国家大都市要强调其国际影响力甚至包括在国际政治、全球事务及国际形象等方面内容的构建。

从已有权威研究来看,对城市软实力多数是从一个单项维度内容考察,比如联合国教科文组织的"创意城市网络"和欧洲文化之都重视文化建设和创意产业,2thinknow 全球创新中心评价突出城市文化资产,《机遇之都》则强调健康安全及宜居性,能比奥生活质量指数更强调城市生活质量,对城市软实力的综合理解仍然不足。本文从梳理伦敦、纽约、巴黎和新加坡四个全球城市软实力发展特色和一般经验入手,尝试把握不同全球城市软实力提升的社会背景、发展需求以及工作重点、对策措施,总结其一般规律,进而从更为综合开放的视角对上海城市软实力发育特点和未来提升的路径举措进行研究。

二、全球城市软实力的差异化特色与经验

（一）伦敦打造全球创意中心

伦敦自第一次工业革命至二战前期，一直都是世界经济中心。随着英镑失去世界货币的地位后，伦敦开始不复昔日荣光。二战的破坏、经济危机的冲击都给这座城市带来经济和文化的挑战，加之世界政治格局的变化，通货膨胀引发生活成本的上升，伦敦面临着衰退的风险。纵观伦敦作为世界城市的发展历史，文化繁荣与城市发展之间总存在着密不可分的联系，正是认识到这一点，伦敦市政府早在 20 世纪开始着手对城市发展的重新定位，摸索一条建设世界文化中心提升城市软实力的道路，以此维护自身的国际影响力及地位。

1. 出台系列文化战略与政策

受到石油危机冲击的影响，英国经济一度颓靡，伦敦市政府为转变这一困境，逐渐从衰弱的传统制造业转型到高新技术产业及创意产业，自 20 世纪 80 年代开始，英国政府开始了"城市复兴"战略，伦敦市在这一战略的驱动下，实现产业升级、生活物质与文化水平的飞跃。

1997 年英国政府成立创意产业小组，发布《创意产业勘察报告》，将创意产业发展定为国家发展战略。1999 年伦敦市政府成立文化战略委员会，在《迈向城市的文艺复兴》这份报告中明确提出要将伦敦打造为英国的文化创意中心及世界的文艺创意中心。2003 年伦敦市政府出台了关于伦敦创意产业的发展战略《伦敦文化资本——市长文化战略草案》，2004 年成立了"创意伦敦"工作组，2008 年颁布伦敦文化产业战略草案，新草案开创性提出建立创意企业区（CEZ），鼓励各行业的人从事创意产业和文化生产，以此带动伦敦市产业升级及老工业区更新，并且为伦敦带来不穷的创新意识和文化活力。2018 年，伦敦市政府在《伦敦市长文化战略》中再次提出打造全球创意中心的目标，利用行政手段，积极推进创意产业的跨国合作，通过时装展览、戏曲歌剧等方式，在传播自身文化的同时，吸引各国艺术家为其服务创作，使伦敦成

为多元化的全球创意中心。

2. 强化文化资产和公共空间

随着世界各大城市在城市文化及影响力方面的追赶,伦敦市政府对建设全球创意中心的想法变得更加坚定。伦敦市政府计划通过规划、维护和增强伦敦文化资产和公共空间,展示公共艺术、创意空间和门户,使用寻路、解释和门户标志识别重要的文化场所来更新伦敦的城市直观形象,通过开发过程寻找公共艺术和创新城市设计,如市中心、SoHo、公交村、快速交通走廊和主要街道等区域,设计街道、停车位和公共空间。在规划和规划应用中,确定并整合伦敦公共图书馆和社区中心作为重要的文化中心。在所有居民都可以使用的公共场所和社区设施中提供娱乐活动,支持城市的设计,通过改善社会互动和连通性,为城市人民创造空间以享受和建立社会关系,鼓励旧工业建筑的适应性再利用,为支持知识经济发展和劳动力吸引力的新用途创造空间。

2021年伦敦市为巩固和提升全球创意中心的地位,制定伦敦文化繁荣计划(Cultural Prosperity Plan)。该计划旨在提升文化作为促进经济增长工具的作用,确定现有的和需要的文化能力建设、探索合作框架和伙伴关系及加强和促进现有文化资源的资源。其中,比较另辟蹊径的两点做法或许值得我们思考和借鉴:一是规划、加强、保护和维护文化资产和公共空间;二是保护和庆祝社区的文化和自然遗产资源,让当代和后代有机会认同和享受城市提供的文化体验和空间。

3. 以消费刺激和扩大文化需求

在立足自身文化需求和文化消费的基础上,伦敦市还推出新的消费刺激计划来吸引国外游客对伦敦的文化需求和文化消费。以伦敦西区为例,这里拥有全球最具活力的零售经济,多元化的消费体验不仅吸引了当地居民、留学生,而且吸引来自全世界的游客前往消费。在2016～2020年间,共有343家国际公司将品牌带到伦敦,这个数字超过巴黎的210家和纽约的201家。伦敦西区的商家创造了惊人的100亿英镑的年营业额。据预测,西区商家的年营业额在2027年将达到120亿英镑。根据最新规划,将有超过

40亿英镑的投资用于改造西区公共领域、交通和建筑环境。其中,将有1.5亿英镑的投资用于改造牛津街和附近的区域,这将极大地提升西区访客的消费体验。这一改造计划为伦敦带来的不仅是巨大的经济效益,无形中还为伦敦建设世界创意中心打了"广告"。

(二)纽约优化文化生态体系

自17世纪荷兰设立贸易站以来,纽约就是北美最大的城市,承担贸易中心的角色。美国建国后,纽约同样作为美国最大的城市及港口,作为美国与世界交流的窗口,同时也是美国移民的主要门户之一。随着二战后世界秩序的重建,各大国际机构在纽约相继落户,移民浪潮带来多元文化,纽约从之前的商业之都逐渐成长为世界贸易、文化、金融、创意中心。本文从文化生态建设、文化创意产业、"创造纽约"三个维度,对纽约提升城市软实力的经验予以探讨。

1. 文化生态建设

移民占纽约人口比例极高,近40%市民是外国出生,67%的居民非白种人。庞大的移民人口比例决定了纽约复杂的文化背景,如何处理不同文化的人口在同一座城市下的文化碰撞甚至是冲突,显然成为纽约市政府的现实难题。1970年,纽约市政府发起了PAIR(Public Artists in Residence)计划,利用艺术洞察力作为外展、解决问题和城市居民建立良好关系的机制。1975年纽约市政府成立"文化事务部",统筹协调纽约市五大行政区的文化发展。2003年成立"文化发展基金",作为"文化事务部"重要资金来源。纽约市政府通过与文化组织、社会团体合作,极大地提高了纽约文化生态的建设效率,多元化的移民背景也为文化的传播和交流带来了契机。

此外,纽约市政府着手基层、深入社区,引导公民参与城市文化生态建设,不仅使得文化生态的建设方向更加明确,同时吸引游客参与其中文化交流与生产,为纽约市带来了文化和经济双重效益。仅在2013年,纽约市文化产业就为全市提供了近30万个就业岗位,占全市就业岗位的8.6%。在文化建设过程中,纽约开始注重用文化来提高城市的治理能力。2019年4月纽约市发布《共同的纽约2050：建设一个强大而公平的城市》，将"公平""包容""弹性""可持续"视为城市发展中的重要价值内核，不断深化对纽约市文化生态的建设，也不断从文化精神层面提高市民的生活质量。

2. 发展文化创意产业

文化创意产业为纽约带来的经济增长速度远超传统金融和房地产等产业。2019年纽约市从事创意产业的人数达到了29.3万人，为纽约市带来了304亿美元产出。纽约市政府善于利用传媒手段塑造城市的国际形象，传播自身城市影响力。从宏观层面上说，发达的媒体行业不仅可以为城市在全球竞争中争取到话语权，还能通过娱乐的方式传播自身城市文化和价值观，引导观众，从而树立一个美好正面的城市形象；在微观角度上，发达的文化传媒业能促进个人文化消费的增加，从而带来了城市就业岗位的增加。

文化产业也是旅游业的强大推动力。纽约市政府数据表明，2015年到访游客人数比2010年增长了50%。来自纽约市市长媒体和娱乐办公室报告还发现，音乐产业已经建立生态系统，每年经济产出超过210亿美元。根据百老汇联盟的统计数据，2016～2017年百老汇创造超过14亿美元的票房收入，显然，前往纽约的游客更渴望获得一种多元的文化体验。不仅如此，纽约市政府还善于将城市升级改造与文化产业相结合，通过文化产业带动老工业园区的城市改造和就业，最大限度利用城市有限的空间，同时考虑到城市发展的可持续性和绿色健康性。以哈德逊广场的兴起为例，2009年，纽约市政府计划将曼哈顿印刷区进行改造，充分结合当地的特点，采用色彩交织的设计，将纽约的多元化特点展现给世界。

3. "创造纽约"计划

2017年7月，纽约市政府提出了该市历史上首个综合文化计划"创造纽约"（Create NYC）。该计划提出将"促进社区文化"、完善"艺术，文化与科学教育"、丰富"公共空间的艺术文化"、"公平与包容"、"提升社会经济"、"增强承受能力"、"市域协调"定位城市文化目标，实现纽约市更高程度上的文化生活。纽约市政府试图通过新的政策来解决文化创意产业面临的城市发展问题，如"人地冲突"、司法暴力、移民等，促进城市文化多样性的传承和发展。

2018 年,纽约市投入 4 030 万美元给文化发展基金,其中大部分用于支持各类文化组织及活动,包括对艺术家个人的援助、支持少数族裔从事高级文化工作等。2020 年纽约市文化事务部(DCLA)宣布,文化预算达 2.12 亿美元,创历史新高,高额的财政资金旨在更加公平地支持艺术行业、解决经济承受能力危机、为纽约五大区提供更加有秩的艺术服务和文化交流。

(三)巴黎建设国际时尚之都

作为世界知名国际大都市,巴黎在阅读文化、表演艺术、影视作品的生产和推广以及艺术院校数量等方面相比其他城市遥遥领先。丰富的文化资源带来高度发达的国际会展与旅游业,国际会议协会(ICCA)统计显示,2020 年巴黎以超过 300 场国际会议场次位居全球城市前列,年接待 3 700 万游客和 8 200 万参观者,是全球最具吸引力的旅游城市。这些成就与巴黎的文化战略及对城市文化软实力的塑造密不可分。

1. 文化社会推广

在法国,国家对文化产业实行集约式管理,但在文化推广和多样性普及上却充分营造全民氛围。"文化全民化"是一个文化普及概念,即认为文化同教育一样,是每个公民所应享有的基本权利,既不能被权力所垄断,也不应当被资本和市场所支配。具体体现于五方面:一是文化分散战略,法国政府通过制定系列政策覆盖全国各地,而非仅仅集中于首都巴黎,保障宪法规定的公民平等享受文化的权利。二是博物馆、展览馆免票政策,即国家博物馆馆每月设立免费公共开放日,并对 18 岁以下年轻人实行免票。三是加强艺术教育,规定所有艺术学校对达到一定年龄并且有艺术天赋的年轻人一视同仁。四是政府对艺术及文化产业进行大规模资金扶植。五是政府鼓励支持民间团体和私人实施文化活动,包括入股电影拍摄、资助艺术团体演出等。"文化全民化"政策的受益者首先是那些来自发展中国家的低收入移民,文化资源的开放能够帮助他们更好地融入法国社会。同时,这些移民群体为巴黎提供着源源不断的多元文化。

2. 应对文化冲击

冷战结束之后,面对席卷全球的第三次退殖民浪潮和美国文化的强势冲击,法国对外文化战略渐渐由直接文化殖民转向保持其在法语文化圈的影响力。文化安全背后是国家政治安全和经济利益的考虑。法国在国际社会中反对单一的文化标准,既有保护民族文化个性的目的,又有警惕美国文化霸权主义的战略考量,遵循"文化例外"与"文化多样性"原则。"文化例外"原则主要是强调电影及其他视听产品的"文化"属性,反对将文化产品列入一般性服务贸易范畴,主张运用国家手段支持民族文化创造和生产,保护本国文化独立性。2005年在联合国教科文组织第33届会议上,法国向国际社会提出"文化多样性"目标,以"尊重差异、包容多样"的理念来抵制全球化背景下"文化标准化"威胁。

3. 文化遗产保护

巴黎市政府清晰意识到,实现国家战略、参与全球竞争关键是保护和利用好城市的历史文化遗产,后者才是巴黎独一无二的资源,也是区别于其他全球城市最重要的特征。有两千年城建史的巴黎是一座巨大的、蕴藏丰富艺术价值的人文城市,遍布着大量历史古迹和建筑,包括巴黎圣母院、凯旋门以及卢浮宫等具有世界知名度的文化建筑。

在现代巴黎城市发展的过程中,始终强调在保护城市宝贵历史文化的基础上将历史文化特色与现代城市设施相结合的发展模式,把遗产的性质从"保护对象"扩展到"地方资源",利用和"活化"历史建筑,将历史建筑赋予现代城市功能,真正实现让历史融入城市生活;同时,通过优化提升历史建筑外围公共空间恢复历史街区活力。遗产保护不是静态的,要放在居民需求和可持续发展等更大的城市框架内思考,特别要与地方规划协调。2011年法国决定启动"大巴黎计划",初衷是要通过大规模的扩建将现有的"博物馆城市"打造为世界之都。规划分散老城区的人口,协调城市发展与产业经济布局的关系,使得现代生活气息与古代建筑遗产相融合。

4. 时尚创意产业

在品牌企业方面,奢侈品和传统的工艺始终是巴黎的骄傲,是巴黎悠久历史的一部分,其中包括优质服装、香水、化妆品和皮革等。巴黎拥有 Dior 和 Chanel 及许多著名的时装品牌,同时也是世界上最大的化妆品公司欧莱雅以及全球五大奢侈时尚配饰制造商中的三家(LV,爱马仕和卡地亚)的所在地。这些知名品牌既具有高附加值的经济特征,又具有丰富的文化内涵,既体现了深厚的历史文化传统,也提升了巴黎作为全球城市的竞争力。

巴黎作为世界服装设计中心,服装设计行业已成为巴黎对外交往的一张名片,使巴黎成为具有世界影响力的城市之一。举世闻名的巴黎时装周是企业展示丰硕成果的理想舞台,更是来自全世界各地的服装大师交流设计灵感、探讨流行时尚走向的平台。通过巴黎时装周的影响力,巴黎向世人展示了其充满梦幻般的艺术灵感,也向世界展示了巴黎作为文化艺术之都的巨大成就。

法国是电影生产大国,巴黎能够成为让人仰视和崇敬的艺术影城,这与整个法国的相关文化产业政策密切相关。政策的三个关键点是文化例外、电影特殊、艺术电影更特殊。从政府官员到社会精英再到普通市民,法国民众一般认可文化艺术不能等同于一般商品,不能进行自由商品贸易,必须予以扶持、保护和资助。法国政府出台一系列保护和资助各门各类艺术发展的相关政策,正是这些大力度的特殊政策,巴黎成为法国艺术电影文化的集中展示地。

(四)新加坡建设文化之都

通常而言,世界多数国家的软实力往往建立在其雄厚的硬实力基础之上,进而得到国际社会普遍认同。一些小国或拥有内向性文化的国家,容易面临"软实力"发展的障碍。但新加坡作为城市国家,就是一个典型例外案例。

1. 价值内核的塑造

新加坡是一个文化、宗教、种族、语言多元的移民社会,处于不同文化潮流的要冲。文化多元和种族分层是政治骚动的根源,在一个价值多元社会中凝练出共同的价值追求方面,新加坡已经有许多成功的经验,这种一体多元的国民意识是经历了一个长时间、持续、曲折的塑造过程。

20世纪70年代后期,大量的西方文化风尚和价值观入侵,种族和宗教偏狭观念、年轻人西化倾向、少数种族的政治分离感、年轻人的移民倾向等社会抵触情绪明显,一时,东方与西方、传统与现代文化相互激荡。由此,政府号召新加坡公民回到基本的亚洲价值观,在全社会发起"文化再生"运动,主要通过公民课、道德教育、价值观教育、学习母语和宗教教育等途径来实现,其中最有影响的是儒家文化教育。

到20世纪90年代,随着新加坡融入全球化程度进一步加深,过于强调儒家伦理引起了马来族等其他种族的不满,成为一种社会隐患。因而,1989年新加坡议会宣布逐渐放弃宗教教育课为必修课,转而直接发展自己的国民意识。1988年新加坡第一副总理吴作栋公开建议新加坡发展自己的国民意识,制定一套各种族和各信仰的新加坡人均能接受的共同价值观,作为未来社会和政治稳定的基础。同年,新加坡政府还成立"国家意识委员会",定期开展国民意识周活动。多年来新加坡政府不遗余力地大力维护、倡导和践行共同价值观,以此构筑国民的价值认同与文化归属,大大增强了社会的黏合性与国家的凝聚力。产生的启示就是,在共同价值观的塑造上,考虑到种族和文化的多样性,必须兼具包容性和共享性、跨越传统与现代、而又能体现当代时代特色和地域特色。

2. 文化之都的塑造

新加坡从1965年独立至今,用40多年时间,从一个贫穷小国奇迹般地发展为一座举世公认的"伟大而卓越的城市""世界级创意城市"。纵观新加坡创意城市的建设之路,经历"花园城市"建设和"文艺复兴城市"两个阶段。

新加坡是目前世界上公认的"花园城市"。"花园城市"的称谓和建设思想,源于19世纪末欧美最具影响力的城市规划学家英国人霍华德。在其理论指导下,新加坡开始大规模地重建城市。为了将城市建设过程中通常出现的人口密度大、交通拥挤、空气污染等问题减少到最低程度,在建设城市的同时兼顾环境优化。初期,新加坡"花园城市"的建设重点在于新加坡的环境改造和城市基础设施建设,之后新加坡借鉴了柯布西埃的"阳光城市"理论,城市建设不仅讲究实用,而且大力开展了艺术化的创意活动。

进入 21 世纪,新加坡已成为举世闻名的"花园城市"。为了进一步推动新加坡发展,新加坡内阁于 1999 年批准了"文艺复兴城市"计划。对 21 世纪城市发展战略的研判过程中,新加坡政府意识到艺术与文化在推进城市从工业经济向知识经济跨越中具有重要作用。千禧年之际,新加坡政府出台《文艺复兴城市报告:文艺复兴新加坡的文化与艺术》,指出要实现新加坡的文化艺术复兴,将新加坡发展成为"一个充满动感和魅力的世界级艺术城市"。到 2002 年,新加坡为全面推动文化创意产业的发展成立创意工作小组,提出第一份系统的新加坡文创产业发展战略——《创意产业发展策略:推动新加坡创意经济》,将文化艺术、媒体和设计三大领域作为新加坡文化产业的主导发展方向,构建新加坡文化创意产业的竞争优势。2008 到 2015 年间,新加坡进一步深化文化软实力建设,开始重要的"文艺复兴城市"的第三阶段,制定包括"卓越的文化内容""动态文化生态"和"参与性的社区"三方面内容,继续对城市的内部进行深化。

(五)经验总结

从四个全球城市提升软实力的一般规律与经验看,每个城市都是在特定发展背景与需求下实现城市软实力的培育发展,因此,每个全球城市软实力的发育都有其自身的特色,比如纽约的文化融合与政治影响力、伦敦的文化创意产业发展、巴黎的时尚消费与文化遗产、新加坡文化之都与社会价值内核建设。但也有一些共性的特点值得关注,首先是政府规划引导往往成为城市注重软实力培育、推进发展转型的主体力量,主要体现在发展规划、鼓励政策等方面的推进。其次,文化软实力是全球城市提升软实力的核心,除纽约在依托众多联合国组织总部,发挥"世界首都"功能外,其他城市都在公共文化、媒体产业、创意产业、时尚产业等方面取得了重大成就。再次,注重城市软实力建设与城市社会问题解决的融合,包括伦敦、纽约及巴黎重视文化软实力对社会冲突问题的解决,借助文化软实力实现社会融合。最后,在软实力培育中,注重城市品牌建设和城市形象的塑造,例如纽约市政府注重打造城市品牌来向外展示自身城市影响力,纽约市政府常年对外的形象塑造、营销投入和推广行动都为纽约的国际印象奠定了正面形象。

三、上海全面提升城市软实力的内在特性

自十九大以来,党中央交给上海一系列重大任务,赋予上海新的历史使命,如"三大任务一大平台""四大功能""五个中心"等。这些新的任务和使命的完成,不仅需要经济发展、城市建设、生态治理等硬实力支撑,更要在城市精神和城市品格等方面能充分发挥软实力的"加速器"作用。城市软实力有其共性特点和运行机制,但不同规模等级、不同愿景目标的城市在软实力方面又有其个性特质。上海是中国最大的城市和经济中心城市,并在新一轮城市总体规划中提出"卓越的全球城市"的愿景目标。笔者认为,必须深入理解城市软实力共性特点和全球城市软实力个性特质,从开放性、动态性、结构性和系统性四大特性出发,把握提升上海城市软实力的理论内涵和推进路径。

(一)开放性反映上海建设卓越的全球城市的愿景目标

从20世纪80年代开始,随着全球化快速发展,国际城市发展比较成为全球城市政府和学界重点关注的领域。早期在城市竞争力思维指引下,《全球城市竞争力报告》、GaWC世界城市网络研究等权威报告更强调城市经济发展联系、基础设施、科技创新发展、资本与人才等硬实力的国际比较。近年来,包括联合国教科文组织"创意城市网络"、欧洲"文化之都"、日本森基金会城市战略研究所 GPCI(Global Power City Index,全球实力城市指数)城市报告、普华永道《机遇之都》、澳大利亚咨询机构 2thinknow 全球创新中心评价、能比奥生活质量指数等更加突出文化创意、治理能力、社会服务、宜居水平、营商环境等城市软实力维度的国际比较。这是城市发展到特定阶段后,从强调物质发展到重视社会建设、文化传播、精神塑造等深层次社会需求的必然转型。

中共上海市第十一届委员会第十一次全体会议审议通过的《意见》中提到,上海经济总量已经迈入全球城市的前列,但在软实力方面,按照"具有世

界影响力"的定位要求,还有较大提升空间。"更好代表国家参与国际合作与竞争,更好向世界展示中国理念、中国精神、中国道路"的要求集中体现了党中央对上海城市发展的最高任务和要求,包括两个方面:一是软实力提升对于上海提升城市能级和核心竞争力的重要性和迫切性;二是上海城市软实力提升与一般城市不同,必须放在国际视野下进行考察。一般城市软实力强调文化发展、城市宜居、治理水平等内容,上海软实力还要强调国际影响力,包括在世界政治、全球事务及国际形象等方面内容构建。因此,上海提升城市软实力,必须基于建设卓越的全球城市、在世界城市网络中提升城市能级和核心竞争力、加快建设成为具有世界影响力的社会主义现代化国际大都市和具有全球影响力的长三角世界级城市群的核心引领城市、为实现"两个一百年"奋斗目标和中华民族伟大复兴中国梦作出新的更大贡献等视角来进行工作设计,向世界讲述上海故事,提升上海城市国际形象,这是上海城市软实力开放性的内在要求。

(二)动态性突出上海社会主义现代化国际大都市的个性特质

哈佛大学教授约瑟夫·奈最早提出的"软实力"是一个国际关系概念,包括政治制度的吸引力、文化价值的感召力和国民形象的亲和力等释放出来的影响力。之后,"软实力"就表现出了较大的动态性特征,首先持续衍生出了区域软实力、企业软实力、城市软实力等各种类型和尺度的软实力;其次,"软实力"发展内涵不断被丰富,除文化、制度、价值观、国际形象等之外,包括外交政策道义和正当性、处理国际关系时的亲和力,发展道路和制度模式吸引力,对国际规范、国际标准和国际机制的导向、制定和控制能力等都成为重要内容。

城市软实力同样具备动态性发展的特点。第一,在当前城市发展条件、格局形态、动力机制和治理模式都发生深刻变化的情况下,上海软实力建设必须要紧跟时代发展步伐,把握新发展阶段、贯彻新发展理念和服务新发展格局。习近平总书记强调:"核心价值观是文化软实力的灵魂。"上海作为中国共产党诞生地和初心始发地,建党精神和革命先辈的崇高精神已经完全融入这座城市发展的历史血脉中,通过培育和践行社会主义核心价值观、弘扬中华民族文化和精神,可塑造上海这座社会主义现代化国际大都市独特的气质,塑造全社会乃至国际社会对中国特色社会主义的情感认同、价值认同。第二,浦东开发开放引领的经济发展成就和培育的昂扬奋进精气神,增强上海与全球城市对话的志气。党员干部志存高远、追求卓越,以开放视野放眼全球,勇挑重担、勇啃硬骨,不断彰显激情。人民群众要发扬主人翁精神、敬业乐业,深入推进精神文明创建活动,把城市精神内化于心、外化于行,最终化为城市发展进步的不竭动力,更好地展现新时代上海人民充满家国情怀、引领风气之先、开放包容的形象。第三,随着互联网和数字经济发展,城市建设和管理都进入新时代,科技创新成为引领城市发展的活力,数字转型推动城市治理现代化,包括一流的营商环境、高效的政务服务、安全的生活环境、便捷的公共服务等都是新时代上海城市软实力的新内容。

(三)结构性体现上海提升城市软实力的多维度内容

在最早的概念体系中,城市软实力即文化实力。但随着软实力研究的深化,其包含内容越来越丰富,如文化繁荣度、城市治理体系、创新创业生态、城市宜居度、营商环境、国际影响力、国际沟通力、城市形象等都是重要维度,城市软实力的结构性特征更为明显。其中,文化繁荣度、城市治理体系、创新创业生态、城市宜居度、营商环境体现了城市内在凝聚力和治理能力,国际影响力、国际沟通力主要体现了城市的外部影响力,城市形象是上述内外要素的综合表现。

文化繁荣度要求打造更具国际影响力的文化产业高地,激化"源头"和勇立"潮头",集聚世界一流的文化企业、机构和人才,在影视演艺、艺术品交易、创意设计、电竞游戏等领域实现更好发展,推动更多国际节展和赛事、旅游活动等落地上海,培育更多原创性文化精品,演绎上海精彩故事并走向国际市场,打造东西方文化交流的"码头"。城市治理体系要求建设体现社会主义制度优势的超大城市现代化治理之路,着力化制度优势为治理效能,像绣花一样治理城市;根本在于法治,有效化解矛盾并体现到公平正义,营造安全城市环境。创新创业生态就是要打造活力澎湃的创新之城和人文之城,让上海这座城市人才荟萃、创意思想横溢,前沿科技和先进创意不断涌现,演绎上海发展奇迹和动人故事。城市宜居度重点突出人的感受来做衡量标尺,让本地居民、国际游客、科学家、艺术家等感受到最棒的宜居、宜业、宜学、宜游城市环境,享受舒适生活、极致服务和品质体验。营商环境更多体现的是市场化、法制化、国际化的市场环境,要全面提升行政效率和优化服务管理,推进制度政策透明化、投资贸易便利化和法制体系最完善。国际影响力要求积极参与全球治理体系变革,积极参与国际规则和标准的制订,吸引更多国际组织总部和外国官方代表机构、国际经贸和文化活动入驻上海,设置更多全球发展议题并提供更多国际公共产品,突出中国大国责任感及其使命。国际沟通力是提升国际传播力和联系力,积极构建国际交流体系和交流平台,通过赛事、会展、节庆、论坛等,吸引更多外国人常驻上海、更多国际商务人士和游客往来上海,打造上海城市品牌,建构国际国内社会对上海普遍认可的城市形象,形成城市最具价值的"无形有质"软实力资产。

(四)系统性协同上海提升城市能级和核心竞争力的发展目标

"城市软实力"是相对于经济发展、城市基础设施等"城市硬实力"而言的概念,内在统一于城市综合实力。将硬实力与软实力进行比较联系,发现有两个明显特点:第一,硬实力和软实力具有不同的特性和作用。在当前全球化浪潮、信息革命和网络时代背景和浪潮下,硬实力是一切工作和发展的有形载体,软实力则具有超强的扩张性和传导性,对人类的生活方式和行为准则产生巨大影响。第二,硬实力和软实力紧密联系、相互依存。它们不是简单的加减关系,而是相辅相成、系统集成,作为无形资产,城市文化、制度及特定形象的构建均需要文化载体、政治结构、基础设施等"硬件"支撑,而"软件"提升又能改善"硬件"的品质。通过与硬实力的互动作用,软实力的系统性表现更为明显。

以"软实力"融合"硬实力"。作为载体硬实力的内容,软实力可以渗透到硬实力中并丰富载体内涵,让城市建设、科技创新、人居环境、公共空间等更有文化情调和艺术气息,从而提升城市建设的能级和品质。以"软实力"优化人文素质。上海软实力以社会主义核心价值观为灵魂,大力弘扬上海"海纳百川、追求卓越、开明睿智、大气谦和"的城市精神和"开放、包容、创新"的城市品格,把城市精神品格"内化于心、外化于行",让信仰之力、理想之光凝聚人民力量,推动人人起而行之,不断优化居民的人文素养。以"软实力"界定面向 2050 的城市目标。在上海新一轮城市总体规划中提出到 2035 年建设卓越的全球城市目标,这是"五个中心"建设的自然延伸,更多体现为经济性和硬实力。但是全球城市不是上海城市发展的终极目标,这只是一个过程目标。伟大城市的关键所在是对人类文明的贡献,比如雅典贡献奥运会,罗马、佛罗伦萨启动文艺复兴,伦敦创办世博会,纽约孕育了后现代主义思潮,以软实力界定上海面向 2050 年的城市发展目标,即为"全球文明城市"。为此,在提升城市软实力进程中,上海当以中华民族伟大复兴、中西文化交流为助推器,建设神圣、安全、繁荣之所,最终在人类城市文明史上占有一席之地。

四、上海提升城市软实力的路径与建议

从国际大都市"软实力"比较的结果看,与基于城市综合竞争力或者GaWC 世界城市网络研究的结果比较有较大不同,上海在"软实力"及支撑"软实力"的硬件设施等存在较大差距。如果说"硬实力"可以通过强壮肌肉并在短时间内强化,"软实力"作为一种"内在素质",需要以更长时间进行培育。从全球城市"城市软实力"比较一般情况看,上海在城市精神和文化繁荣、营商环境的制度和风险规制、国际影响力、国际沟通力方面仍然存在较大差距,在城市宜居度、就业吸引力及城市治理水平方面表现较好,特别是在经济基础、物价水平、完全失业率、社会安全等方面相比发达国家全球城市有优势。建议如下:

第一,上海要一直瞄准"世界文明城市"建设目标,对标巴黎、伦敦、罗马、雅典这样的世界知名文化古都,不断提升城市精神和文化繁荣程度。文化是城市精神灵魂所在,在狭义范围内文化软实力就是城市软实力。未来要依托社会主义精神和文化建设,提升自身文化创意产业的实力和发展环境,强化

国际文化表演与展览数量和质量,寻求美食、设计等上海已经具备相当基础的文化产业突破点,塑造国际品牌。

第二,从企业和人才需求角度,提升营商环境建设水平和就业吸引力。营商环境是城市软实力的重要方面,也是近些年国际城市关注的重点。根据世界银行的评价,上海企业经营服务等方面已经达到相当水准,但目前经济发展的市场化水平、政策制度透明性等方面仍然需要进一步提升。同时,基于卓越的全球城市定位,国际化社区建设、高端公共服务、薪资收入与税收改革、劳动就业制度与保障等方面向发达全球城市看齐,不断提升建设标准。

第三,提升城市宜居水准和治理水平,让城市居民生活更便捷、幸福、安全舒心。宜居度从软实力的角度主要是进一步降低居民的生活成本,包括住房租金和生活物价水平,与其他国际大都市比较,上海都具有一定优势。但在城市综合服务水准方面,依然存在差距。城市治理方面,上海在社会安全和自然灾害方面有一定的优势,但在城市内部交通管理和社区服务能力方面存在不足。

第四,从国家战略使命担当角度,强化国际影响力和国际沟通力建设,通过城市外交提升上海乃至中国的国际影响力。包括广泛与国际组织乃至联合国开展合作,吸纳更多的国际总部组织、使领馆、外国公民落户或常驻上海;持续拓展城市国际外交,提升国际化商务环境和生活环境,吸纳更多的国际会议、国际商务人士和国际游客到访上海。

第五,持续关注和不断提升上海在国际层面的"城市形象"问题,塑造社会主义现代化国际大都市的正面健康形象。从日本森纪念财团城市战略研究所发布的全球实力城市指数(GPCI)报告看,对经理人、高技术人才、国际游客及本地居民四类群体的采访结果上海都排名偏低。"城市形象"是城市综合的外在印象,尽管调查对四类群体的采访结果有一定的主观性,但仍需要持续关注上海"城市形象"这个命题。一是持续提升城市综合实力,二是提升"城市形象"包装和扩大对外宣传,讲好上海故事,改变国际社会对上海乃至中国城市的偏见。

参考文献

[1] Hutchings Georgiou Hannah. London's New Scene. Art and Culture in the 1960s[J]. The London Journal, 2021, 46(2).

[2] Jeong Dayun, Chun Eunha, Ko Eunju. Culture and art policy analysis in fashion capitals. New York, London, Seoul, Beijing, and Jakarta[J]. Journal of Global Fashion Marketing,2021,12(1).

[3] Science — Social Science. Findings from New York University Yields New Data on Social Science (Culture, Parenting, and Language: Respeto In Latine Mother-child Interactions)[J]. Science Letter,2020.

[4] Urban Research — Urban Planning. Reports from Brunel University London Describe Recent Advances in Urban Planning (How elite sport helps to foster and maintain a neoliberal culture: The "branding" of Melbourne, Australia) [J]. Politics & Government Week,2020.

[5] Carroll Tamar W. Social protest photography and public history. "Whose streets? Our streets!". New York City, 1980—2000.[J]. Journal of the history of the behavioral sciences,2021,57(1).

[6] Culture and Social Interaction. Reports Summarize Culture and Social Interaction Findings from City University of New York (CUNY) (Research and Activist Projects of Resistance. the Ethical-political Foundations for a Transformative Ethico-onto-epistemology)[J]. Politics & Government Week, 2020.

[7] Dormani Carmela Muzio. "We're street dancers!". Culture and commodification in New York's salsa scene[J]. Latino Studies, 2021, 19(2).

[8] Jeong Dayun, Chun Eunha, Ko Eunju. Culture and art policy analysis in fashion capitals. New York, London, Seoul, Beijing, and Jakarta [J]. Journal of Global Fashion Marketing,2021,12(1).

[9] Planas Melissa Castillo. A Mexican State of Mind. New York City and the New Borderlands of Culture [M]. Rutgers University Press: 2020 January.

[10] Science — Social Science. Findings from New York University Yields New Data on Social Science (Culture, Parenting, and Language: Respeto In Latine Mother-child Interactions)[J]. Science Letter,2020.

［11］夏国涵.法国文化产业的国家战略［J］.才智,2013,(31)：262-263.

［12］杨辰.巴黎全球城市战略中的文化维度［J］.国际城市规划,2015,(30)04：24-28.

［13］温婷.巴黎城市历史街区更新策略与途径研究［J］.建设科技,2019(11)：86-89.

［14］黄辉.巴黎文化产业的现状、特征与发展空间［J］.城市观察,2009(03)：28-37.

［15］赖章德.基于文化创意理念的北京世界城市建设研究［D］.北京：北京交通大学,2012.

［16］张经武.世界典型"影城"的类型、文化产业特色与中国意义［J］.宁夏社会科学,2019,(04)：209-216.

［17］刘杰.生生不息的文化活力——法国文化产业发展现状与趋势［J］.世界文化,2017,(04)：5.

［18］陈洁.西方城市更新中的文化策略——以伦敦和悉尼为例［J］.国际城市规划,2020,35(05)：61-69.

［19］王冲.演变与转型——伦敦文创产业如何适应"城市文化复兴"［J］.山东工艺美术学院学报,2020(03)：57-65.

［20］魏伟,刘畅,张帅权,王兵.城市文化空间塑造的国际经验与启示——以伦敦、纽约、巴黎、东京为例［J］.国际城市规划,2020,35(03)：77-86＋118.

［21］杨震,于丹阳.英国城市设计：1980年代至今的概要式回顾［J］.建筑师,2018(01)：58-66.

［22］姚栋,张侃.文化设施集聚区伦敦展览路街道改造［J］.国际城市规划,2020,35(03)：152-158.

［23］张蕾.都市演艺集聚区的文化生产力研究：基于百老汇、伦敦西区、上海演艺大世界的比较［J］.戏剧艺术,2021(04)：148-160.

［24］周烨,王琳.伦敦"硅环岛"数字文化产业创新策略研究［J］.文化产业,2020(29)：15-16.

［25］陈洁.西方城市更新中的文化策略——以伦敦和悉尼为例［J］.国际城市规划,2020,35(05)：61-69.

［26］江振鹏.纽约大都会博物馆的历史及文化功能［J］.公关世界,2019(22)：38-43.

［27］魏伟,刘畅,张帅权,王兵.城市文化空间塑造的国际经验与启示——以伦敦、纽约、巴黎、东京为例［J］.国际城市规划,2020,35(03)：77-86＋118.

［28］杨震,于丹阳.英国城市设计：1980年代至今的概要式回顾［J］.建筑师,2018(01)：58-66.

[29] 意娜.国际化大都市的文化创意产业发展战略——以纽约市为例[J].中原文化研究,2020,8(02):67-73.

[30] 钟磊.中美主流媒体在Facebook文化传播策略对比分析——以《中国日报》和《纽约时报》为例[J].数码世界,2018(08):157.

[31] 朱揆,侯丽,李敏静.历史、制度与策略选择:国际比较视野下的上海文化发展战略研究[J].城市建筑,2019,16(10):59-65.

[32] 庄德林,陈信康,李影.全球六大国际都市软实力比较研究[J].人文地理,2010,25(06):73-78+113.

[33] 陈祖洲.从多元文化到综合文化——兼论儒家文化与新加坡经济现代化的关系[J].南京大学学报,2004,(06):134-141.

[34] 焦玉莉.兼容并蓄 和谐发展——新加坡文化建设的经验与启示[J].科学社会主义,2014(06):94-98.

[35] 刘笑言.新加坡文化软实力的制度载体与价值内核[J].社会科学,2015,(02):23-30.

[36] 吴文妹.非物质文化遗产的传承与可持续性发展策略探究——新加坡建设"文化之都"的经验启示[J].文化创新比较研究,2021,5(08):137-141.

[37] 王克婴.新加坡的创意城市建设及其借鉴意义[J].理论与现代化,2009(06):16-20.

[38] 李锡铭.新加坡文化创意产业发展的国际因素探究[J].国际公共,2020(07):237-238.

[39] 钱志中."全球艺术之都"新加坡创意产业发展战略检讨[J].江苏社会科学,2016(06):251-256.

[40] 蔡新元.新加坡"设计之都"发展路径研究[J].城市建筑,2020,17(34):78-82.

上海文化软实力的精神内涵与提升策略

孙悦凡①

摘　要　习近平总书记亲自提炼概括了上海城市精神和城市品格,对提升上海软实力作出一系列重要论述。文化是城市软实力的灵魂,体现出城市的底蕴与内涵、价值与追求。上海提出建设社会主义国际文化大都市和迈向全球的卓越城市,需要上海在全球和全国的定位中构建上海文化软实力。上海文化软实力连接着城市的历史和未来,需要我们从历史挖掘意义,梳理与归纳上海文化软实力的来源和其背后所代表的精神内涵;从未来寻找答案,应对全球化背景下的文化发展格局给城市文化软实力构建带来的机遇和挑战,从城市文化资源开发、城市文化机构协作、城市文化人才培育方面,构建立体多面的上海文化软实力,提升上海文化软实力的世界影响力。

关键词　上海　文化软实力　精神内涵　策略

上海"十四五"规划和2035年远景目标提出,上海将加快建设更加开放包容、更富创新活力、更具时代魅力、更有世界影响力的社会主义国际文化大都市。一座城市的文化资源丰富并不代表文化软实力强大。如果城市不采取适宜的文化策略对文化资源进行保护并促进其发展,缺乏吸引世界艺术家集聚的能力,不能让更多市民参与丰富多样的文化活动,那么一座有文化的城

---

①　孙悦凡,中共上海市委党校哲学教研部博士后,复旦大学哲学院联合培养博士后。研究领域为文化软实力和城市文化。本文系上海市社科规划"全面提升上海城市软实力"专项课题"上海提升城市文化软实力的策略——以纽约为借鉴"(项目编号:2021XSL014)研究成果。

市依然会死气沉沉,它的文化在沉睡,无法与人形成有益互动。这样的城市,虽然其文化底蕴无法动摇,却丧失了文化本身自我成长的能力和对外部的影响力,将逐渐被历史遗忘,不能被称为具有文化软实力的城市。世界百年未有之大变局之际,上海构建文化软实力需具备战略性眼光和立体化思维,对外拥有博大开放的胸襟,对内拥有足够的本土文化自信。全球化背景下,如何树立上海的文化形象,从不同方面展示立体、全面、真实的上海文化软实力成为上海构建社会主义国际文化大都市的追求。构建上海文化软实力要把握好传统与现代、经典与流行、本土与全球的关系,从文化资源、文化机构、文化人才方面着眼,为提升城市文化软实力提供全面支撑。

一、海纳百川的上海文化软实力精神内涵

(一) 华洋杂处形成开放包容的城市性格

上海的租界文化成为上海现代性的根源。1844 年,由于中国在鸦片战争中战败,上海不得已被开放为通商口岸。虽然上海的开放是由外源型文化危机造成,却在客观上促进了上海日后与世界的联系,开启了上海迈向现代性城市的步伐。近代中国一共有 26 个租界,上海最初有三个:英租界、美租界、法租界,后来英租界和美租界合并成一个公共租界。华洋杂处的生活方式使得上海人最先接触到西方人,以及随之而来的西方的器物、制度、文化,包括与中国不同的思维和交往方式。

开埠以来,上海在器物、制度和文化方面都是中国最接近现代性的城市。最直接的接触是西方的器物,是与上海本土截然不同的物质生活方式,最先引起上海人的关注与反思。"他们在全世界范围发现有什么好东西都引进来,首先为自己所用。比如,西方有电灯,上海马上有电灯;西方有电话,上海马上有电话;西方有自来水,上海马上有自来水。"①制度方面,上海出现了"一市三治"。"一市"就是上海,"三治"指三个政府管理。公共租界、法租界和华

---

① 熊月之,张维为等.12 堂"四史"公开课[M].上海:上海交通大学出版社,2020.

界,三个政府,三种治理规则。制度的差异让上海人最先体会到中西方管理方式和思维方式的差异。在不同制度的碰撞下,上海人逐步养成了包容的品格和多视角看问题的习惯,这种品格是上海人现代性的标识。文化方面,上海在西洋生活氛围中引领中国潮流。有线电报、留声机、画报、电影、足球赛等都是上海人最先接触的西洋文化产品,其背后是西方的生活和娱乐方式。1876 年出版的《瀛壖杂志》记录了"上海出现的新的娱乐活动,包括西人的环马场、戏剧、博物馆、马戏、戏术、影戏,以及东洋戏剧等"。① 在与西方杂糅共生的历程中,上海不仅在硬实力方面具备了现代化城市的资源禀赋,更在软实力方面与世界默契相融,具有了国际的视野和气度、契约精神与文化品位。就这样,在中国江南沿海地区,孕育出一个具有极大包容度的城市,它曾与不同文明的西方国家和谐共存,克服了物质差异、制度差异、文化差异,互惠互鉴,沿着各自的道路谋求发展。这样独特的经历在人类城市文明史上堪称难忘的记忆。上海的城市性格就在这样的背景下形成:开放、独立、坚韧、勇敢、创新、包容、大气、谦和、契约精神。

(二) 文化互鉴带来兼容并蓄的市民气质

习近平总书记 2007 年在上海工作期间概括了"海纳百川、追求卓越、开明睿智、大气谦和"的上海城市精神。城市精神由城市人的精神世界建构而成。上海能够定位为社会主义国际文化大都市,与租界时期上海人与外国人同居共处的历史息息相关,这段经历不但酝酿了上海的城市精神,而且建构出具有世界主义意识的上海。"世界主义被理解为对世界差异性的一种特别立场,涉及对多样性的开放和容忍的一个特殊立场。"②上海的文化软实力深深打上了世界主义的烙印。当年的上海人,虽身处家乡,却因与外国人比邻得以接触到来自其他国家的文化习俗、价值理念与生活方式,这对后来城市的发展产生了深刻影响。这种力量就是一种文化软实力,是与各国文明互鉴、

---

① 王韬.瀛壖杂志(卷六)[M].上海:上海古籍出版社,1989.
② Young C. Diep, M and Drabble, S. Living with difference? The "cosmopolitan city" and urban reimaging in Manchester, UK, Urban Studies, 2006, 43: 1687-1714.

文化互通结出的果实。"文化规划的理想场所和空间越来越多地被视为宽容与理解的跨文化场所,而理想的城市公民则是一个在外观和品位上是世界主义的个人。"①从这种意义上讲,上海人是世界主义的个人,这是一种具有优势的身份。好比人们常常认为混血儿常常比一般的婴儿长相更好、更聪明,地理位置间隔较远的男女结合,生出的宝宝会更加优秀。虽是民间谈资,却也说明在社会生活的诸多方面,背景相差越远,其结合的价值越高。正因如此,上海人与中国其他城市人口相比就显示出更为宽广的国际视野和较高的素养。上海因市民的精神力量而与众不同,使上海与其他城市相比不再是千城一面的钢筋水泥森林,让城市内在的文化魅力得以散发,成为蕴含思想的城市和具有品位的城市。

上海追求卓越、海纳百川的精神吸引了一批优秀人才集聚。人们对城市的选择打着深深的个人成长烙印,与个人的秉性、追求、能力、眼界密不可分。个人的阅历修养赋予了人们选择城市的机会,反过来也成立,城市的阅历与修养吸引了一群特别的人。这里"特别"的意义并非这群人与常人比有什么奇特之处,而是一群能够与这座城市达成默契的人。这种默契不是拍脑袋的选择,而是城市魅力与个体人生经历、价值观、立身本领碰撞融合的结果。当城市的硬实力趋于饱和,文化软实力成为人们选择城市的重要考量。上海构建文化软实力要时时刻刻把人的需求放在第一位,坚持"人民城市人民建,人民城市为人民",将"宜居、宜业、宜游"作为提升上海文化软实力的重要抓手。

二、中国底色的上海文化软实力理论来源

(一)红色文化:凝聚上海文化软实力价值追求

红色文化是上海文化软实力的底色。上海不仅仅是一座发达、先进、时

---

① 黛博拉·史蒂文森.文化城市:全球视野的探究与未来[M].上海:上海财经大学出版社,2018.

尚的国际大都市,还代表了特殊的政治地位,上海在历史上产生的影响对整个中华民族的来说是难以磨灭的。红色文化使得上海光鲜亮丽的背后多了一份沉甸甸的意义。上海的红色文化包含的不仅仅是中国的革命文化,还蕴含着中国人民的精神和信仰。能够读懂上海的红色文化,才能了解中国。红色文化毋庸置疑排在上海文化之首位,是上海的城市精神与城市品格之根。

上海的红色基因渗透在城市发展的过程中,一路成长,结出理想的果实。1949年5月29日,新华社发表社论《祝上海解放》,社论经毛泽东同志仔细修改批准发表,收入《毛泽东新闻工作文选》。社论指出:"上海又是近代中国光明的摇篮。上海是中国工人阶级的大本营和中国共产党的诞生地,在长时期间它是中国革命运动的指导中心。虽然在反革命势力以野蛮的白色恐怖迫使中国革命的主力由城市转入乡村以后,上海仍然是中国工人运动、革命文化运动和各民主阶层爱国民主运动的主要堡垒之一。"上海的红色文化有一点格外鲜亮耀眼——上海是中国共产党诞生地。1921年7月23日,中共一大在上海召开,这是开天辟地的大事件,中华民族的历史从此开启了新篇章。曾有一批政治、文化领域的名人在上海工作和生活,如宋庆龄、鲁迅、巴金等。上海历史学家熊月之教授将中国的红色文化分为三类:第一类是根据地式,如瑞金、延安,其形成是土地、政权、人民、武装四大要素综合作用的结果。第二类是纪念地式,如嘉兴、古田、遵义,其形成具有一定的偶然性和个别性。第三类是介于两者之间,又两者兼而有之。上海的红色文化归属于第三类。作为中国共产党的诞生地以及近代中国光明的摇篮,上海成为人们了解中国共产党、了解中国的窗口。

今天,上海的红色文化正在以全新的面貌融入崭新的时代。有关机构将经典革命文化借助现代化的展览手段呈现,开发出丰富多样的文创产品,向社会大众展示红色文化的魅力。中共一大会址是上海红色文化的代表,其建筑样式是别具上海风格的石库门建筑,同时兼具海派建筑文化的审美特质。目前,中共一大纪念馆新的基本陈列展厅建筑面积约3 700平方米,聚焦中国共产党建党初期在上海的革命实践,展出各类展品超1 000件,其中实物展品

600余件。[①] 在新时代，发展上海红色文化要广泛利用高科技手段，为其呈现方式寻找更多的可能性，如利用VR、AR技术展现历史事件，让游客体验沉浸式红色文化游览，进一步增强上海红色文化的社会影响力。

（二）海派文化：诠释上海文化软实力历史内涵

海派文化是中国近代社会转型时期出现的一种文化类型。马克思和恩格斯曾指出，随着资本主义世界市场的开辟，民族的历史将逐渐被世界性的历史进程所取代。世界性历史进程融入本土的社会发展的历程往往伴着国家之间的交往，是政治、经济、文化、社会生活各方面相互接触的结果。虽然上海近代开放通商口岸并非自愿，却在客观上打开了世界的大门。海派文化是中国本土文化同西方文化碰撞融合的产物，从本质上来说，这种文化形态既不是外来的西方文化，也不再是纯粹的中国文化或本土意义的上海文化，而是三者融合后的共生，是妥协中改良创新的一种新文化。

"海派文化"借用了"海派"的名称，然而两者所指的内容并不相同。对于"海派"一词的来源，不少学者持戏剧起源的看法。1928年徐筱汀在《京派新戏和海派新戏的分析》一文中提到"海派"和"京派"两个词语的起源时，认为两者起源于戏曲。[②] "很长一段时间里，'海派'被当作标签，贴在戏剧、文学、美术等领域的作品上，贴在了上海一些群体和个体的身上。'海派'的称谓，在一个时期与'泛滥''堕落'等负面含义相联系。"[③] 关于海派文化的源流，主要有两种观点。第一种观点认为海派文化受到东西方文化的共同影响。在20世纪80年代，一些学者认为，海派文化"既受西方文化影响，又有中国东南地区以及全国各地文化的特色"，[④] 还有学者认为，海派文化是"乡土文化在外来文化冲击下的一种转型期文化"。[⑤] 第二种观点认为，海派文化源于吴文

---

① 探访中共一大会址：百年红色建筑焕然一新［EB/OL］.https://baijiahao.baidu.com/s?id = 1697085318793049244&wfr = spider&for = pc,2021-4-5.
② 徐筱汀.京派新戏和海派新戏的分析［J］.戏剧月刊,1928年第一卷(03).
③ 郭骥.近代上海的海派文化［M］.上海：上海人民出版社,2020：44.
④ 魏成思."海派"文化特征学术讨论会综述［J］.社会科学,1986(01).
⑤ 顾晓鸣.海派文化与京派文化的反置［J］.上海文化,1995(01)：8-11.

化。"海派文化的根深扎在吴文化的土壤,受吴文化反复浸染。"①"海派文化可以追溯到崧泽文化,其精神性格是百余年来输入了西方文化的结果。"②其实两种来源并不矛盾,一种是从外来文化进入,一种从本土文化溯源的视角。既如此,海派文化的特质中应当包含这两个方面的内容。海派文化当是上海文化的个性所在,它既是上海文化的源泉,也体现出在特定的社会环境中所积淀的独特文化内涵。

(三)江南文化:彰显上海文化软实力深厚底蕴

地域性特征是城市文化软实力的自然纽带。上海位于中国长江以南,因此上海文化具有江南文化的基因。江南既是地理的概念,也是文化的概念。提到江南文化,有人想起小桥流水人家的江南古镇,有人想起古代文人士大夫的文学、绘画作品,有人想起体现江南文化底蕴的物质与非物质文化遗产。在自然环境方面,上海的江南文化特质属于大江大河文化,上海的"一江一河",黄浦江与苏州河承载着上海人的乡愁。学者刘士林总结了江南文化与城市研究的三大主要学术流派:一是以文献编撰与考据为中心的文献研究;二是以经济史、社会史为中心的史学研究;三是江南文化与江南城市研究的西方框架及其羽翼下的中国话语问题。③ 江南文化研究是立体的、多面的,前两种研究方向偏重历史,而城市研究维度的江南研究与现代人的联系更为紧密。我们今天研究江南文化背景中的上海文化软实力需要更多的从城市视角切入。究其原因,上海的江南文化并不完全等同与一般意义上的江南文化。上海的江南文化最为显著的特征是其独特的都市文化。除了江南文化的自然内涵、历史内涵、人文内涵,上海的江南文化还蕴含着都市风格的现代内涵。江南文化的自然禀赋需借助上海特殊的都市优势打造具有现代性的江南文化城市。

---

① 许霆,顾建光.吴文化与海派文化散论[J].社会科学,1991(09):46-50.
② 刘士林.当代江南都市文化的审美生态问题[N].光明日报,2005-10.
③ 刘士林.江南文化及城市研究的学理反思与学术重构[J].山东大学学报(社会科学版),2021(4).

随着时代的发展,江南的上海包含了更加丰富的政治、经济、文化与社会内涵。与江南的上海相比,长三角的上海是一个政治概念。首届中国国际进口博览会开幕式上,习近平总书记将支持长江三角洲区域一体化发展上升为国家战略。这恰恰提醒我们,需要发挥上海在对外文化贸易、对外文化投资方面的优势,助力上海的文化产品、文化服务更好地走向世界。利用高质量的上海文化产品和文化服务讲好上海故事,以文化经济为纽带向世界输出上海文化软实力。就全国城市而言,上海须利用现代化大都市综合优势推动文化软实力提升。上海的人口和面积居全国城市第二位,GDP 位居全国城市前列。地处这样一个人口众多、城市众多,作为全球重要的经济体的大国,上海在国际国内具有重要的地位和影响力。与城市文化软实力相比,上海的硬实力更为突出。从世界具有重要影响力的文化大都市来看,大多数文化软实力领先的城市同样是硬实力发达的城市,比如纽约、伦敦、巴黎、东京。其本质原因与城市文明的延续与传承密不可分,另外还有一个时代原因,即现代新文化样式的发展更依赖于技术的进步、传播方式的变革、消费能力和习惯的影响等一系列复杂因素。新时代的文化发展规律决定了现代化文化大都市必须具有坚实的硬实力作为根基,上海同样需要借助硬实力为文化软实力的发展提供有力支持。

二、提升上海文化软实力的机制与方法

(一) 政府搭建平台与激发民间主体活力相结合

上海在文化体制改革方面取得了重要成就,然而某些文化艺术行业依然比较依赖政府资助,如戏曲院团、物质及非物质文化遗产保护机构、剧院、美术馆等,其大部分收入来自政府拨款。新时代,新的文化艺术样式在城市中不断涌现,文化艺术的种类和边界进一步拓展,发展水平参差不齐,政府的精力、财力有限,难以满足城市多元化文化艺术的发展需求。政府应充分调动文化企业、文化基金会、个人的力量,出台配套支持政策为各层次社会主体参与公共文化艺术事业提供税收优惠。转变政府职能,使其从城市文化事业的

"执行者"变为"引领者"。发挥政府集中力量办大事的优势,推动建立高层次合作平台,搭建人才资源库,为民间主体之间的联动与合作创造条件。

(二) 历史文化资源开发同先进科技手段运用相结合

开发城市的历史文化资源应具有现代性意识。城市的历史文化街区、历史建筑、具有历史象征意义的文化场所为人们留住了城市的乡愁,是城市文化软实力的厚重底蕴所在。我们要从城市的历史文化资源中提炼现代性,擦去历史的尘埃,挖掘历史文化资源中对现代人有益的精华部分进行呈现。除了历史文化资源内容的现代性提炼,还需重视呈现形式的现代性探索。历史文化资源有限,而文化创意开发潜力无止境。新时代的历史文化资源开发要积极转变模式,从传统的"资源依赖模式"逐步向"技术先导模式"转变。让古老的城市文化通过先进科技手段更加鲜活地呈现出来,将 VR、AR 技术,以及最新的"元宇宙"概念广泛应用于历史文化资源的多元化呈现。传统的文化习惯将技术理性作为一种批判,可是当今时代技术的发展已是一种无法阻挡的趋势。新的历史条件下,掌握和利用新技术助力文化创新成为上海提升文化软实力的必由之路。

(三) 培育本土文化艺术人才与吸引国际文化艺术人才相结合

构建上海文化软实力的出发点和落脚点归根到底还是人。全球中心城市的文化软实力竞争越来越表现为文化人才的竞争,人才为一座城市文化软实力的生长提供源源不竭的动力。上海应始终坚持培育本土文化艺术人才与吸引国际文化艺术人才两条腿走路,促进上海本土文化与外来文化交融互通。充分利用上海的艺术院校资源,搭建艺术院校同文化企业、文艺院团、文化单位的交流合作平台。转变吸引国际文化艺术人才方式,化被动为主动,通过对外宣传、政策保障、国际项目资助、服务优化吸引国际文化艺术人才来沪交流和落户。上海目前吸引外国艺术家来华的渠道主要包括政府资助的文化艺术留学项目、外国文化企业入驻、文化艺术交流,在吸引国际文化艺术人才的机构多样性和形式多样性方面还有待拓展。

三、立体多面的上海文化软实力提升策略

（一）建立中心引领、多层次与多样化的城市文化艺术资助体系

文化管理体制机制的优化是上海文化软实力可持续繁荣发展的保障。上海作为一座海纳百川的国际文化大都市，其文化艺术样式丰富多样，单靠政府部门资助难以满足各层次文化艺术机构、大众和小众艺术类型以及身处不同发展阶段的艺术家等各层面的需求。需扩大文化艺术资助主体范围，保证资助领域和资助偏好的多样性。政府是领导文化艺术发展的中心而非具体文化艺术事业的执行者，需完成从中心负责到中心引领的职能转变。政府资助以外，充分调动企业、基金会、个人力量资助文化艺术领域。在坚持政府引领文化艺术发展的前提下，中国需建立更多私立基金会投身文化艺术领域，减轻政府负担，发挥机构活力。推动建立由政府文化机构、文化企业、文化基金会、个人共同构成中心引领、多层次与多样化的上海文化艺术资助体系。

在上海文化"走出去"的过程中，政府层面的文化交流容易被质疑带有政治意图，基金会在承担文化交流职能方面具有天然优势，与政府相比更亲民。上海在对外文化交流过程中，需弱化政府作用，通过外国较为认可的民间机构进行对外交流。上海可培育几家实力较强的大型国际基金会，与美国等西方国家的基金会对话交流。同时，建立一些中等、小型专业基金会，为某类文化艺术事业提供资助与服务。建立几家对外文化交流基金会资助全球优秀的艺术家来沪交流访问，开展形式多样的上海文化体验、驻地艺术创作、艺术项目合作。作为彰显中国气度的社会主义国际文化大都市，上海应秉持合作共赢、共同发展的基本理念，积极承担世界文化格局下体现大国大城文化担当的历史重任，可建立以"实现共同富裕""构建人类命运共同体"为使命的基金会，通过资助文化艺术促进人类文明的延续，在更高层次、更大格局的资助理念下指导资助实践，增强上海在世界文化艺术领域的影响力和话语权，推动东西方文明间的交流互鉴。

（二）注重文化机构的理念创新和技术创新，鼓励高校之间跨学科合作

上海作为全国的科技创新中心，应重视新理念、新技术在文化艺术行业的探索和应用，展现具有上海特色的新型文化软实力。文化艺术表达的创新不仅仅是内容的创新，还有形式的创新，需要坚强的科技硬实力作为根基。上海的科技创新能力位居全国前列，理应将文化科技创新作为重点发力领域。近日，美国 Facebook 公司宣布改名 META，向世界宣布元宇宙时代的到来。元宇宙这个虚拟的世界可能蕴藏着未来全球中心城市之间文化软实力竞争的新场域。这个场域或将跨越时空、跨越文明形态、跨越社会制度、跨越种族、跨越阶层，重塑一个拥有千万种可能性的虚拟人类世界。我国的芒果、爱奇艺等传媒公司也宣布开始布局元宇宙业务。上海的文化传媒机构要抓住机遇，利用上海的文化艺术院校、文化机构、文化人才、科技人才优势，引领全国重要文化科技领域的创新实践。

着力推动科技同传统文化艺术行业的融合，将"艺术＋科技"作为上海的城市文化名片。2021 年 11 月 4 日、5 日，中国首部科幻歌剧《七日》由上海交响乐团在沪首演，与中国上海国际艺术节、中央音乐学院创作中心联合委约创作，并将在线上播出，填补了中国歌剧发展史上这一空白。[①] 上海应进一步拓展艺术与科技融合的广度和深度，如音乐剧、舞蹈、话剧、歌剧、展览、交响乐。重视培育上海本土文化科技领域的复合型专业人才，培养一批既懂文艺创作又会使用前沿科技手段的复合型艺术家。上海一些艺术类高校已走在艺术科技领域布局的前列，如上海戏剧学院目前已建立三家研究型重点实验室：数字演艺集成创新文化和旅游部重点实验室（2014 年由文旅部授予）、上海市多媒体演艺虚拟空间合成重点实验室（2004 年由上海市科委授予）、上海市戏曲文化协同创新中心（2021 年获上海市教委批准），以上三个研究型重点

---

① 中国首部科幻歌剧《七日》在沪首演：AI 时代，爱情和艺术会消亡吗？〔EB/OL〕. https://baijiahao.baidu.com/s? id＝1715506384022305395&wfr＝spider&for＝pc，2021-11-4.

实验室均为省部级科研机构。① 上海市各高校应进一步创新文化艺术人才培养理念,鼓励跨校、跨学科、跨专业项目合作,鼓励艺术类院校同综合类院校合作,艺术类专业同理工科专业协作,以项目为平台,推动交叉学科助力文化科技创新,在更多文化艺术领域组建创新实验室。

(三)集聚优秀文化艺术人才,发挥机构优势用好国内国际两种资源

文化艺术人才是提升上海城市文化软实力的核心动力。上海拥有较为丰富的艺术教育资源,包括全国知名的艺术院校如上海戏剧学院、上海电影学院、上海音乐学院等高等院校资源;拥有丰富的艺术机构资源,如上海"京、昆、越、沪、淮"五大戏曲院团、上海交响乐团、上海电影集团、上海美术电影制片厂、上海大剧院、上海音乐厅、上海文化广场等各具特色的文化机构。上海艺术院校的毕业生是上海文化艺术人才的储备库。可近年来上海部分艺术院校毕业生由于信息不对称,不能准确对接文化单位需求以及入职相关领域工作。纽约市文化事务处针对纽约市高校艺术类专业毕业生遇到的类似问题专门成立了扶持项目,该项目致力于为纽约市公立高校纽约城市大学的艺术类专业毕业生搭建就业平台,目前已有 42 家纽约市文化艺术机构加盟②,机构种类丰富多样,包括博物馆、画廊、剧院、文化企业、私利文化机构、基金会以及政府文化艺术部门。上海市政府也需要采取行动,为文化机构与艺术类专业毕业生之间搭建桥梁,助力高学历文化艺术领域人才将自身专长学以致用,为城市文化软实力建设贡献力量。

随着世界主要大城市文化软实力竞争加剧,城市吸引国际文化艺术人才的方式日益多元化。有两种路径比较普遍:一是提供优厚条件吸引文化艺术人才集聚。包括提供经济报酬、优惠政策、创作条件、宜居环境等。二是通过国际艺术项目汇聚各国艺术家。大多数文化艺术人才选择工作和生活之地

---

① 上戏研究型重点实验室　迈出新步伐[EB/OL].https://www.sohu.com/a/491615729_121124758,2021-9-23.

② NYC Cultural Affairs[EB/OL]. https://www1.nyc.gov/site/dcla/index.page,2021-11-19.

会兼具两方面考虑。基金会恰好具备满足这两方面需求的能力：提供资助、促进符合公共利益的文化艺术发展。除了直接资助，基金会还可采用间接资助模式，通过资助艺术机构促进文化艺术人才流动。美国亚洲文化委员会吸收来自基金会、企业、个人赠款促进美国与亚洲的文化交流，迄今已资助了26个国家和地区的6 000多个交流项目。机构建立者约翰·D·洛克菲勒相信："增强对其他文化的了解本身就是一个有价值的目标……并且作为达到更远目标的手段。"①上海需建立一批资助国际文化艺术项目的基金会，资助一批优质国际文化艺术项目，通过全球文化艺术人才集聚，促进上海文化软实力在全球城市之间的流动与共享。

参考文献

[1] 熊月之，张维为，等.12堂"四史"公开课[M].上海：上海交通大学出版社，2020.

[2] 王韬.瀛壖杂志（卷六）[M].上海：上海古籍出版社，1989.

[3] Young C. Diep，M and Drabble，S. Living with difference? The "cosmopolitan city" and urban reimaging in Manchester, UK, Urban Studies, 2006，43：1687-1714.

[4] 黛博拉·史蒂文森.文化城市：全球视野的探究与未来[M].上海：上海财经大学出版社，2018.

[5] 徐筱汀.京派新戏和海派新戏的分析[J].戏剧月刊，1928年第一卷（03）.

[6] 郭骥.近代上海的海派文化[M].上海：上海人民出版社，2020：44.

[7] 魏成思."海派"文化特征学术讨论会综述[J].社会科学，1986（01）.

[8] 顾晓鸣.海派文化与京派文化的反置[J].上海文化，1995（01）：8-11.

[9] 许霆，顾建光.吴文化与海派文化散论[J].社会科学，1991（09）：46-50.

[10] 刘士林.当代江南都市文化的审美生态问题[N].光明日报，2005-10.

[11] 刘士林.江南文化及城市研究的学理反思与学术重构[J].山东大学学报（社会科学版），2021（4）.

[12] 探访中共一大会址：百年红色建筑焕然一新[EB/OL]. https://baijiahao.baidu.com/s? id=1697085318793049244&wfr=spider&for=pc，2021-4-5.

---

① Asia Cultural Council[EB/OL]. https://www.asianculturalcouncil.org，2021-11-19.

［13］中国首部科幻歌剧《七日》在沪首演：AI 时代，爱情和艺术会消亡吗？［EB/OL］.
https：//baijiahao. baidu. com/s? id = 1715506384022305395&wfr = spider&for = pc，
2021-11-4.

［14］上戏研究型重点实验室　迈出新步伐［EB/OL］. https：//www. sohu. com/a/
491615729_121124758，2021-9-23.

［15］Asia Cultural Council［EB/OL］. https：//www.asianculturalcouncil.org，2021-11-19.

［16］NYC Cultural Affairs［EB/OL］. https：//www1. nyc. gov/site/dcla/index. page，
2021-11-19.

重 点 关 注

构筑城市形象的全球识别系统，
让精彩上海故事引发世界共鸣

徐 剑 钱烨夫①

摘 要 软实力是一座城市最高阶的竞争力、影响力和吸引力的综合象征。构筑城市形象的全球识别系统，增强城市的全球叙事能力，是全面提升城市软实力建设的核心环节和关键要素。研究发现，产业识别、地标识别、仪式识别共同构成了城市形象全球识别系统的三大核心要素。面向未来，打造同具有世界影响力的社会主义现代化国际大都市相匹配的城市软实力。上海需要加快形成魅力的核心文化产业识别，规划形塑梦幻般的超级城市地标识别，着力打造标杆性的城市节庆事件识别，并在此基础上全面提升城市的传播力和故事的感染力，传递适用于全球的城市人文价值，让精彩上海故事引发世界共鸣。

① 徐剑，上海交通大学媒体与传播学院教授、博导，文化创新与青年发展研究院（上海高校智库、文化和旅游部行业智库）首席专家，兼任上海交通大学中国城市治理研究院（上海市重点智库）副院长、嘉华教授。现为 2018 年国家社科基金重大研究专项首席专家，2017 年国家社科基金艺术学重大项目首席专家，近年来还主持国家社科重大项目、重点项目、青年项目等其他国家、省部级项目 20 余项。钱烨夫，上海交通大学媒体与传播学院博士研究生。

关键词　软实力　城市形象　识别系统　国际文化大都市　认知图示

习近平总书记强调,要"下大气力加强国际传播能力建设,形成同我国综合国力和国际地位相匹配的国际话语权"。中共上海市第十一届委员会第十一次全体会议聚焦"软实力建设",提出"着力增强全球叙事能力,扩大城市软实力的国际影响"。软实力是城市最高阶的竞争力、影响力和吸引力,它通过"润物细无声"的方式影响公众对城市的认知,凭借软性的力量在全球范围内塑造城市的话语权,穿透历史的迷雾清晰地传递自己的价值观以塑造伟大的城市。可以说,上海要代表中国在全球讲好治理故事,就必须把软实力建设提上关键议程。而面向未来的全球城市竞争环境,全面提升城市软实力建设的关键,就是构筑城市形象的全球识别系统,并增强城市的全球叙事能力。

城市形象是公众对城市产业经济、建筑空间等物质要素和人文历史、社会面貌等非物质要素的整体印象和评价,既反映了城市的过往与现状,也包含了对城市未来发展的期待。它既是公众对于城市的认知图示,也是公众与城市之间长期以来形成的一种潜移默化的关系。在经济全球化、信息网络化的当下,城市形象的全球传播不仅直接影响着城市的国际知名度与影响力,更在不断重构人们对城市的认知,不断建构着社会对城市未来发展的想象,具有重要的经济、社会和政治内涵。面向未来,要打造社会主义现代化的国际大都市,实现城市软实力多维度指标的进步以及竞争力的"能级跃升",核心要务是提高城市的全球叙事能力,加快构筑城市形象的全球识别,打造面向世界、具有中国气派、中国精神和中国美学的全新城市形象。

一、构筑城市形象的全球识别系统

对于顶级城市而言,追求扩大城市软实力的国际影响,提高全球叙事能力,其终极目的就是塑造鲜明独特的城市形象全球识别。纵观全球顶级城市，伦敦、纽约、巴黎或东京，无一不具有鲜明的城市形象特征，其城市形象之所以能够做到跨文化的"深入人心"，都有着一个共同的基础，即形成了独有的城市形象全球识别系统。

城市形象全球识别系统，是城市精神、品格和文化内涵的外在体现，统领了城市行为形象和城市视觉形象，具有全球性的文化影响力。这种识别系统一旦形成，很难被打破，其他城市将难以超越。例如，伦敦作为全球当代艺术和文化创意产业中心，文化范畴从古典到草根，多元化和兼容性称冠全球；纽约被誉为世界文化大熔炉，无论是百老汇的演艺、好莱坞的影视还是世界第一的传媒业，纽约生产的文化产品通过以"核心版权"为品牌的版权产业链纵深开发建立起规模经济，不仅获取巨大收益，而且形成全球影响力；巴黎作为时尚之都，展览业位居全球前列，不仅拥有世界一流的展馆设施，还具备领先的展业服务水平，吸引了全球各类主题的大型国际展览活动，众多展览活动品牌享誉全球。

塑造鲜明独特的城市形象全球识别系统，是顶尖城市通过全球叙事，展示自身形象，提升城市知名度和影响力，参与全球城市竞争的重要手段。城市形象的识别系统，实际上就是城市软实力在媒体和公众心目中最重要的认知图示。研究指出，"图示是指（长期记忆中）与一个给定概念有关，且联接丰富的信息网络；其中包含的信息要素是以整体而非单个的方式提取[1]"。可见，对于城市的认知图示，实际上包含两个关键性特征：第一，城市认知图示不是单一的认知概念，而是有着多元主体、不同维度以及复杂层次共同组成的连接性的信息网络，这意味着城市形象包含的要素绝非单一性的标识，而是城市不同要素之间形成的联结，即具有系统性、网络性的特点；第二，城市的认知图示虽然具有多层次性，但在认知形成过程中并非作为一种单一元素抽取，而是以某种"整体性"介入认知过程，这意味着建构城市形象全球识别系统的各要素并非单独呈现，而是以一种整体性的面貌呈现给受众，必须通

---

① 葛岩等.作为图式的地域形象：结构、功能和测量[J].新闻与传播研究，2019，26（02）：19-37+126.

过深度的联系形成"同频共振"，才能发挥出作为整体的城市形象最大的认知塑造力和全球影响力。

二、城市形象全球识别系统的三大核心要素

当今世界，软实力越来越成为一座城市综合实力的重要标识。创意伦敦、时尚巴黎、动漫东京……提起这些具有国际影响力的顶级城市，我们最先想到的不是它们的经济实力，而是它们身上独特的文化标识。城市形象全球识别系统是城市的靓丽名片，决定着城市在全球民众、全球媒体的呈现框架。纵观顶尖城市的成功经验，有三个共同要素：一是培育城市的核心文化产业，根据各自的发展特点，打造自己的独特城市文化标识，并围绕核心文化产业，面向全球市场，视野不局限于本地或本国，打造全球化的产业价值链条；二是形塑全球性的文化地标，通过吸引全球游客的目光，将城市形象进一步具象化；三是设立文化活动，围绕核心文化产业，做好标杆性文化节庆，制造媒介仪式，通过全球化的文化狂欢来传播自己的文化特色符号。三者共同作用，最终塑造其在媒体形象上的全球核心竞争优势识别系统。

（一）产业识别

文化产业是一座城市文化生命力的重要支撑。城市形象全球识别系统发展的背后，必须有产业的支撑，缺乏核心文化产业，将会导致对城市核心文化识别支撑的分散、薄弱，城市文化特色难以充分彰显，不利于城市文化的品牌打造与国际传播。核心文化产业是一种独特的城市文化标识，是卓越的全球城市影响力的重要组成部分。纵观顶级国际文化大都市，都有自己独特的优势文化产业，如东京的动漫产业、纽约的版权产业、伦敦的创意产业等，这些产业特色鲜明，并与城市的标志性文化符号相互呼应，同时深度介入全球产业链，在国际文化贸易中创造巨大价值，全面提升城市文化传播的能级。

(二)地标识别

当人们联想到某一个城市时,以图像画面形式呈现的认知图示往往最先出现在人的脑海中,代表一种最直观的认知符号,而这一符号往往就与城市的地标相关联。例如,提到巴黎时联想到的埃菲尔铁塔、卢浮宫,提到罗马时联想到的罗马竞技场,提到雅典时联想到的帕特农神庙,等等。不难发现,全球性的城市地标不仅仅是一个建筑空间,更重要的是其背后隐藏的城市历史文化特征,是城市的文化灵魂以及城市气质和品位的缩影。地标识别在城市形象全球识别系统中扮演重要角色,它往往是集文化内核、文化功能、文化标志与一体的城市空间符号,是集中发挥城市文化集聚力和辐射力的重要载体,也是引领城市文化发展的重要引擎。顶尖国际文化大都市基本上都有标志性全球地标文化区域,并与核心文化产业紧密相关,承载着实质性的文化活动。

(三)仪式识别

在移动互联网时代,包括传统媒体在内的发声单元不断动态地介入城市形象全球识别系统的建构过程,全球媒体网络对于城市形象的全球传播无疑扮演着基础性的角色。而在城市形象的全球传播过程中,媒介仪式又发挥着重要推动作用。媒介仪式是受众通过各种媒介符号的传播,被邀请参与到某些重要显著的共同性活动或者某些盛大事件(即媒介事件),最终呈现的一种象征性和表演性的文化实践过程和行为[①]。媒介事件是媒介仪式形成的前提和主体,没有媒介事件的预先组织和传播,就不会有受众的关注和参与,更不可能形成象征性的和表演性的文化实践过程和行为。在城市形象全球识别系统的建构中,文化活动已经成为城市最具活力的传播窗口,包括文化节庆、国际性会展、国际性体育赛事等在内的文化活动事件已然成为最重要的仪式识别事件。

[①]　詹姆斯·W·凯瑞,丁未译.作为文化的传播[M].华夏出版社,2005.

三、构筑城市形象全球识别系统的关键路径

在全球化背景下,城市已经深度参与国家和地区之间的博弈。在全球城市的竞争态势中,城市形象作为一种城市"软实力",越来越深刻地影响到城市的综合实力和可持续发展能力,而鲜明的城市形象全球识别系统无疑已经成为国际文化大都市不同于其他一般性全球城市的主要标志。①

构筑城市形象全球识别系统,首先需要根植于国家和民族的历史文化底蕴,一座城市如果离开了自身扎根的文化土壤,必然成为无源之水、无根之木,失去自身形象塑造和生长的生命力。因此,面向未来构筑城市形象全球识别系统绝非简单地复制一个伦敦、再造一个纽约、克隆一个巴黎,而是需要依托于深厚的文明积淀与城市文化实践,形成具有全球竞争力城市核心的文化产业识别,并进一步辐射,依托产业优势形成有鲜明特色的超级城市地标识别,继而赋予更广泛的文化活动与人文内涵,形成具有全球影响力的标杆性城市节庆事件识别。

首先是魅力的核心文化产业识别。核心文化产业是一种独特的城市文化标识,是全球顶尖城市影响力的重要组成部分。在城市形象全球识别系统中,核心文化产业不是作为单一的孤立要素而呈现,而是作为网络节点深度嵌入信息网络,凸显出独特的文化魅力,从而发挥强大的产业联动作用。例如,东京动漫业具有吸引所有年龄水平的多样性和丰富性,同时动漫文化形式不断催生并持续产生创新的思维,在社会中形成庞大而忠实的粉丝群。动漫业不仅通过带动文化节庆、文化旅游促进东京城市经济发展,同时也对城市公共空间发展产生重要影响。东京自 2002 年开始举办的东京国际动漫展览会(Anime Japan),已经成为全球规模最大的动画主题创意展览会之一,每年都有来自全球数百家国际顶尖的动画制作公司、游戏开发公司、电影电视

---

① 徐剑.国际文化大都市指标设计及评价[J].上海交通大学学报(哲学社会科学版),2019,27(02):17-27.

公司参与该展，能够吸引全球企业、资金与东京的动漫产业进行深度联动，从而进一步推动产业的发展和城市形象的塑造。以动漫产品作为核心内容，东京进一步推出动漫外交，扩大文化输出。在文化建设和发展中，东京以动漫业为城市主导文化产业，也成为引导东京文化产业长期稳定发展的政策方向。上海具有国际影响力的文化产业"琳琅满目"，正在加快建设亚洲演艺之都、全球电竞之都、网络文化产业高地。要构筑"上海标识"，必须进一步挖掘上海的核心文化产业。与顶尖的国际文化大都市相比，上海很难在它们已有优势的竞争领域后来居上，只有另辟蹊径，弯道超车。相关研究显示，在数字内容产业，上海的发展速度最快，产业链优势最完备。上海有先进的移动网络设施和服务，是数字内容产业发展的技术基础，并孵化了一批有竞争力的企业，它们构成了该产业的市场基石。尤其在电竞领域，随着"全球电竞之都"的轮廓日益凸显，上海在全球可比城市中，已成为当之无愧的领跑者。上海应在这些领域单点突破，先做到极致，继而覆盖到整个数字内容产业，融通全球文化元素，推动产业要素向上海集聚，引领未来全球数字文化发展的前沿，塑造自己在全球媒体独特的形象标识。

　　第二是梦幻般超级城市地标识别。地标性文化区域是城市文化活动的场地和空间，也是城市气质、品位和文化灵魂的缩影。顶尖国际文化大都市基本上都有标志性全球地标文化区域，并与核心文化产业相关，承载着实质性的文化活动。建构超级城市地标，关键在于将地标符号打造为具有丰富文化功能的"城市会客厅"，赋予其更加有生命力的文化"梦幻感"，主要包括三大层面：一是展示功能。作为城市文化的展示窗口，传播城市文化的核心气质和精神、品格，反映城市独特的思维方式和文化价值。一个文化地标承载的并非是单一性能的空间价值，而必需能够准确鲜明地体现城市文化的核心特色，如巴黎香榭丽舍大道的"浪漫时尚"，纽约百老汇的"音乐剧舞台"，等等，其背后承载的是一座城市的文化特色与城市气质。二是交流功能。有助于实现全球多种文明形态的交流，加强多元化文化的交流、竞争与合作，提升城市文化的生命力和可持续发展能力。文化地标体现的是一种日常生活的对话属性，在地标与市民互动共生的过程中，城市历史文化建筑空间的精神内核被充分外化、活化，让生活在城市里的人们可以清晰地感知城市。三是情感共鸣。通过主人与客人的对话和交流形成文化认同，进而产生情感共鸣，在物理空间中实现心灵沟通。城市全球文化地标营建了一个全新的城市界面，赋予一座城市全新的国际对话场域，从而为城市带来新的不一样的跨文化互通空间与情感语境。在三种功能的共同作用下，最终实现全球认同的城市形象识别系统、文化认知框架的形成。上海现阶段已逐步形成以外滩两岸为核心的文化地标识别，但目前其文化互动性与上海文化内涵还不够丰富，如能进一步以此为核心，打造一江一河的超级城市地标，将"海纳百川、兼容并蓄"的文化精神融入一江一河沿岸，将更多的公共文化活动在沿岸聚集，打造水岸联动的特色文旅体验，实现游客和文化地标的互动交流、驻足停留，使之成为一条诠释城市魅力、讲述文化内涵的"水上项链"，将构筑全球首屈一指的城市壮美空间。

第三是标杆性城市节庆事件识别。文化活动是仪式识别的事件基础，而其中最关键的便是标杆性的城市节庆。纵观顶尖国际文化大都市，围绕城市核心文化产业，均有标杆性国际文化节庆活动作为吸引全球人流的重要窗口。标杆性节庆活动与城市文化、城市精神紧密相连，已成为城市软实力扩散的重要载体。如狂欢节之于里约热内卢、巴黎时装周之于巴黎。标杆性节庆活动具有三个特点：节庆内容的特色性，节庆地位的不可替代性以及节庆受众的普遍性。具体而言，在形成标杆性城市节庆事件识别过程中，首先需要积极发展与核心文化产业紧密相关的大型国际文化节庆及赛事活动。尤其需要注重在活动中加入城市国际推广宣介的元素，借助宝贵的国际性舞台传播城市文化魅力，吸引全球人流、物流、资金流、信息流，使主题节庆文化成为城市生活的重要组成部分。其次，需要打造国际性核心文化节庆品牌，通过节庆文化活动充分调动市民的自发性、参与性，塑造和拓展城市的公共文化空间，从而借助文化节庆活动对世界流量的吸引，营造浓厚的城市文化节庆氛围，全面提升城市文化吸引力、凝聚力与影响力。最后，需要提高节庆活动的品牌管理和运营专业化程度，加强基础性的保障和规范化的管理，依托具有国际专业水平的节庆运营团队，提升节庆活动的全球宣介、文化承载、品牌营销以及整体运营水平,从而保障城市核心文化节庆活动的有序运行和对城市形象识别系统构筑的全面带动作用。上海目前已有非常多的城市节庆活动,但总体而言对内吸引力较强,对外吸引力较弱,亟需加强整合,围绕核心文化产业重点打造以"上海国际电竞节"为品牌的主体性节庆活动,融合电竞赛事、音乐节、cosplay、周边展等,打造成全球最有影响力的电竞节庆品牌,同时积极吸纳多方媒体力量参与,不断扩大文化活动的全球辐射面,实现放大媒介仪式的溢出效应,塑造"最时尚、最先锋、最全球化"的城市气质。

四、讲好上海故事,传递适用于全球的人文价值

城市软实力的价值内核是城市精神,有什么样的城市精神,就会涵养出相应的城市气质和城市形象。习近平总书记 2007 年在上海工作期间概括了"海纳百川、追求卓越、开明睿智、大气谦和"的上海城市精神,2018 年在首届进博会开幕式主旨演讲中指出,"开放、创新、包容已成为上海最鲜明的品格"。生活在上海这座城市,可以让改革者进取,让开放者卓越,让创新者成就,让奋斗者自强,让追梦者无畏,其内核就是"城市,让生活更美好",而这也是上海作为一座伟大的城市,给历史、给当下、给未来贡献的最重要的价值观财富。

提高城市的传播力,关键是要"故事驱动",通过故事来引发受众的情感共鸣。伟大的城市都有丰富、精彩、打动人心的故事,要通过这些故事推广城市价值、展示城市形象。大众传播的核心是有口皆碑,对于城市推广而言,核心是生产具体的、细节的、有亲和力的故事,剩下的就是让受众自发去讨论,帮助城市进行传播。听故事、讲故事,是人们认识世界的基本途径。历史上伟大的演讲者都深谙传播之道:人类不喜欢听事实和数据,但擅长理解故事。国际大都市都很擅长讲自己的故事。如 2017 年奥斯卡获奖电影《爱乐之城》(英文片名 *La La Land*)巧妙地将洛杉矶简写 LA 植入其中,把一个种族和治安情况复杂、阶级分化严重的洛杉矶,描述成充满艺术、爱情、梦想的城市,重新书写了洛杉矶的城市形象。此类影视作品在全球已经广泛涌现,但目前上

海在这方面的短板较为明显。

从故事概念角度而言,上海这座城市诞生了很多很棒的概念,如人民城市、"五个人人"等,但还缺乏把概念转化为好故事的能力,缺少通过故事去引发受众情感共鸣的生动叙事模式。一曲《成都》让无数青年人向往那个街头的小酒馆,《长安十二时辰》让观众穿越古今,把西安历史的荣耀之光投射到今天的奋斗之中。从现实情况来看,上海迫切需要通过市场化的机制,自下而上地生产民众喜欢、喜爱并广为传颂的文艺作品,来反映上海这座"人民城市"已经发生、正在经历的伟大历史征程以及多彩迷人的生活,向全球传递发端于上海又适用于全球的人文价值观:城市,让生活更美好。

从市民节日看市民社会和市民精神对城市软实力的影响

陈圣来①

摘 要 本文以最具代表性的上海市民节日——上海国际艺术节和市民文化节为研究对象,放眼国际,凭借作者丰富的艺术节运营经验、深厚的文化研究功力,通过深入分析比较,指出丰富多彩、参与度极高的市民节日对建设市民社会、塑造市民精神、提升城市软实力有着极为重要的作用。

关键词 城市软实力 市民精神 市民节日

中国共产党上海市第十一届委员会于 2021 年 6 月 22 日召开第十一次全体会议。这是一次很特别的全会,会议第一次以地方党代会的规格审议并通过的《意见》,将习近平总书记亲自为上海提炼概括的城市精神和城市品格作为城市软实力的核心,第一次将城市软实力作为上海市委全会的主要议题并正式写进了决议。会议上提出两句口号:"硬实力让城市强大,软实力则让城市伟大。"这里的伟大之处,在于对这座特大型城市的"善治",这个"善治"包含着法治、礼治、德治、文治、自治等方面,让城市体现时代精神,让每个市民自带精神流量,使城市品格得到充分彰显,这就是城市的伟大之处。

---

① 陈圣来,上海社会科学院国家高端智库资深研究员,国家对外文化交流研究基地主任,上海国际文化学会会长。多次担任国家社科基金重大课题和文化部重点课题首席专家。曾担东方广播电台台长、总编辑,中国上海国际艺术节总裁,上海社科院文学研究所所长等。出版近十部学术著作,发表百余篇学术论文。

为开好这次全会,前期市委做了大量调研工作,5 月 12 日在上海市委 1 号会议室,李强书记亲自主持召开了专家座谈会,笔者也有幸参加。会上讨论并提出城市软实力应该关注的几个方面:①精神内核;②文化特质;③人居环境;④治理模式;⑤全球叙事能力;⑥与硬实力的不断协调和提升。这六个方面比较周详地对城市软实力作了阐述。而城市的市民节日是勾连这六个关系并有效提升城市软实力的一个抓手,本文试图从市民节日这一角度对市民社会和市民精神的塑造以及城市软实力的提升作一探究。

一、艺术节是城市人对诗意生活的集体追求

从 20 世纪 90 年代末期全国第一家正规意义上的大剧院——上海大剧院的建成,到后来浦东的东方艺术中心、文化广场、世博演艺中心,以及上交音乐厅,上音歌剧院、虹桥的国际舞蹈中心、保利大剧院、九棵树未来艺术中心、新的刘海粟美术馆、新的浦东美术馆、全国最大的临港天文博物馆,不久还会有浦东的大歌剧院,等等。上海整个文化硬件设施这几年有了长足的进步,就笔者所到过的世界上各大城市相比较,上海现在的文化设施,特别是演艺方面的硬件是不输给世界任何一个城市的。然而目前上海文化设施的完善并不是天生如此,20 世纪 90 年代初期,笔者参与引进美国费城交响乐团来沪演出,然而乐团来了,上海竟然找不到一处可供乐团演出的合适场所,最后这场演出不得不放到上海体育馆去进行,在体育馆里欣赏交响乐,这大概在世界上也是凤毛麟角的个例。如此窘迫的上海怎能迎候世界一流文艺团体,怎能跻身世界一流城市的行列? 这样的城市遑论什么文化软实力。所以提升上海软实力首先必须从硬件开始,而一旦硬件起来了,必然会形成对软件的倒逼和呼唤。城市软实力恰恰包含着文化硬件与软件两方面的支撑。

上海大剧院是 1998 年投入使用的,而中国上海国际艺术节是 1999 年开始举办的,这看似偶然实则必然。大剧院是一座城市的艺术殿堂,而艺术节是市民对诗意生活的集体追求。艺术节是由艺术而聚集的庆典、集会和节

日。一定意义上艺术节是一种生活的标杆,或者说是一种高品质生活的追求。就像马斯洛理论所言,从满足生存需求到满足精神生活的需求,无疑是迈上一个高层次的台阶。艺术节最大的好处是解放艺术,所谓的解放艺术就是不把艺术束之高阁、幽之深苑,而是放逐到大众中去。拆除艺术与市民的藩篱,创造每个人都能体验、都能参与、都能享受艺术的机会。而平时或因经济的拮据,或因时间的排拒,或因兴趣的阻隔,以致艺术不能成为生活不可或缺的一部分,生活因艺术的缺失而显得太艰涩太沉重。当了十五年爱丁堡艺术节总监的麦克马斯特爵士说得很精彩:"艺术就是教导我们生活得更好。"①而艺术节是把艺术的精灵释放出来,让她活跃在我们身边,使我们的生活变得色彩斑斓,使我们对生活充满憧憬。艺术节就是要创造这座城市近悦远来的吸引力。党的十九大报告中指出:"我国社会主要矛盾已经转化为人民日益增长的美好生活需要和不平衡不充分的发展之间的矛盾。"②而城市举办的各类节庆活动,正是这一落差的弥合剂,是提升城市活力和软实力的推进器。

英国罗伯特·保罗·欧文斯在其所著的《世界城市文化报告 2012》中这样说:"庆典活动,是一个城市同时吸引居民和企业的越来越重要的驱动力量。"③这一点在中国进一步得到证实。人们通过节日追求轻松、闲达、舒适的生活状态,愉悦、狂放、快乐的精神宣泄。随着生活与时代的嬗递,这样的目的追求越来越明显,尤其是现代社会,处在城市生活的市民,繁忙的工作、紧张的节奏、竞争的压力以及逼仄的空间,使人们需要一种临时的逃避与躲藏,而这种逃避与躲藏的临时庇护所就是节日。某种程度而言,它是伴随着城市化、现代化进程的一种必然现象。中国随着城市化的积极推进,国民经济水平的提升,市民文化消费的扩大,艺术节等各种节庆活动一定会如雨后春笋般在各类城市得以普及。

① 陈圣来.艺术节就要解放艺术.文汇报,2010-10-19 日,第 5 版.

② 《习近平:决胜全面建成小康社会夺取新时代中国特色社会主义伟大胜利——在中国共产党第十九次全国代表大会上的报告》,载中华人民共和国中央人民政府网:http://www.gov.cn/zhuanti/2017-10/27/content_5234876.htm。

③ [英]罗伯特·保罗·欧文斯.世界城市文化报告 2012.同济大学出版社,2013:58.

苏黎世艺术节主席彼特弗·韦伯说:"艺术节为艺术家们创造了一个演绎平台,也成为了高品质都市生活的推广,艺术节最终也勾勒出所在城市人们的独特形象。"①换句话说,这座城市市民的生活质量、经济状况、兴趣爱好、鉴赏水准乃至组织能力、道德素质、行为规范都会在艺术节里得到淋漓尽致的曝光与体现。这里传递了一个信息,并为我们阐释了缘由,国人的文化消费能力将随着现代化与城市化的积极推进而被不断提升并不断释放。他们内在的精神需求一定会被唤醒并凸显出来,并催生相应的形式与产业。

随着人们生活水平的提高,节日越来越成为一种集体无意识的追求和对幸福愉悦的天然承载,这也是节日消费的特点,于是节日经济、节日文化必然异军突起。2006年萨尔茨堡艺术节为了纪念莫扎特诞辰250周年,将莫扎特生前创作的22部歌剧悉数搬上舞台,其中许多歌剧一般很少上演,这对歌剧爱好者来说,尤其对莫扎特的爱好者来说,无疑是一个盛大的节日,是一次饕餮大餐。这样豪华的节日大餐,就犹如莫扎特歌剧的活的辞典,所以尽管票价不菲,艺术节期间这22部歌剧票务还是全告售罄。

屈指计算,上海国际艺术节期间,马林斯基交响乐团、圣彼得堡爱乐乐团、柏林爱乐乐团、维也纳爱乐乐团、荷兰阿姆斯特丹皇家音乐厅管弦乐团、伦敦爱乐乐团、捷克布拉格爱乐乐团、以色列爱乐乐团……世界顶尖交响乐团几乎悉数造访。有人开玩笑说,这就像艺术节这位名媛购买了Prada、LV、Hermes、Burberry……尽享奢华。对乐迷来说享用这些名团的奢华满足心态绝不亚于女士享用那些世界名牌。关键是这样的奢华享受绝非一般奢侈品享受可同日而语,因为这不是一种虚荣的满足,而是高尚的艺术熏陶,是一种身心的洗礼,是一种精神的愉悦。

所以,作为一种新兴的节日,艺术节的本质是一种现代都市人追求诗意生活的集体行为和城市典礼。纵览世界各国城市几乎都办有艺术节,它们以其城市命名,因为城市是艺术节的发生地,也是艺术节时空概念中的空间

①　陈圣来.品味艺术.上海三联书店,2009-10:57.

特定方,任何一个艺术节如果抛开它所生存的城市,就会像柳絮,像浮萍,漂泊的无根的艺术节是没有生命力的。而凭借着这座城市所生存的艺术节,必定是这座城市的文化写照与文化折射,体现了这座城市的世界观与价值观,体现了这座城市的风格与内涵,体现了这座城市的市民形象与风范。

二、文化建设和社会建设的联动以及政府的警醒

中国民办艺术节并不多。其实究其本源,节日本身就应该是百姓同庆,市民同乐。但我们现在许多新兴的节日,与其说是百姓的节日,不如说是政府的节日、领导的节日。典礼上、电视里、报刊上,尽是官员的形象,我们要还节日于百姓、于市民。2013 年上海创造性地办起了首届市民文化节,可以毫不夸张地讲,这是迄今为止,世界上波及人数最多,举办时间最长的艺术节。

就我的视野所及,当今能与之相提并论的恐怕只有全法音乐节了。全法音乐节创办于 1982 年,由后任音乐舞蹈总监的莫里斯·弗勒雷倡议,时任法国文化部长杰克·朗的支持而兴办。音乐节以辅助业余音乐爱好者走上街头展现自己艺术才华为目的。每年 6 月 21 日音乐节这一天,整个巴黎会变成一个音乐世界,从香榭丽舍大街到蓬皮杜中心,从埃菲尔铁塔到巴黎圣母院,到处都弥漫和涌动着音乐人流,有摇滚乐队举行的小型音乐会,有长笛、大号和萨克斯等乐器组成的乐队小合奏,有纯情的少女组成的中学生女生小合唱……这一天,塞纳河两岸蔓延着阵阵音乐的潮汐。据法国文化部统计,全法音乐节当天举办近 2 万场演出,参加表演的艺术家将近 80 万人,观众超过1 000 万人次。对欧洲国家来说,这绝对是一次盛况空前的节庆,也可谓是一次法国的全民音乐节。

然而,再来看 2013 年首届上海市民文化节,整个黄浦江畔同样上演了"百个社区大展示,万人团队大竞技,社会各界齐参与,千万市民共享受"的文化狂欢,共推出各项文化活动近 5 万项,100 万名艺术爱好者报名参演,惠及大众 2 900 万人次。这些统计数据表明,上海市民文化节从体态与规模上要超过全法音乐节。更难能可贵的是,这一市民文化节里推出百名市民摄影家、

收藏家、书法家、设计家、舞蹈家……他们的作品进入中华艺术宫等艺术殿堂，他们的肖像被编制成册。习近平总书记阐释中国梦时曾说，要让每个中国人共同享有人生出彩的机会，共同享有梦想成真的机会。① 市民文化节的功勋在于，它创造了一个硕大的普通市民逐梦的舞台，让千百万市民成为节日的主角。这里就牵涉到一个社会建设、社会治理、社会和谐的大问题。

我们经常会听到全国各地举办节庆时，地方政府提出"文化搭台，经济唱戏"的口号，一度这一口号红极一时，流行甚广。然而笔者对这一口号保留质疑。在这一口号下，文化仅仅成为装点门面的一种手段、一种形式，经济才是目的、才是核心内容。我们暂且不说这种提法的庸俗和功利，因为精神和道德层面全被物质和利益所掩盖和遮蔽了；我们也暂且不说这种提法的浅薄和短视，因为文化也是经济，而且是新兴经济、绿色经济、朝阳经济，在发达国家文化产业在国民经济中所占比例绝对不可小觑。这里我们只说这种提法的偏颇在于，它忽略了文化另一支友军：社会。社会才是文化建设的生力军和主力军。过去我们只注意并只强调文化建设与经济建设的协同发展，为什么我们没有认识到文化建设与社会建设也可以协同发展呢？为什么不可以文化搭台社会唱戏或者社会搭台文化唱戏呢？

记得党的十六届六中全会上，第一次把社会建设问题提出来，并与政治、经济、文化建设并驾齐驱。当时就有学者认为："这是一场历史性告别的开始，即中国政府将逐步告别过去'国家至上'的单向度思维，开始了以个人社会权利为中心的整体性建设与改造。"② 以后党的十八大又提出五位一体的总体布局，如果说这是一种持续嬗递、与时俱进，那么当时从三位一体到四位一体我觉得这是一种党和政府的警醒，这种警醒表现在十八大报告里提出的"加强社会建设，必须加快推进社会体制改革""加快形成政社分开、权责明确、依法自治的现代社会组织体制"。③ 这里的表述措辞明确、态度坚决：社

---

① 《习近平：中国人民共同享有人生出彩的机会》，载腾讯新闻：https://news.qq.com/a/20130317/000522.htm，最后访问日期：2021-11-3。
② 熊培云.重新发现社会.新星出版社，2011-5；9-10.
③ 胡锦涛.坚定不移沿着中国特色社会主义道路前进为全面建成小康社会而奋斗.人民出版社，P34.

会体制必须改革,政社必须分开。而过去我们沉湎于无所不包、无所不能的全能型政府,我们每个人不是独立完整的人,而是单位的人、组织的人,政府正是通过单位和组织来实现对社会的全面管理。

按社会学分类,组织分为政治组织、经济组织、社会组织。而长期以来,我们所有的组织从根本意义上来讲都是政治组织,即使以经济类或社会类冠名的组织,实际本质上还是政治组织,有的直接享受行政级别,甚至参公(参照公务员)待遇。所以政府代替社会,已成为一种普遍现象。社会被压扁了蒸发了。一直到新时期,以经济建设为中心,形成以"效率优先"的经济主导型政府,社会作用仍然始终未被开发,社会建设始终未被重视,社会层次始终未被形成。由此的后果便是政府成了万能型政府,事无巨细,包罗万象,做了许多政府不该做不能做不会做的事。

一直以来我们对社会建设的不重视和滞后,其中一个方面就体现在与文化建设的隔阂上。文化拼命向经济依靠和倾斜,而对社会保持矜持和冷漠。其实文化是社会建设的催生剂和润滑剂,它是我们重建社会的宽阔平台。前些年笔者去哥伦比亚首都波哥大,正逢波哥大举办波哥大伊比利亚美洲戏剧节。这个艺术节的宗旨就是"展示全世界舞台艺术的多样性和各种趋势,推动拉美国家艺术家的团结和整合"。它创办于1988年,当时为纪念波哥大城市建立450周年而发起举办,现在已成为全世界最大规模和最有影响力的艺术节之一。为纪念首都建城450周年而发起的庆祝活动和节日,按我们的常规思维,无论如何应该是政府行为。然而这一艺术节的发起人和创始人是作为波哥大剧作家的拉米罗和表演艺术家的方妮·米凯伊。方妮坚持办了20年艺术节,矢志不渝,寸步不离。2008年她逝世后,哥伦比亚人为纪念她的贡献,为她塑了一座6.7米高的雕像。她的学生和助手安娜·玛塔女士接过方妮的旗帜,任艺术节总经理,继续她的事业。

由此,我受到震撼与启迪,放眼观察和研究,发觉世界上大多数艺术节其实都是一个社群的产物和盛典,与这个社会息息相关。

奥地利布雷根茨艺术节是欧洲办得非常出色的艺术节之一,它与大多数欧洲艺术节一样,诞生在第二次世界大战之后。其时,整个欧洲还未从二战阴影中走出,为了摆脱这种城市阴霾与忧郁,许多城市社群都积极行动起来,其中一个重要的行动就是组织艺术疗伤,让快乐来驱除悲伤,让节庆来唤醒生命。他们自发办起艺术节,希冀通过缪斯女神温柔的手去抚平战争的伤痕。于是在布雷根茨这个小城举办艺术节的动议得到市民的响应,但是当地没有剧场,居民就自己动手在城内的湖泊上搭建了一个浮动的舞台,这就是艺术节诞生之地。时至今日这个小城已成为欧洲出名的艺术节之城,每年艺术节为这座城市创造 1 亿 7 千万欧元的经济效益,城内建起了拥有 1 800 座席的一流的艺术节专用剧院。然而,每年艺术节的主要舞台还是原先的水上剧场。

几乎同一时期,为同一初衷而诞生的爱丁堡艺术节,吸引了来自欧洲与世界的诸多艺术家。但爱丁堡艺术节的容量有限,于是有 8 家艺术团体与演艺机构在没有收到爱丁堡艺术节邀请的情况下,自发到爱丁堡找了一个废弃的舞台表演起来。这一做法被沿袭下来并不断放大,只要演出团体能够自行解决费用,爱丁堡不设门槛,这一边缘化的艺术活动被取名为艺穗节,表明是主体艺术节洒落的麦穗,以此这一遗落的麦穗生根发芽、茁壮成长,并不断发展壮大。现在这一艺穗节成为每年能拥有 2 500 多个演出剧目,4 万场次,2 万 1 千多名演员参加的盛大演出。艺穗节在爱丁堡遍地开花,从剧场到会堂,到教堂大厅,到各类拱形建筑内,乃至露天广场,由此成立了艺穗节协会,由这一协会推动这一世界上最大规模的演出盛会的运行。

上述两个案例,足以说明艺术节的极高的社会认同,这一社会认同首先表现在它由社会自疗而引发的社会自治与社会自娱。从起因到结果,政府都未有直接介入或未起到主导作用,都是当地市民自发的社群行为。当然某种程度上它也表明欧洲社会的健全与成熟,它发挥了我们社会惯常由政府包办代替的作用。然而在欧洲,艺术节搭建起的广阔平台,使市民社会在此可以长袖善舞。反过来,艺术节的一届届运作,又使市民社会得到锻炼,走向成熟。

笔者曾就"城市政府应该在当地艺术节中发挥什么样的作用"向世界上一些有影响力的艺术节领袖发问,他们的回答尽管角度或重点有所不同,但都强调了政府作为支持者的身份。那么主角是谁呢？无疑是社会，是作为市民的个人所组成的社会组织。

一次笔者去中国台湾参加台北、香港、深圳、上海四城市文化论坛，在会议期间考察了当地一些社区。比如南投县的桃米社区，这是中国台湾省1999年9月21日大地震的重灾区。灾情发生后，首先来援助的是一批志愿的知识分子。他们在灾区搭起了防震的纸教堂，对受重创的灾民进行心理和情绪的疏导。然后他们因地制宜、因势利导，发掘当地独特资源，并凭借这一资源，帮助社区居民进行生产自救。这批志愿者经过考察发现，这里是岛内也是世界上青蛙蛙种最丰富的产地，于是护蛙、养蛙、赏蛙等相关旅游产业被开发出来。授人以鱼不如授人以渔，这批热心的志愿者组织了财团法人新故乡文教基金会，以社会组织的形式对灾区进行施援。当地依靠社会组织的帮助，逐步走出困境。现在桃米社区尤其是纸教堂已成为中国台湾省旅游一个很有特色和个性的参访点。"在一个公民社会里，人们在公益的引力下不断编织流动、交叉、细密的人际网络，既可能监督政府，也可能疏导民间结怨。如果说改革开放以来，中国的进步在于通过市场化转型发现作为个体的'我'，那么中国下一步的挑战则是如何给社会松绑，通过重建社会来发现作为集体的'我们'。"①这一观点按照现在流行的说法，就是去发掘和增强社会的正能量。

根据中国城市经济学会节庆工作委员会提供的数据，2010年全国各类节庆活动7 200多个，投入资金2 450亿元，而且每年还以20%的速度增长。其实这并不算多，在比利时，1 000多万人口就有370多个艺术节。如果从社会建设和文化建设协同发展的角度来看，那将是培育市民社会、发展社会组织的极好平台与有力抓手，亦是建设和谐社会的着力点和突破口。但是长期以来我们社会建设尚有不足，市民社会发育滞后，社会意识、市民意识、主人翁意识淡薄，甚至是缺位，而这种缺位一直习惯由政府来填空，政府即代表社会，代替社会。其实，某种程度上社会组织的多寡与层

---

① 熊培云.重新发现社会.新星出版社,2011-5；409-410.

次的高下是衡量一个国家一个社会文明程度的标志。美国目前活跃着百余万非营利组织，它们不仅为美国贡献了十分之一的 GDP，而且成为美国最大的就业结构。美国最大的文化机构纽约林肯中心就是一例。林肯中心总裁莱维说过，美国一半以上的精英就分布在这些非营利组织，美国的慈善基金主要就是帮助这些非营利机构，因为它们代表着社会的进步和社会的发展。

对社会建设的关注和重视，各国政府早已有所行动。20 世纪 90 年代世界首脑会议在哥本哈根举行，各国首脑已就此达成共识，规定各国科教文卫体、安全、社保、环保等社会事业投入不得低于各国总收入的 30%，其增幅不得低于经济增幅，这就强烈反映出各国对社会建设的重视。我国从党的十六届六中全会开始也非常明确提出"四位一体，协同建设"的理念，把社会建设放在与政治、经济、文化同等重要的位置。十八大报告在"加强社会建设"这一章里专门指出："改进政府提供公共文化服务方式，加强基层社会管理和服务体系建设。增强城乡社区服务功能，强化企事业单位人民团体在社会管理和服务中的职责，引导社会组织健康有序发展，充分发挥群众参与社会管理的基础作用。"[①]

三、构建和重塑市民精神

市民社会与市民精神实际上是互为依傍互为因果的，没有一个成熟而健康的市民社会，就不会有市民精神；反之，没有市民精神的支撑，市民社会也就没有脊梁，散了骨架的社会也就不成其形态。澳大利亚阿德莱德艺术节是澳洲最出色的艺术节之一，该节节庆中心信托基金会主席在 2011～2012 年年度报告中说："阿德莱德节庆中心自身已经成为阿德莱德市一个意义重大的故事，是阿德莱德城市文化遗产的一个重要组成部分。它以建筑的符号样式

---

① 《胡锦涛在中国共产党第十八次全国代表大会上的报告》，载人民网：http://cpc.people.com. cn/n/2012/1118/c64094-19612151.html，最后访问日期：2021-11-3。

表征了阿德莱德城市的市民精神和时代雄心。"①这里他提到了"时代雄心"与"市民精神",确实,一个城市的艺术节也一定会凝聚并凸显这个城市的时代雄心与市民精神。就像前文提到的艺术节是城市世界观与价值观的反映。城市的历史传承、文化氛围、风格秉性以及市民的兴趣爱好、鉴赏水准、道德素养一定会在这个城市举办的艺术节里顽强地体现出来,打下这个城市不可磨灭的烙印。但反转过来,通过艺术节这扇窗口,使外部世界的文化、风格、时尚、观念以及优质文化的精髓如春风习习吹来,日长天久,潜移默化,一定会拓宽这座城市的视野,开阔她的胸襟,熏陶她的情操,提升她的精神。大凡举办成功艺术节的城市,不管其规模大小,这座城市的市民精神绝不会蝇营狗苟,绝不会鼠目寸光,绝不会夜郎自大,也绝不会是井底之蛙。以艺术节的博大精深,以艺术节的多元共存,以艺术节的创新引领,不断去雕琢这座城市,雕琢这座城市的市民精神,这座城市的品格和品质一定会大大提升。

所以艺术节的力量、艺术节的荣耀、艺术节的精髓应该来自于艺术节所服务的人群,他们的关注、参与、投入、互动为艺术节注入了旺盛的生命活力。2013 年上海首开先河,直接办起了市民文化节,光从名称上就让人感受到市民的地位与分量,市民已不仅仅只是被动的被服务的对象,而且成为节庆的主体,成为节庆的主导力量。只有真正让市民成为节庆的主体,不光是欣赏的主体,才能培育起这座城市的市民精神,上海市民文化节对市民精神的重塑与再造令人激赏。笔者认为,上海独特的城市文化是由四种精神作为支柱的,这四种精神即是市民精神、创新精神、包容精神与工匠精神,这四种精神支撑起上海天圆地方的城市文化。特别是其中的市民精神,这是上海城市文化的核心。何谓市民精神?笔者认为就是在城市公共、公众、公益活动中体现出的一种市民参与意识和担当意识,并将这种参与和担当汇合成一种社会责任与社会力量。这种社会力量并不依赖或受辖于政府,但它可以与政府的担当相向而行,并行不悖。在以往的上海文化建设与文化事件中,这种精神

---

① 陈圣来等.艺术节与城市文化.上海社会科学院出版社,2013-12：343.

曾发挥举足轻重的作用。

20世纪初叶兴建的远东地区最大的娱乐场大世界,就是由上海商人黄楚九一手兴办而闻名遐迩;上海最早最华丽的舞厅百乐门是由上海商人顾联承耗资70万两白银兴办的;上海最早、规模最大的影院大光明电影院是由商人高永清发起建造的,1928年开张时,梅兰芳先生还亲自为之剪彩。凡此种种,在文化建设中,不同身份市民的主动参与和担当,铸就了当时上海文化的繁华与兴旺。

20世纪30年代鲁迅先生的葬礼成为当时上海的一大文化事件,据内山完造先生描述:"谁也没有下过命令,没有做过邀请,也没有预先约好,而送葬的行列,却有六千人光景的大众,而且差不多全是青年男女和少年。"叶圣陶忆及现场场景时说:"各界的人不经邀约,不凭通知,各自跑来瞻仰鲁迅先生的遗容,表示钦敬和志愿追随的心情。一个个自动组合的队伍,擎起写着标语的旗子或者横幅,唱着当时流行的抗敌歌曲或者临时急就的歌曲,从上海的四面八方汇集到墓地,大家动手铲土,把盖上'民族魂'的旗的鲁迅先生的棺材埋妥。这样的事,上海从未有过,全中国从未有过了。"①不依赖政府,作为市民承担起对这座城市的自觉守望和自觉担当,这就是上海的市民精神。这种上海的市民精神是上海城市文化的特质。市民是上海城市的主体,因此按现代时尚的话语,这就是上海城市的文化自觉、自信与自强。

艺术节不光会凸显和张扬时代雄心与市民精神,而且在城市文明的提升和市民素质的改变等细枝末节上,也会得到令人心悦诚服的体现。这里我们可以以哥伦比亚首都波哥大举办的两年一届的"伊比利亚美洲戏剧节"为例。2012年三四月间,第13届伊比利亚美洲戏剧节在哥伦比亚首都波哥大市隆重举办。伊比利亚美洲戏剧节是拉美地区最富影响力的艺术节。当地市民、政府主管机构及民间团体等,都十分看重艺术节,往往把它当作城市中最重大、最重要的事情来办。本届艺术节经费投入达1.5亿元人民币。经费主要

---

① 钟敬文等.水在的温情——文化名人忆鲁迅.河北教育出版社,2000:218.

通过艺术节组委会调动社会各方面力量筹集。政府则给予约 20% 的资助。哥伦比亚在拉美地区属于经济发展位列前茅的发展中国家,同时也是一个有着深厚的天主教传统的国家。尽管如此,外界对于哥伦比亚的主要印象通常是:毒品生产和走私犯罪较为猖獗,加之长期有多支反政府武装游击队的存在,因而社会治安状况非常复杂。行前,好多好心人劝我们放弃行程。不过,我们通过本次走访考察发现,艺术节期间是最安全的时段。当地群众对参与戏剧节普遍有着较高的积极性,戏剧节期间的节庆氛围较为浓郁,最为重要的是——当地人都会自然而然地将举办戏剧节视为很神圣、很重要的事情,会抱着敬畏的心态参与其中。戏剧节组委会官员及当地居民告诉我们,每至戏剧节来临,毒品犯罪大多会暂时收敛,社会治安也会明显改善,人们的言行举止也会显得相当斯文。艺术节从 1988 年创办至今,哥伦比亚局势再混乱,但艺术节总是安全的,在艺术节期间各种动乱偃旗息鼓。我们在观摩艺术节的几场演出时也发现,能够容纳 1 500 人的剧场总是座无虚席,观众既很踊跃又重礼仪,演出过程中场内秩序井然、鸦雀无声,从未见有接打手机或中途退场的现象。每至演出结束时演员谢场,观众都会报以相当热烈的掌声,以至于演员不得不反复谢场。足见其艺术节观众十分成熟、群众基础相当稳固。我们在与哥伦比亚文化部部长助理会晤时,对方亲口告诉我们,哥伦比亚人十分酷爱文化艺术,也懂得尊重和敬畏艺术。因为这个缘故,在城市公共文化服务建设方面,一方面舍得利用有限的财力来不断改善文化艺术设施建设,另一方面也十分注重调动社会各方面力量协同,同时还出台了许多配套政策,以鼓励文化投资。因此,在他们看来,以艺术节庆的神圣性来镜鉴调适自身品行,同以天主教的训诫来规约检点信徒行举,并没有什么根本区别。

善与美总是一对孪生姊妹,艺术节对市民精神美的诱导与文明素养的熏陶也是艺术节应有的功效。艺术节就是要培养懂得美欣赏美、文明礼貌、高雅宽容的大众。对上海这座城市来讲,要培养具备国际文化视野和鉴赏品位,有自觉文化追求和文化消费习惯的市民。培养市民文明素养和审美习惯是一个城市最根本的基础建设,也是市民精神的基础,健康的市民社会的必备条件。城市基础建设不能只是从市政建设上考虑,必须顾及软件环境的建设,软件的建设包括对环境的培养与对人群的培养。

2004年,上海国际艺术节请来了萨尔茨堡莫扎特管弦乐团在音乐厅演出,笔者陪同萨尔茨堡市市长沙登先生一同观看。演出中乐章段落之间的鼓掌令台上指挥频频回首,笔者在市长旁边如坐针毡。然而经过一届届艺术节的熏陶和培养,曾几何时,美国芝加哥交响乐团来上海演出,演出后乐团一位华人演奏家给当时的韩正市长写信,信中说:"坐得满满的上海大剧院内从头至尾鸦雀无声,音乐奏到渐弱处连根针掉到地上都能听见。乐章间不仅无人鼓掌,连咳嗽声都很少听见。一曲结束,欢呼声和掌声响彻大厅,也温暖了舞台上的大师和每一位音乐家的心。此时此刻,我由衷地为自己来自上海感到无比自豪。我真想大声地向所有的听众大叫一声'Bravo'!"①一个城市观众的素质比这座城市的演员与艺术家更能准确全面反映这座城市的文化与精神风貌。"城市越具有包容性、吸引力和开放性,它就会产生越多的软实力。"②

艺术节是城市文化精神再塑造的有效途径。城市文化精神是城市之魂,包括市民的精神气质、道德素质、生活方式以及相关的规章制度、城市风貌所体现出来的公共价值,是社会经济文化的长期积淀的结晶。其中最集中表现这种"公共价值"的部分,往往既会构成该城市的核心价值观,又会与该城市所属国家的核心价值观形成高度的交叉重叠。马克思主义关于物质和精神辩证关系的原理告诉我们,精神对物质往往有巨大的反作用。在特定条件下,一定的精神对事物的发展方向、发展速度及人们工作的成败起至关重要的作用。因此城市文化精神是人们从实践到理性的高度升华,是对城市市民的理想、信念、价值取向等多个方面的概括和凝练,具有凝聚人心、统领行动、唤起斗志、催人奋进的无可替代的精神作用。

当下国际性的区域城市化与城市现代化的潮流,使不少城市流于单纯追

---

① 音乐家张立国致信市长表心迹:为上海听众自豪.新民晚报,2009-2-20,第1版.
② [英]盖里·罗斯利(Gary D. Rawnsley).全球城市的软实力潜能,在"城市软实力与城市实践力"研讨会上的演讲.

求经济增长,致使在历史长河中一点一滴的积累起来的城市记忆逐渐消失,代之而来的是千城一面的高楼大厦,以及千奇百怪的"城市病"的涌现。"城市病"的普遍出现,反映到城市文化精神层面,就表现为一些城市的文化精神趋于散乱衰落、城市核心价值观被削弱乃至消解、文化认同危机加重。为了更有效地克服及防治各种"城市病",同时为了破解城市文化精神方面出现的种种危机,一些城市通过加大文化建设力度、提炼概括和践行城市精神或城市价值取向等,来倡导和强化人们对城市文化精神的关注。相形之下,举办底蕴深厚、品质优良的艺术节,也就成了不少城市开展这方面实践的具体举措之一。显然,举办艺术节对于培育和传播城市核心价值观、促进城市居民提升人文艺术审美修养、强化并唤醒城市文化遗产保护理念等,具有十分显见的积极作用。

城市核心价值观,是一个城市在其所属国家政体、历史传统、文化背景、风土民情、宗教信仰、社会制度、生活方式及经济状况等诸多要素长期影响下,形成的特定的文化价值取向。这种文化价值取向,在一定程度上既体现所属国家的主流文化价值观念,又带有较为鲜明的地域风格色彩。从最为概括、相对抽象的层面来看,在人类物质文明和精神文明发展成果中,那些直关人性中真善美追求的文化价值取向,如富强、民主、文明、和谐、自由、平等、公正、法治、爱国、敬业、诚信、友善,开放、包容、创新等往往可以跨越国界、跨越文化、跨越传统、跨越信仰甚至跨越制度,成为不同肤色、不同种族、不同国家、不同城市、不同阶层民众所共同追寻和求索的东西。艺术节的举办会使国家的核心价值观和城市品格渗透进市民的思想观念和行为举止,也会使城市精神衍化为市民精神。

四、培育一个健全而健康的市民社会

加强社会建设已成为当务之急,一个社会成熟了完善了,就大可不必凡事政府首当其冲、事必躬亲,许多事情政府往往只要支持和推动就可以了,甚至需要主动腾挪出空间,让社会组织活跃其间。在现时中国,要敢于政府搭台,让社会去唱戏,让社会组织和社会机制活跃起来。中国香港艺术节就是很好的范例。中国香港艺术节是在亚洲办的时间最长、办的效果最好的艺术节之一,它是由一个非政府非营利的民间机构操持的。这个组织有两块牌子:中国香港艺术节有限公司与香港艺术节协会。主席夏佳理先生是曾经的香港赛马会主席,之后担任过港交所主席,他在 2011 年 9 月就职演讲时说:"中国香港艺术节是在约四十年前,由一群香港市民创立,当中包括现已成为艺术节永久名誉主席的邵逸夫爵士,中国香港艺术节成功可算是一项非常卓越的社区自发组建项目。"可见他作为新任艺术节主席追求社会认同的理念非常清晰。他的前任主席李业广先生是香港著名大律师,也当过港交所主席;再前一任主席是已经去世的著名电影制作人邵逸夫先生。他们这些社会贤达人士的参与并领衔表明香港社会的成熟。从艺术节协会主席一直到艺术节的义工,香港百姓一直以一种主人翁的热情姿态表现出对中国香港艺术节的身份认同,虽然中国香港政府每年对艺术节的投入达到 1 300 万到 1 500 万港币之巨,但政府并不主导艺术节。中国香港艺术节行政总监何嘉坤女士告诉笔者,政府每年给了艺术节资助后从不干预,从剧目的选择、开闭幕的安排、经费的使用,等等,艺术节一概自主。政府唯一过问的是,每届艺术节结束后向政府汇报财务状况。

艺术节的主人是市民,艺术节的主体也是市民。艺术节的举办实际上就是在发掘与追求一种社会认同和市民认同,并通过艺术节的一系列活动来体现这种社会认同。我们知道艺术节是新兴的人为的节日,它不像春节、圣诞节是传统的约定俗成的节日,不可取消,不可停止。而艺术节,当对其没有任何需求时,它就会自然消失。这说明艺术节的存在是因为它存在的必要性。这种必要性就是艺术节的社会认同,或者讲是社会资本。节庆活动是激发社会认同感与文化表达的重要平台。一个好的节庆应能使所在地方的社会组织与市民活跃起来,并激发他们以一种主人翁的身份热情参与,激荡他们的情感,启迪创意和思索,触动与抚摸社会心灵。如澳大利亚阿德莱德艺术节就完全将其与所处的南澳洲战略发展计划融合起来,它把自己完全融入进城市的主体——"我们"。在他们的战略计划里是这样体现的:①我们的繁荣。

通过吸引国内外游客到阿德莱德的方式来达到繁荣;②我们的健康。通过提供艺术和文化项目的便利来维持我们的生活质量;③我们的环境。以积极地采用节能和环保的管理措施来保护我们的环境;④我们的理念。让南澳洲成为表演艺术的家园;⑤我们的社区。为南澳洲的表演艺术提供安身立命之所,并为其达致广泛的使用者手中提供渠道;⑥我们的教育。在我们的项目中强化对教育的关注,联合南澳洲的本土艺术家,为所有的南澳洲人提供走进艺术的便利条件。① 这里的"我们"就体现了一种极大的社会认同,这是成熟社会市民身份和主人翁意识的昂扬,使艺术节成为"我们"的节日,而非"他们"的艺术节。由此,阿德莱德艺术节体现出与这座城市的同根同源,以及与城市市民的同呼吸共命运。

市民精神的养育需要有丰厚而成熟的市民社会土壤。而较长一段时间,我们的社会建设滞后且薄弱,所以在这块荒漠贫瘠的土地上生长不出苗壮的禾苗。前几年上海市民文化节破土而出,它一亮相就旗帜鲜明地表明自己的观点,力邀社会各界成为举办主体并自主操办。一言既出,石破天惊。长期以来,传统的大众文化活动的格局和惯例被颠覆了,市民文化节对办节模式的重构将使休眠的市民社会得以苏醒与涅槃,使社会建设得以重振。它把镜头对准了普通市民,客观上抹去了官民差异、贫富差异、职业差异、年龄差异和文化差异,天下一家,万民同乐,这就大大增强了市民与这座城市的文化认同,增强了对这座城市的亲近感与和谐度。市民文化节的出发点和归宿点就在于培育和重建一个健全而健康的市民社会,这是一种姿态,一种胸襟,更是一种高度。政府仅仅是搭台,让社会来唱戏,政府仅仅是推手,让市民成主角,从主办到运营主体,从表演到观赏主体,全是社会不同组织不同个体,连市民文化节的顶层操盘手也是类似国外非营利组织的上海群众艺术馆。政府从一开始就发出真诚而广泛的邀请:"社会参与,各方举手。"这种对市民文化节多元主体的呼唤与期盼,完全体现出服务政府的姿态,也体现出政府的睿智,因为促使文化大繁荣大发展的伟大宏业,必须让全社

---

① 陈圣来等.艺术节与城市文化.上海社会科学院出版社,2013-12:346.

会来共襄,由此政府也能从第一线中解脱出来,文化建设上的管办分离才可能不是一句空话。而一旦上海市民社会成熟了、健全了,上海市民精神将会脱颖而出,再度高昂,上海建设国际文化大都市的战略目标才将会得以实现。

艺术节是一个能够让社会族群聚集,让社会力量体现,让社会欢乐畅行,让社会和谐增生,让社会身份认同的盛会。如世界节庆协会主席史蒂文所言,在于它的"社会资本"。社会资本是艺术节为社会所创造的价值,它包括诸多内容。如增强城市品牌化效应,推广营销城市的旅游业,吸纳城市的招商引资,促进城市的社会和谐,增进城市的市民意识。还有与学校合作,增设节庆专业与课程,进行活动管理与培训,鼓励学生参与志愿者;利用城市闲置荒废资源,如仓储、码头、车库、公共空间开展艺术节活动;与市民共享在线艺术节活动体验,与全球友好城市交流往来,等等。

艺术节是激发社会认同感与文化表达的重要平台,而不是一场娱乐消遣的大型派对,有一年七月笔者去参加过闻名于世的西班牙庞普洛纳奔牛节。这是一个有着悠久传统和声名远播的节庆,海明威在他的小说里多次提到并描绘了庞普洛纳奔牛节,庞普洛纳城市只有十万人口,然而在奔牛节期间,这座小城涌入一百万人,城市成为狂欢的海洋。他们告诉笔者,这个节日最大的亮点在于两个方面:一是惊险的奔牛;二是节日期间全城一百多万人(包括外来游客),一律穿白色的 T 恤,白色的长裤,戴红领巾,扎红腰带。无人强制,约定俗成。那真叫壮观,市政广场上白色一片红色点点;那真叫平等,上至州长市长,下至妇孺老弱,全部如此装扮。不分贵贱、贫富、壮弱,节日里没有了门第头衔,这就是身份平等和社会认同。不要小看这一细节,它构成了庞普洛纳奔牛节的亮点、特色、传承和优势,成为每年吸引成千上万游客来此的重要起因。

积累社会资本,追求社会认同,促进社会和谐,加强社会建设,这已经成为社会办节的一个重要使命。因此它将是我们社会建设的有力推进器,它将产生史蒂文先生所描述的"激励热情,沟通文化,塑造印象,放飞想象力,促进交流,传递使命,增强理解,克服障碍,开拓视野"①的美好愿景。如果全国有无数个这样的节庆,都能发挥这样的作用,达到这样的效果,那么对加强文化建设和社会建设是有力的促进,对我们构建人类命运共同体是强大的推进力量。

---

① 〔美〕史蒂文·伍德·赛默德.文化多样性与跨文化合作.第 14 届中国上海国际艺术节论坛资料,P203.

用艺术点亮 15 分钟社区生活圈

——以 2021 上海城市空间艺术季为例

张宇星①

摘　要　本文以 2021 上海城市空间艺术季为例,介绍了建构 15 分钟社区生活圈的概念、方法,提出需要结合中国当代城市的问题和现实,打造中国特色 15 分钟社区生活圈。上海作为中国最早开展社区规划的大都市,应该引领中国下一代城市社区建设,为未来提供新的城市发展模型。艺术,在 15 分钟社区生活圈的塑造中具有重要作用,作为把艺术和空间相融合的城市事件,上海城市空间艺术季可以充分发挥平台价值与实验价值,为讲好上海故事和中国故事提供经验。

关键词　上海城市空间艺术季(SUSAS)　艺术　15 分钟社区生活圈

在迈向富强、民主、文明、和谐、美丽的社会主义现代化强国的征程中,"坚持以人民为中心"是新时代经济社会发展必须遵循的原则,"不断实现人民对美好生活的向往"是我们的根本目的和奋斗目标。2019 年习近平总书记在上海考察时,提出"人民城市人民建,人民城市为人民"重要理念,深刻回答了"建设什么样的城市,怎样建设城市"的重大命题。

2021 年 11 月 30 日,历时两个月的 2021 上海城市空间艺术季(SUSAS)圆满闭幕。本届空间艺术季处处体现出"人民城市人民建,人民城市为人民"的思想和理念,由上海市新华、曹杨等 20 个社区共同参与了策展和现场展览工

---

①　张宇星,深圳大学建筑与城市规划学院研究员(原设计研究中心副主任),趣城工作室(ARCity Office)创始人/主持设计师,深港城市/建筑双城双年展(UABB)发起人与学术委员会主任,上海城市空间艺术季(SUSAS)学术委员会委员。

作。艺术季第一次来到富有烟火气的生活现场,让我们的视角从宏大城市叙事转到中微观的社区场景。展览围绕"15 分钟社区生活圈——人民城市"主题,开展了 500 多场学术研讨、参与式工作坊、社区体验等多种类型的公众活动,展现了上海"15 分钟社区生活圈"规划行动的实践过程。在艺术季开幕式上,上海发出了《"15 分钟社区生活圈"行动·上海倡议》,目前已经获得包括北京、天津、上海、重庆等在内的 52 个城市联合签署。

一、关于 15 分钟社区生活圈

(一) 15 分钟社区生活圈建设迫在眉睫

我们对 15 分钟社区生活圈的总体认识是:社区作为体现人民城市根本属性的基本单元,是服务群众和基层治理的"最后一公里"。以市民步行 15 分钟的范围来组织生产生活空间,强调与市民日常生活规律相衔接,可以实现空间与人的活动相对接,有效分配公共资源,发挥服务效率,激发后疫情时代新的低碳生活方式。15 分钟社区生活圈的概念,对下一代城市和社会经济的发展意义重大。因为中国已经进入到城市化发展的第二阶段,即从增量发展进入存量更新。经过 40 年的高速增长,我们的城市空间规模、人口密度、城市化水平都已经达到比较高的水准,但是存在的问题也非常多,在各种紧约束条件下,之前的发展模式有可能是难以为继的。在这样一个大背景下,我们提出 15 分钟生活圈的概念,不仅仅是在讨论生活圈本身,而是期望借此激发一种新的思维方式,倒逼我们进行城市发展模式的创新。

西方国家对城市社区的研究是非常充分的,比如芝加哥社会学派最早在 100 多年前就开始研究城市中不同社群的相互关系,包括空间区隔问题、种族分布问题等。而无论是新芝加哥学派的"场景城市"理论,还是北欧学派的"柔性城市"理论,都开始把目光转向与人的日常生活更紧密相关的社会空间领域。比如《柔性城市:密集·多样·可达》(*Soft City: Building Density for Everyday Life*)一书,就向我们展示了如何在人性尺度上构建高密度建成环境,让城市更高效、宜居,同时与自然建立更好的联系。作者揭示了全球很多大城市现阶段面临的困扰——城市的功能被逐渐割裂，长距离通勤挤压着每一个人生活的幸福感。于是，我们无比期待一个"柔性城市"的出现：睡觉不必关窗、邻里亲切互助、后院里种着自家的蔬菜、日常出行伴随着街边的小惊喜……生活的界限被模糊，城市前所未有地舒展。

与柔性城市的未来愿景相比，在中国当下，15分钟社区生活圈的建设更是迫在眉睫，这主要是基于对中国当下所面临的诸多城市现象以及未来社区发展趋势之研判，从中或许能看到未来的蛛丝马迹。

第一个趋势，我们现在面临的一个巨大冲击，就是实体社区被虚拟社区替代，在互联网虚拟世界，大量的社区其实已经建立了极为紧密的连接。居民们在虚拟社区中互相交往，每天手机打开可能会发现很多群，每个微信群就是一个社区群。实际上，中国人的社会交往需求是非常强烈的，我们历来就有群居的习惯，但在真实的物理场景里面，人和人之间好像很陌生，大家见面都不打招呼，更不用说一起去做一些有趣的事情，这是为什么？未来，如何才把虚拟世界这样一种已经存在的社群，转移到现实世界呢？15分钟社区生活圈可以探索一种全新的"群"的生活方式，把"现实社区"和"虚拟社区"融合在一起，实现两个世界的嫁接。这种嫁接必须是基于某种"新公共性"空间的合法性诠释。

在本次空间艺术季的"新公共性"论坛上，专家们对此现象进行了深度探讨——展览中有很多新媒体设施，扩展和挑战了我们对物理空间的体验。比如有个骑行装置，人可以在一个小盒子中感受到不同的街区风景，你们怎么看这种走向虚拟空间、甚至是走向元宇宙的发展趋势？如果元宇宙的发展是无法避免的，除了怀旧式地鼓励公众回到物理空间中的交流，该如何重申建筑学以物理空间所搭建的公共性的意义？如何重申具身性体验的作用？另一个作品"社区盒子"，里面有一个"24小时独处计划"行为艺术，大家自愿报名在一个透明玻璃盒子里生活24小时。这个行为其实代表当下新时代青年的特点，也代表了智能手机时代、自拍时代的生活方式：身体上与外界隔离的同时，视觉/信息上对外界最大化曝光。我们怎样回应这个现象？如何借助这种趋势建构新的公共性？

第二个趋势,中国的社会制度决定了,注重社会公平性始终是城市发展的首要价值观。15 分钟社区生活圈建构的一个重要目的,就是避免不同人群在城市空间中的物理区隔,比如像西方城市普遍存在的所谓富人区、穷人区、绅士化地区、贫民窟等,要防止这种区隔现象发生。如何才能让不同阶层、不同职业、不同收入、不同种族、不同年龄、不同生活方式的一些人群,在很小的物理空间范围中共生、共存、共同发展? 这既是未来城市的发展方向,也是我们在进行 15 分钟社区生活圈建构时应该着力的所在。这样一种求同存异的理想社区,近似于中国人心目的桃花源,我们希望桃花源在现代大都市中实现,虽然不一定是鸡犬相闻,但却一定有近邻相助。未来的社区需要被重新连接起来,这种连接必然是基于新的社交媒体技术以及新的生活方式。

特别重要的一点是,生活圈应该回归到每一个社会个体,包括单个的自然人、单个的社会组织、单个的小企业,我称之为"单元人",他们才是 15 分钟生活圈建构的真正主体。比如走进上海的新华路街道,直接体验到的社区感,往往来自于街道上各种各样的"社区细胞",包括便利店、小菜场、临时摊贩、理发店、警亭、咖啡馆、幼儿园、消防站、共享办公、创意园、老人服务中心……每一个独立的微小单位,他们既是生活圈的生产者,同时也是生活圈的消费者。所以说,生活圈的建构不能仅仅依靠大企业、大组织,而是应该有一个自下而上的生长机制,就像在野生池塘里,池塘的生活圈是依赖于那种小鱼、小虾、水草甚至淤泥的,它们既是生活圈的载体,也是生活圈的主体。等到这种底层生态系统和生态多样性建构起来了,自然就会出现一些大鱼了。

(二)构建中国特色 15 分钟社区生活圈

2020 年,国家发布《市级国土空间总体规划指南》,明确以"社区生活圈"为基本单元构建城市"健康安全单元"。2021 年 6 月,自然资源部发布《社区生活圈规划技术指南》,该指南是建设 15 分钟社区生活圈的纲领性文件。主要内容包括:一是治理机制共创建。政府部门牵头,统筹整合社区居民、社区规划师、社会组织等各方力量,建立"上下结合、左右贯通"的多元治理机制。二是社区需求共商议。精准挖掘人民需求,精准制定社区需求清单,解决社区居民"急难愁盼"问题。三是规划蓝图共绘制。梳理社区空间资源,社区居民、社区规划师和社会各方共同参与蓝图制定,政府部门明确行动计划。四是社区家园共建设。引导多元实施主体,共同推进社区建设,广泛引入社会各方力量,组织公众参与活动和募集社会资金。对项目实施进行全过程质量把控,保障实施品质。五是建设成果共享用。在舒适的社区空间环境、高品质的设施中,开展丰富多样的社区活动,形成和睦的邻里关系和融洽的社区氛围。六是治理成效共维护。社区居民共同参与社区公共设施和空间的运营和管理,共同维护建设成果,营造人人关心、支持和参与社区发展的良好氛围。

《社区生活圈规划技术指南》充分考虑到了中国特色,因为中国的社会制度、城市现状,发展愿景等跟西方还是有很大的差异。我们的 15 分钟社区生活圈必然是基于中国的社会治理结构、城市空间状态和人口聚集特点等。

首先,我们的政府,特别是基层政府,包括街道办事处、基层社区组织等,在 15 分钟社区生活圈建设过程中如何发挥主导性,应该以何种方式介入十五分钟社区生活圈,并起到培育、孵化、带动、激发、引导作用? 这些都是非常关键的。在街道办,听到最多的一句话是"千条线一根针"。作为中国整个社会治理体系之中承上启下的基层单位,街道办的职能非常多,工作琐碎而复杂。未来,基层政府应该逐渐转向十五分钟生活圈的建设,从之前注重管理职能转向注重社区建构。这两者之间是有差异的。管理职能可能是被动性的,发生了事情再去处理,社区建构则需要主动性。今天的中国城市,社区尚未形成,很多人虽然住在一个小区里面却互相不认识,社会组织也是松散的,需要把各种社会关系连接起来,引导社区健康发展。基层政府组织在这方面有很多工作要做。

其次,经过 40 年的高速发展,像北京、上海、广州、深圳等中国大城市,人口密度非常高,空间密度也很高,已经形成一个高密度生存状态,这跟西方城市有很大差异。因为西方的城市中心(Downtown)非常密,但是更多的人居住在郊区,是一种郊区化生活方式。虽然新城市主义(Newurbanism)也提倡在城市中心和郊区重建生活圈,但相对中国城市,西方城市的生活圈还是相对低密度的,一个超市或者大型邻里中心就可以解决绝大多数生活便利性问题。但在中国,可能我们人口密集的地方,看起来人和人的距离很近,但真正的社会交往却很疏离和松散。所以这是一个非常大的矛盾。怎样才能在高密度生存环境中,让每个人都能找到类似家一样的"社会紧密感"呢? 这是需要通过 15 分钟生活圈来建构的。

第三,中国城市的人群结构和人口流动性特征相对于西方更加复杂。我们有户籍人口、常住人口、流动人口、暂住人口,还有过年过节期间短期的海量人口流动。这么多差异性的人群,如何才能在同一个高密度空间中和谐共生? 并且还要给不断涌入的新人群创造就业发展机会,这都是 15 分钟生活圈需要关注的事情。

总体而言,15 分钟社区生活圈的建设对社会治理能力提出了很高要求。我们的 15 分钟社区生活圈,从概念提出到落地实施,同西方相比存在很大差异。要基于中国的现状,基于中国城市的自然本底与文化本底条件,从这里面去发现问题、解决问题,从而创造出适合于中国的城市治理模型,并且这个模型跟未来中国的经济增长、生态保护和文化传承都具有正向驱动关系,这样我们的城市就会越来越好、越来越有优势。

(三)上海如何引领 15 分钟社区生活圈

2014 年 10 月,在上海召开的首届世界城市日论坛上,提出了"15 分钟社区生活圈"基本概念,构建低碳韧性、多元包容、公平协作的"社区共同体"。上海的行动愿景是:以全体市民的获得感为最高衡量标准,实现"宜居、宜业、宜游、宜学、宜养"的愿景。宜居,主要是提供可负担、可持续的社区住房供应体系、健康舒适的居住环境、全龄友好的配套设施,保障社区公共卫生、韧性安全,依托智慧手段引领生活方式革新;宜业,主要是提倡社区为就业人群创造更多的就业机会,提供更多便捷共享的运动、学习和休闲服务;宜游,主要是强调社区休闲空间丰富多样、体验多元,社区出行慢行友好、低碳便捷,社区文脉和风貌得到良好传承;宜学,主要是提供便捷可及的全年龄段学习空间,提升社区文化氛围和人文体验;宜养,主要是保障全生命周期的康养生活,实现机构养老更专业,居家养老更舒适。

上海的社区工作历来都做得非常好。上海的街道办事处人员素质很高,在社区建构中可以发挥更大作用。之前 40 年我们可能更注重物理空间的建设,盖楼房、修道路、建地铁、挖隧道,经验都很丰富。但是在今天,如何才能把社会的底层生态系统重新建立起来? 在我们传统的城市、老的城市里面其实都有这种基因。比如上海作为一个"老城市",以前的里弄生活圈就非常完善,居民可能只要几分钟就能使用相应的生活圈服务设施,街坊邻居相互认识,生活在其中的人有一种天然的家园感。本次空间艺术季的主展场之一曹杨新村,是新中国兴建的第一个工人新村,1951 年开建,1952 年建成,至今 70 年,具有独特的社会意义与文化价值。这里体现了"统一规划、统一建造"的住区建设模式,作为我国第一个以现代"邻里单位"规划理论完整建造起来的大型住区,也许是"15 分钟社区生活圈"的最早雏形。

这些生活圈功能和社区邻里关系,在之前老的城市里面都有,但为什么现在反而觉得不便利、不紧密呢? 因为中国当代城市的生成逻辑几乎完全是基于现代主义城市的基本原理,特别是功能分区原理,以及柯布西耶的光辉城市原理——居住区就是要纯粹的居住区,最好的商业设施和公共设施(博物馆、音乐厅、歌剧院等)一定是在城市的 CBD 中心,科技白领们上班就必须要坐地铁或者开车去到很远的科技园……所有这些,其实都包含了机器法则,它违背了基本的人性。因为人天生希望方便,天生希望群聚。但是今天的城市尺度太大了,城市功能也越来越复杂,每个人实际上都被这个系统给控制和割裂了,而系统中又隐藏了许多 bug。当然,这不仅存在于中国,而是现代人所面临的普遍困境。我们希望 15 分钟生活圈能让碎裂的日常生活得到重启和修复。

一方面我们的城市越来越大,功能的控制感与割裂感越来越强烈,另一方面每个人对社区的心理需求也越来越高,于是大家就逃避到虚拟社区,这是非常强烈的矛盾。在这样的前提下,15 分钟社区生活圈的建构需要某种智慧,也需要一些城市现场实验平台。上海城市空间艺术季本身是一个事件,但是也可以成为一种具有实验性的社会媒介,这个实验平台和媒介可以直接推动某种城市状态(比如生活圈)的发生。

今天,躺平看手机已经成为一种生活方式,但肯定不是最佳的方式。空间艺术季就是某种实验,看看能不能在最普通的生活场景中创造出超越于手机吸引力的场所地点? 这些有趣的场所地点,同时也可以吸引人们真正"住"下来,而不是东奔西跑,一刻不停地在交通工具上。这其实也是低碳环保的生活方式。整个城市交通流量背后隐藏的就是碳排放,所以 15 分钟社区生活圈必然是低碳环保的。比如古代人的日常生活,没有快捷的交通工具,只能靠步行,也就逼着他们在 15 分钟步行半径内建构自己的生活圈。今天,我们的生活圈已经远远超越了物理边界,因为社交媒体所带来的时空压缩效应。这种时空压缩反过来也造成了时空割裂,正因为时空压缩带来了交往便利性,于是我们可以更加远离现实空间。网红打卡点为什么如此流行? 也许恰恰说明互联网一代的人们普遍存在着城市现场饥渴感。

二、用艺术点亮 15 分钟社区生活圈

(一)艺术来到日常生活现场

本届空间艺术季把展场直接放置在日常生活场景中,像新华路街道这样的日常生活空间,按传统标准来看不是艺术,把艺术放在里面好像有点格格不入。但是恰恰相反,这才反映了"空间艺术"的核心价值——真正的空间艺术,应该是把最普通的空间转化为有价值的空间,而不仅是在空间中放置艺术品。如果一个空间本身就很漂亮,在里面放上艺术就是锦上添花。但是如果能把最普通的生活场景转化为一个艺术对象,这样的价值创造过程,才是实现了空间和艺术的完全融合,体现了把"空间"和"艺术"这两个关键词放在一起的初衷。

另一方面,艺术家们参与到十五分钟社区生活圈的建设当中。这也涉及到艺术本身的创新。艺术需要从室内走向室外,走向更加普通平常的公共生活。当代艺术的这种转向,意味着艺术家开始更加关注每个人的日常生存状态,关注当下人的生活环境。艺术家需要回到最真实的生活现场,而空间艺

术季正好提供了这样的现场机会。

比如作品《想要做点什么，又什么都不想做》，就是艺术家来到生活现场的一次灵感迸发——时间有时流逝得缓慢而艰难，而物质无法带给我们任何安慰。一个水雾的烟圈，从这里出发，上升到空中，与风一起，与云一起，以我们无法捕捉的方式，消散在这个宇宙中。（见图1）

图1　作品《想要做点什么，又什么都不想做》（新华社区）

而新华社区公共艺术板块启动的"细胞计划"，则是艺术介入日常生活的一次系统性实验——细胞计划着力将艺术置于市民日常所及的各个场所，这些作品不拘泥于媒介、形态、材质、尺度和创作方式，试图突破大众对公共艺术的传统认知；它们可能不是一座固定的装置或雕塑，而是一场演出、一次对话、一张相片、一片纸巾；它们可能是即刻的、流动的、缓慢生发的。与之相遇，是机缘、是偶然的互动，是不经意的观察，是漫无目的的环游。

细胞计划由艺术策展人沈烈毅连同多名联合策展人及多位小组策展人共同倾力打造。"这里有一些不那么'成型'的作品，但它依然存在。"沈烈毅说。在他看来，这些作品正像细胞那样，一点一点地与这座城市、这片社区，以及每一个可能经过的陌生人悄然相会,居民们不需要专程去美术馆、博物馆、画廊看展览,在生活的各个角落就可以不经意地发现艺术作品。因此,我们想以轻轻的、淡淡的、不经意的,不打扰公众的方式去安置作品或施展项目,让艺术介入到生活的方方面面,也让居民们参与进来,成为其中的一个细胞。主办方、策展人、参展艺术家分别有自己的细胞,社区、商铺、公共空间、居民也有他们的细胞。各方的细胞彼此碰撞、互相结合,会形成一个共生状态。

图 2　作品《日常风景》(新华社区)

比如作品《日常风景》就反映了这样一种奇妙的共生状态——日常即是风景,带着这样的创作理念,艺术家 Tango 在此次艺术项目中,将作品融入生活风景之中。以平面的黑白漫画为标志性创作风格,勾勒出人们生活的图景:喂猫、维修、小憩……让经过的人发现这些生活中常常被忽略的日常时刻。艺术家的在地创作,将社区里的生活瞬间提炼出来,传达出生活即是风景的理念。(见图 2)

曹杨社区的"点亮环浜"公共艺术项目,以公共艺术作品点亮环浜,让居民在社区里偶遇艺术,为城市表情增添了温度——"菜场美术馆"通过艺术家的空间艺术介入、在地创作与展示,以及开展属地性的美育活动等,叙述曹杨故事,并赋予空间以新的文化含义,让艺术融入生活;"曹杨人的一天"社区艺术展以"五宜"社区营造为背景,邀请年轻艺术家以插画、装置、墙绘的形式来表现曹杨人的社区生活和日常环境;"美绘曹杨"华师大学生作品展,以曹杨新村的人文风土和自然景色为对象,进行现场写生与摄影创作,让创作者成为空间艺术季的一道风景线;"曹杨人的微笑"新媒体艺术展,艺术家以影像记录生活在曹杨社区的人们。(见图 3)

图 3 "曹杨人的微笑"新媒体艺术展(曹杨社区)

四平社区以"走走坐坐"为主题,在社区中策划了一条有趣的观展路线。1028 弄是这条路线上重要节点,而《诗歌单行道》则是这条弄堂里一个有趣的共创型艺术作品。11 月 8 日,《诗歌单行道》迎来了第二期内容更新。设计师郑露荞、熊子超与铁岭中学联合创作,他们将孩子们拍摄的社区落叶照片和创作的诗歌呈现在街道上,夜幕降临,诗歌与落叶一起"飘落",温暖着都市夜归人,也诗意了整个社区。(见图 4)

图 4 《诗歌单行道》(四平社区)

(二)艺术作为一种社会媒介

公共艺术一旦来到城市现场,就不仅仅是一件艺术品,而是转化为社会媒介。比如一幅画很漂亮,看完画以后觉得很满足,因为这幅画很美,带来了一些思考。但是一个街道上的公共艺术,比如说室外雕塑或者大型装置,我们去看它的时候,不仅仅是看它本身,也会看到这个作品背后的完整社会场景。公共艺术介入到真实的社会场景中,其媒介作用也许要大于审美意义。借助于公共艺术这样一个媒介,让我们停下来,用心去观看和凝视自己的日常生活。这种观看状态才是真正的艺术产生过程——每个人,用自己的眼睛发现美。即:眼睛是最大的造物!

烟火气的里弄生活也是一种当代艺术,取决于我们以什么样的眼光去发现它。一条街道里面有些小孩在闲逛,人们坐在路边喝咖啡,这些司空见惯的日常生活,为什么不可以进行艺术转化呢?想象一下,为什么我们要去旅游?为什么要费那么大劲去看别人的生活?正因为我们认为那就是一种艺术。反过来,为什么上海一条最普通的街道,外国人来了会觉得很有趣呢?因为他看到了与他生活不一样的地方,这种日常之美却被我们自己忽略了。

比如作品《怪物招领》以巧妙的方法引导每个人去"寻找社区"。新华路345弄弄堂内,隐藏着许多有趣、可爱又有些奇怪的人和故事。通过对这些"怪物"的召集、创作和分享,将其与丰富有趣的各种想象联系在一起。从寻怪启事,怪物书到怪物招领,以互动装置与故事册等形式,让人们重新发现社区的包容性、可能性与趣味性。(见图5)

图5　作品《怪物招领》(新华社区)

"做一天新华人"——新华的街坊们共同参与生活圈地图工作坊,分享了6个主题圈层的点位信息和生活体验,形成了这套"做一天新华人"社区生活圈体验工具包。工具包以沉浸式、趣味式的形式,通过了解社区背景,抽取社区角色,选择生活圈路线,走街观察的过程,激发体验者对新华生活的体验和连接。目前可以体验的生活圈路线一共有6条,分别是"美食圈""亲子圈""乐活圈""可持续圈""宠物圈"和"夜生活圈"。代入在地生活者的视角,带你与街区发生关系,带你体验达人的一天。(见图6)

曹杨社区宜学版块"宜学实践在曹杨"的主题活动"双美讲堂,行走曹杨",向全市招募"行走的思考者",在专业人员(行走导师)带领下行走曹杨,发现社区中的平凡之美。(见图7)

图 6 "做一天新华人"(新华社区)

图 7 "双美讲堂,行走曹杨"行走路线示意(曹杨社区)

陆家嘴社区以"融合·陆家嘴"为主题，精心推出了梅园街区、东园街区和滨江街区 3 条参观路线，让更多的艺术作品、艺术展示、艺术活动走进社区，走入生活。独立策展人、社区枢纽站创始人，同时也是陆家嘴第五届社区委员会委员的王南溟先生和团队，用脚步丈量着陆家嘴社区大大小小的马路。"近两年来，这里有很多缤纷社区项目建成，也有不少艺术展示活动，我们希望通过 3 条线路将这一个个点连成线，为 15 分钟社区生活圈增添更多的艺术气息。"提出了"艺术社区"理论的王南溟表示，要让艺术成为生活的一部分，让社区成为作品，需要进行艺术动员，通过有效的规划将现有的一个个点连成线，未来再由线到面，要让其中的社区居民成为艺术活动的主体。

（三）艺术教会普通人去创造

公共艺术的介入，其实就是让我们每个普通人变成艺术家，赋予他一双发现之眼，同时也赋予他一双创造之手。有了发现之眼，就会看到自己生活中不一样的东西，当然这需要经常训练，等到眼光越来越好，就会在家附近打卡了，发现很多有趣的地点。有了创造之手，就可以自己动手去改变周边的生存环境，比如临时搭建、涂鸦、组织社区活动等。当然这需要城市管理的观念和方法跟上去，而不是简单的取缔、禁止。如果把公共艺术当成是一种创造性生产过程，它不只是艺术家自己展现创造性的过程，还是赋予普通人以创造性的过程。现在仍处于疫情期间，很多人不能出去旅游，觉得周边生活很无聊，天天宅在家里，甚至会出现某种抑郁状态。是否有这样的可能性，让人们可以在自己的生活圈里面进行创造、旅游呢？首先需要艺术家引领，用巧妙、平价、简单易学的方法对日常生活场景进行转换，最普通的一块铺装地面，通过微小的艺术创作就会变得很有趣。这种情况下，我们生存的状态、我们的眼光和观念、我们的对世界的看法等，都会开始改变。

比如作品《千创园》，艺术家史金淞在新华社区寻找到一处将要拆除的具有强烈的时间记忆的墙体，大家运用各种机电工具将其自然解体成为一系列大小各异的具有太湖石趣味的造型。这个作品可谓化腐朽为神奇，把普通之

物转化为艺术品。（见图 8）

图8　千创园(新华社区)

艺术家在城市现场做公共艺术,跟在美术馆创作是不一样的,需要因地制宜、顺势而为,在现场发现、创造和转化。比如说一个垃圾桶,怎么样把它转化为一个有艺术感觉的新物品? 这要求艺术家在现场进行创作,通过发现垃圾桶很有趣的一个点,再用巧思进行转化。这个转化的技术性不能很高,要有可学习性,要让当地居民学习到创作方法,艺术家离场之后他们可以自己创作。

"积木计划"是德国艺术家 Jan Vormann 创建的公共艺术计划,主旨是在被忽视的墙壁和建筑物上增添色彩,用玩具积木填充街景缝隙,引起市民对生活充满创意思考。在新华社区积木计划中,艺术家带领社区居民将收集来的可拼装积木修补花坛、路牙石上面的微小缺口,用艺术的方法呈现审视我们每个人身边习以为常的这些"生活缝隙"。（见图 9）

空间艺术季提供了一个包含了创造智慧和创造策略的工具包,而非艺术品本身。这对艺术家其实是挺难的一件事,会比单纯的自我创作要求更高。但我认为这才是公共艺术介入到生活圈的价值所在——日常生活就是艺术,每个人都是艺术家。实现了这一点,艺术介入城市才是有意义的。

比如新华社区的"城市剧场计划",让社区居民直接"入戏"成为其中的演员。艺术家戴陈连征集了多位居民挖掘历史记忆,通过工作坊制作纸影戏道

图9 "积木计划"(新华社区)

图10 "城市剧场计划"(新华社区)

具,编排训练形成一场艺术生活剧场。戏剧以上海市中心的历史街道为题,第一章节"共同的记忆",寻找关于上海市长宁区新华路街道、番禺路、安西路、法华路和新华路的共同记忆,通过工作坊的方式制作纸影戏道具,编排训练,最后形成一个演出。演出时邀请社区居民和参与者的家人一起观看并讨论;第二章节"居民",通过工作坊参与者选定三位社区居民,艺术家去帮助完成居民的一个愿望。(见图 10)

论坛剧场起源于巴西剧场大师奥古斯都·波瓦(Augusto Boal)所创造的(Theatre of the Oppressed)。论坛剧场最大的特点是让观众按照自己的主见替代演员化解剧中的危机,使观众从被动的观赏者(spectator)转变为主动的观演者(spectactor)。在"艺述健康·怡养新华:论坛剧场暨艺术疗愈工作坊"中,参与者既是演员也是观众,一起探讨后疫情时代如何构建认知障碍友好的社区,在安全场域下进行怡养生活。在这里,你可以学习艺术疗愈和舞蹈治疗的技术,体味剧中人物的情感,内化为自己生活中的照料行为,进而更新健康的老龄生活方式。(见图 11)

图 11 "艺述健康·怡养新华:论坛剧场暨艺术疗愈工作坊"(新华社区)

三、讲好上海故事和中国故事

（一）更感性、更具体、更细节、更个人、更日常

本届空间艺术季提供了一种新的上海故事讲述方式。一直以来，国际上对上海的认识始终固化在：上海是一个国际化大都市，是一个全球城市，是一个金融中心。但国外的老百姓可能不再拘泥于想看上海的高楼大厦、看 GDP 数值。他们更关注的是什么？我相信肯定很想解上海的日常生活，想知道上海市民去什么地方吃饭？在家里面干什么？每天怎么样送小孩上学？小孩每天的心情怎样？……其实普通人关注的点都是一样的，大家都关注日常生活中很细节的这些东西。

我们需要从宏大叙事的信息传播，回归到更感性、更具体、更细节、更个人、更日常的信息传播。空间艺术季走进长宁新华，走进普陀曹杨，走进静安临汾、长宁虹桥、浦东陆家嘴、徐汇田林、黄浦瑞金、杨浦四平、虹口多伦、闵行梅陇、宝山庙行、临港申港、宝山杨行、嘉定菊园、宝山吴淞、松江九里亭、浦东海沈、青浦章堰等众多社区，相信这些生活细节、生活场景在国际上展现出来，一定是非常最有温度的，它们展现了上海最真实、最打动人的一面。

当然，这些有温度的上海故事，真正的讲述者和听众其实最主要都是上海的本地老百姓。要让每一个普通市民来讲述上海故事，在每个人的家门口讲述上海故事。当这些声音汇聚在一起，就会形成最有力量的城市认同感。

让我们来听一听参与本次空间艺术季的众多青年志愿者们，他们所发出的声音："我们有着不同年龄、不同职业身份，在不同的角度做着不同的事，但我们都与这样一座城、一个街道、社区有着不解之缘。它并不富有、并不是最美，但却是我们心里最柔软的一处。""在回溯社区中，找寻与生活相关的千丝万缕，不应忽视传统文化和传统习俗的日渐式微。我们要把主动传承美好文化作为城市记忆永久保存的任务。""我们的社区，承载着我们太多的美好回忆，有关家人、朋友、童年；有关快乐、生活和爱，社区因生活而焕发生机，为生活持续精彩。我们希望把家乡的社区故事、我们的生活方式，讲给更多人听。"

空间艺术季两个月展期内,每个周末都能看见身着黄衣的小小导赏员们穿梭在"上生·新所"的主题演绎展主展馆和"美好新华"展区的漫游体验馆"漫步梧桐下",他们是 SUSAS 学院"我看我的上海"小小城市导赏员活动的小黄人志愿者。近 50 名来自全市不同中小学的小小导赏员,提供志愿上岗服务 400 多小时,接待 700 多批观众,共计 2 000 多人次,并投稿文章 28 篇。渐渐地,孩子们也不满足于简单地背诵讲解词,而是主动查阅专业资料,自主调整讲稿,用自己理解的方式向参观者传递"15 分钟社区生活圈"的理念,也展现出更优秀的自己。(见图 12)

图 12 "我看我的上海"小小城市导赏员活动

"曹杨一村·社区故事馆"以"欢迎回家"为主题,结合曹杨工人新村七十周年村庆、曹杨一村成套改造回搬等重大节点,在本次空间艺术季期间,邀请居委会、社区居民、辖区学校等一起参与回顾社区生活变迁、讲述社区发展故事,自 2021 年 10 月 5 日开馆以来到访了近千名参观者。(见图 13)

社区故事馆为期两个月的展出运营离不开社区志愿者们的努力。为此,故事馆于 2021 年 11 月 26 日举办了一场总结活动,为"花甲天使"和"小小馆长"志愿者颁发了志愿者服务荣誉证书。三位来自朝春中心小学的"小小馆长"作为代表发言。同学们说,从最初参加活动了解曹杨一村,到绘画曹杨一

图 13　曹杨一村社区故事馆

村,再到介绍曹杨一村,他们在做"小小馆长"期间不仅更加深入了解了一村的历史,同时还锻炼了自我解说的能力。(见图 14)

　　在临港新城申港社区,"骑游感知临港未来生活态"的活动吸引了众多市民参与。在星空之境海绵公园里,一个关于社区未来的故事正在展开——骑游驿站、城市家具、艺术装置等呈现出多姿多彩的未来生活场景,这里将是一场永不落幕的展览。(见图 15)

图 14 "花甲天使"和"小小馆长"志愿者合影

图 15 艺术装置"奥陌陌星椅"(申港社区)

(二) 搭建中国特色城市治理范式的现场展厅

这一届空间艺术季搭建了中国特色城市治理范式的现场展厅。之前大家关注中国城市,更关注怎么样去建设一个城市,但在今天,我们开始关注如何治理城市。一直以来上海都非常重视城市治理和社区生活圈工作,也积累了许多经验,这些经验有必要总结、凝聚,形成一个可以传播、学习的模型。

这个模型对中国当代城市，无论规模大小，都是有示范性的。比如一个县城乡镇，也想让当地市民的日常变得生活更有趣、更方便，但是不知道从何入手，那么上海一个街道、一个社区，我们把它做好，然后县长、乡长、镇长们可以过来打卡，这种学习示范性的价值非常大。我们的城市管理者特别善于学习，之前可能要到国外城市去观摩，今天其实不用跑那么远，可以到上海来学习。

上海15分钟社区生活圈的建构，应该提供一个面向中国城市的治理范本，非常关键的点在于，我们的工作既要高质量，要达到国际水准，又要接地气。这里所说的接地气，不只是说要接上海的地气，还要接中国的地气，要把这件事情放置在整个中国的城市体系，放置在中国当下的社会组织架构中来考虑。举个例子，空间艺术季肯定会涉及到一些微更新、微改造，这个钱从哪来？是从街道办的经费中出吗？街道办的这个经费是怎么审批、怎么立项的？项目怎么委托给一个社会机构？然后事情做完了以后，怎么验收、怎么评价？其他城市到上海来学习，主要是想学习这些东西。这些深层操作机制要通过上海空间艺术季的平台传播出去，告诉城市管理者，下一代的中国城市应该怎样运作。

2021年11月4日，新华样本社区的"安居·乐活家"体验馆策展团队与上海市长宁区房管局共同策划的《安居行动·群策群力》系列研讨会第一期"社区规划建设到旧住房更新改造"顺利开展。长宁区新华路街道、徐汇区徐家汇街道社区规划师曹晖，在"老旧小区宜居性改造中综合治理探索"分享中提出：长宁区在全市的旧改工作中始终处于非常领先的地位，推进力度也很大，是有经验可以借鉴的。在精品小区1.0中已经采取了标准菜单和特色菜单相结合的做法；在2.0当中，又进一步提出了共商、共建、共治、共享的原则，到目前为主，已经完成了近一半的旧改工作。就长宁整体服务设施的配套来说，面临东密西疏的局面，整个东面利用了很多零碎的空间，做得很不错。但总体来说，在养老、托幼设施方面还存在一些缺口，无论从老旧小区自身，还是利用其他相关资源，都要把这些缺口设施进行综合性的配置和提升；此外，服务设施也是重点关注的维度，我们提出了10+28+x的长宁服务体系。在整个综合治理的过程中，我们也有了非常明显的三个转变，从以往"各自为政"到"连点成片"，"硬件提升"到"软硬结合"，"政府主导"到"多元治理"，这些转变全面推动了综合治理的一体化。对综合治理来说，强调规划的引领，片区项目包的统筹以及多元治理中主体的导入，还有创新服务模式，这些都是治理过程中的方式方法，最终还是希望通过系统化、集成式、综合性的系统来推动老旧小区"片区一体化"的综合治理模式，努力走出一条城市治理与社会治理同频同振，公共服务与公共治理一体发展的治理新路。（见图 16）

图 16　上海市长宁区老旧小区宜居性改造中综合治理探索

11月21日，空间艺术季主题演绎展区"社区规划沙龙"活动在主展馆内举行，万里街道社区规划项目负责人，为公众分享了《魅力社区，悦行万里——万里街道社区生活圈规划实践》，系统介绍了上海在社区生活圈研究及实践方面的发展历程，以具有代表性的成熟居住社区普陀区万里街道为例，从20世纪90年代的示范居住区建设，到2014年街道成立后的社区生活圈基本构建，再到2021年结合空间艺术季打造更加美好的典范社区，通过社区共融、服务共享、空间共情、实施共治等方面演绎了规划实践。章堰村项目的负责人付毓，为公众分享了《快乐乡村·畅想上海乡村社区生活圈》，从对乡村的最初印象出发分析了乡村的多元价值，剖析上海乡村当前面临的老龄化和空心化问题，进而通过构建乡村社区生活圈吸引不同人群回归乡村的规划愿景。从案例经验、研究思路方面分享了即将发布的《上海乡村社区生活圈规划导则》要点，并结合空间艺术季案例展简要介绍了青浦区章堰村生活圈试点规划的整体过程和亮点。

四、结　语

用艺术点亮15分钟社区生活圈，不仅仅是一种实践与方法，更是一种理念和目标。2021上海城市空间艺术季以"15分钟社区生活圈——人民城市"为主题，引导人们更加关注普通社区，更加关注日常生活，更加关注市民精神。不管是上海还是全国，各地区的社区生活圈有很大的差异，空间艺术季提倡大家共同向着更高的目标去发展。

正如自然资源部国土空间规划局副局长李枫在艺术季闭幕式所讲的："今年的空间艺术季活动结束了，但是我们建设人民城市，构建美好生活的追求没有停止，会一直在路上。在此也希望全国各城市积极行动起来，借鉴上海的经验和做法，实施好社区生活圈规划技术指南。通过打造社区生活圈，激活城市的细胞，满足人民群众对美好生活的向往，向全国和全世界展示可持续发展的中国案例和中国实践。"

上海建设世界著名旅游城市的
痛点和难点

冯　翔　王媛媛　李　俊①

摘　要　"十四五"时期的上海将全面深化世界著名旅游城市建设。现阶段
存在的痛点和难点主要集中在五个方面：上海整体旅游国际知名度
不高，上海的国际消费目的地建设较弱，上海的国际旅游美誉度不
高，上海的国际旅游供给与实际旅游供给的差别较大，上海景区景
点的精细化国际信息展示不到位。基于此，本文提出十个方面的对
策建议，包括开展上海旅游的精准宣传推广、增强上海旅游在谷歌
搜索中的点击量、提升上海面向中高端游客群体的旅游供给品质、
通过讲好建筑背后的故事做好国际传播、从细节入手进行故事渗
透、加大生活类和上海街巷类旅游产品的开发和推广、增加对上海
建筑格局信息的介绍、重新展开全市范围内的英文指示牌复查工
作、增加对建筑或者是文物等背景和历史意义的解释、增加服务场
所的多语种信息介绍。旨在为上海早日建成具有全球影响力的高
品质的世界著名旅游城市提供一些参考建议。

关键词　世界著名旅游城市　国际竞争力　上海

习近平总书记一直高度重视发展旅游业，指出旅游是拉动经济发展的重
要动力，是反映人民生活水平的重要指标。2018 年 9 月 5 日上海市委、市政

---

① 冯翔，城市管理博士，上海师范大学环境与地理科学学院副教授，欧洲城市比较研究院上海
　　分院院长。王媛媛、李俊，通讯作者，上海师范大学人文地理学硕士研究生。

府召开上海市旅游发展大会。市委书记李强在会上强调,要深刻领会习近平总书记对旅游发展的重要指示要求,对标世界一流,对标最高品质,把握内涵特征,找准自身定位,努力把上海打造成为体现国际风范、彰显中国元素、具有上海特色的世界著名旅游城市。

"十四五"时期是上海建设世界著名旅游城市的深化阶段。在多年的基础上,"十四五"时期的上海将全面深化世界著名旅游城市建设,推进高质量旅游发展、高品质旅游生活、高能级旅游消费、高水平旅游交流。力争将上海早日建成具有全球影响力的高品质的世界著名旅游城市。

在过去一年中,课题组集中研究了上海建设世界著名旅游城市的痛点和难点,发现难啃的"硬骨头"和"重担子"主要集中在五个方面。

第一个方面是上海整体旅游国际知名度不高。通过对 2016~2020 年五年间的谷歌趋势的分析,课题组得出了"上海整体旅游国际知名度与其他国际大都市相比仍有一定差距,和纽约、伦敦、巴黎和东京相比,上海旅游在谷歌搜索中的热度最低"的结论。

第二个方面是上海的国际消费目的地建设较弱。通过对购买的 2018~2020 年的中国银联交易大数据和全球银行卡交易大数据的分析,课题组得出了"上海不是高净值市民消费的首选目的地"的结论。

第三个方面是上海的国际旅游美誉度不高。通过 TripAdvisor、Lonely Planet 等国际头部旅游网站中的国际游客评论的分析,课题组得出了"国内外游客普遍认为上海若干收费景点的门票价格过高,商业背后的原本的海派文化内核被商业气质覆盖"的结论。

第四个方面是上海的国际旅游供给与实际旅游供给的差别较大。通过 TripAdvisor、Lonely Planet 等国际头部旅游网站中的国际游客评论的分析,课题组发现,新增的城市生活类景点不多,游客还是被"隔离"在景区范围内,较难感知上海的美。

第五个方面是上海景区景点的精细化国际信息展示不到位。通过对上海最受国际游客喜爱的 15 个景点的实地走访调研,课题组得出了"上海的旅游景点在景点设计、公共服务、文化呈现等方面,尤其是在这些内容的细节化管理方面,距离建设世界著名旅游城市仍存在较大的差距"的结论。

基于此,课题组给出了十个方面的对策建议,分别包括:

1. 针对在谷歌搜索中对上海表现出特别喜爱的城市和国家,尤其是香港、马来西亚、新加坡、印度尼西亚和菲律宾等地,开展上海旅游的精准宣传推广。

2. 迎合国际游客的搜索习惯,增加上海旅游在景点、航班、城市便利交通等方面的国际报道内容,以增强上海旅游在谷歌搜索中的点击量。

3. 重视上海面向中高端游客群体的旅游供给品质的提升,将上海打造成为国际高端旅游消费回流首选目的地。

4. 讲好建筑背后的故事,尤其是做好国际传播。

5. 做好上海历史底蕴的国际化传播工作,尤其从微改造和精提升的角度出发,从细节入手,进行故事渗透。

6. 上海市民生活类和上海街巷类旅游产品是国际游客较喜爱的上海旅游产品,需要加大对这类产品的开发和推广力度。

7. 增加对上海建筑格局信息的介绍。

8. 重新展开全市范围内的英文指示牌复查工作,纠正无英文介绍、介绍不充分、信息不全、位置不明显、字体大小不便于阅读等问题。

9. 增加对建筑或者是文物等背景和历史意义的解释,并通过国际游客能够理解的方式表述。

10. 增加文博场馆尤其是博物馆中展品的多语种信息介绍,增加对文博场馆自身建筑内容的多语种介绍。

一、上海整体旅游国际知名度不高

(一)问题所在

通过对 2016～2020 年五年间谷歌趋势①上的上海旅游、纽约旅游、伦敦

---

① 谷歌趋势通过分析谷歌搜索引擎每天数十亿的搜索数据,归纳某一关键词或者话题各个时期下在谷歌搜索引擎中显示的频率及其相关统计数据。

旅游、巴黎旅游和东京旅游进行同比分析，可以发现，上海整体旅游国际知名度与其他国际大都市相比仍有一定差距，和纽约、伦敦、巴黎和东京相比，"上海旅游"在谷歌搜索中的热度最低。（见图1~5）

具体而言，"巴黎旅游"的国际影响力最大，影响范围最广，其在欧洲、美洲、太平洋以及亚洲均有较高的热搜值。与巴黎旅游相关的话题以及旅游、酒店、时间、航班等搜索常用词出现较频繁，巴黎迪士尼的相关搜索也较多。略逊于巴黎旅游的是"纽约旅游"。"纽约旅游"谷歌话题搜索的地区分布也较广，欧美和亚太地区均有。与此同时，"纽约旅游"对美国本土城市的吸引力较大，搜索较频繁，在欧美城市间的影响力比在亚太城市的影响力大。搜索话题也以常规词例如航班、时间、酒店等为主。"伦敦旅游"和"东京旅游"的搜索热度次之。"伦敦旅游"的城市和地区影响力较广，话题集中在常规旅游词汇以及地铁、旅游卡以及伦敦地图方面。"搭乘伦敦公共交通"成为伦敦旅游谷歌搜索的热门词汇。"东京旅游"的影响力主要集中在亚太城市中，欧美地区的谷歌热度较低，搜索词中除了旅游、航班、酒店等常规词以外，和巴黎相类似的是，东京迪士尼是被国际游客频繁搜索的旅游景点。

相比前四个世界著名旅游城市而言，"上海旅游"在谷歌搜索中的热度最低。"上海旅游"在亚洲、太平洋、美洲以及欧洲地区均有影响力，但是热度基本在10以下。就城市地理区块来看，全球范围内只有新加坡和纽约两个城市对"上海旅游"的关注度较高。除此之外，话题方面也是以常规词为主，例如酒店、时间、航班、火车、旅游指南等。同样为迪士尼的所在地，但是上海迪士尼并未像东京和巴黎一样，出现在国际网友的谷歌热搜词条中。

此外，以疫情前的2018年和2019年作专门比较分析后，课题组发现，2018年"上海旅游"词条的平均热度值为3，为五个城市中最低热度词条，伦敦旅游平均热度最高，其次为纽约、巴黎和东京。2019年"上海旅游"词条相比2018年小幅增长，其他四个城市热度值也都较2018年增加，伦敦旅游平均热度仍为最高，其次为纽约、巴黎、东京，上海仍为最低。

在国际搜索度方面，2018年搜索"上海旅游"频率高的区域依次是中国香港、马来西亚、新加坡、印度尼西亚和菲律宾。德国成为唯一进入"上海旅游"

搜索前十的欧美地区（其他为亚太地区）。由于城市板块中"上海旅游"的可统计数值太少，谷歌趋势无法计算其网友兴趣度。与"上海旅游"相关的热搜内容也较少，只有"travel to Shanghai"和"Shanghai travel blog 上海旅游博客"两条。而纽约，伦敦和巴黎的热搜则较多，内容多与旅游、航班、城市卡有关。

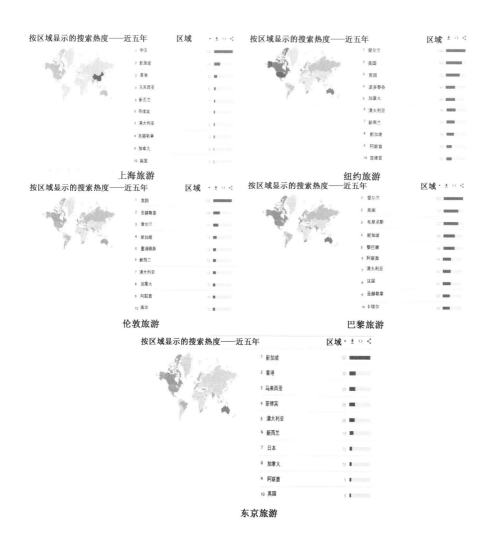

上海旅游　纽约旅游

伦敦旅游　巴黎旅游

东京旅游

图 1　上海、纽约、伦敦、巴黎和东京的谷歌旅游搜索地区热度(2016～2020 年)

在国际搜索度方面,2019 年新加坡、马来西亚、中国香港、菲律宾和印度尼西亚是前五大搜索上海频率高的区域。欧美国家中只有加拿大进入前十,其他均为亚太地区。和 2018 年相似的是,由于城市板块中"上海旅游"的可统计数值太少,谷歌趋势无法计算其网友兴趣度。2019 年与上海旅游相关的热搜增加,除了"travel to Shanghai"和"Shanghai travel blog 上海旅游博客"以外,"Shanghai travel guide 上海旅游指南""Shanghai travel tips 上海旅游贴士"和便宜机票购买网站"skyscanner"成为前五热搜。

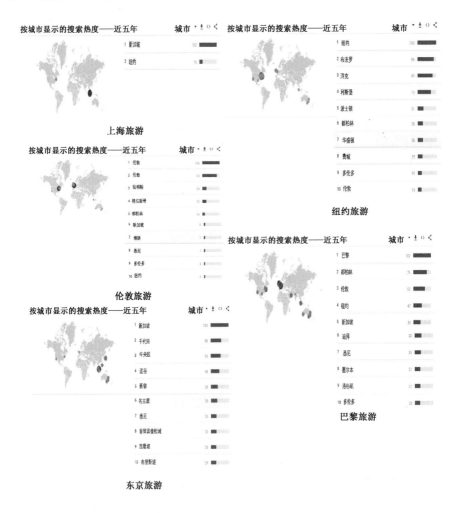

图 2　上海、纽约、伦敦、巴黎和东京的谷歌旅游搜索城市热度(2016~2020 年)

热门话题——近五年 Top

	上海旅游	
热门话题——近五年 Top		**热门搜索——近五年 Top**
1 上海 - 中国直辖市		1 travel to shanghai
2 旅游 - 话题		2 china
3 中国 - 东亚国家		3 china travel
4 航班 - 话题		4 travel in shanghai
5 北京 - 中国首都		5 beijing
6 酒店 - 功能性建筑		6 航班
7 时间 - 维度		7 上海天气
8 火车 - 交通方式		8 上海旅游指南
9 机场 - 话题		9 上海旅游博客
10 旅行签证 - 话题		10 上海的天气

上海旅游

	纽约旅游	
热门话题——近五年 Top		**热门搜索——近五年 Top**
1 旅游 - 话题		1 travel to new york
2 纽约 - 纽约州城市		2 travel in new york
3 纽约市 - 话题		3 travel from new york
4 航班 - 话题		4 travel new york city
5 纽约州 - 美国的州		5 new york city
6 美国 - 北美国家		6 纽约时间
7 酒店 - 功能建筑		7 纽约时报旅游
8 纽约时报 - 新闻		8 纽约时报
9 时间 - 维度		9 旅行限制
10 旅行社 - 话题		10 航班

纽约旅游

	伦敦旅游	
热门话题——近五年 Top		**热门搜索——近五年 Top**
1 伦敦 - 英国首都		1 travel to london
2 旅游 - 话题		2 travel is london
3 火车 - 交通方式		3 travel card
4 旅行卡 - 话题		4 london travel card
5 航班 - 话题		5 travel for london
6 英国 - 欧洲国家		6 伦敦时间
7 伦敦地铁 - 地铁系统		7 航班
8 票 - 进口		8 伦敦航班
9 晋吾 - 话题		9 伦敦直行地图
10 机场 - 话题		10 伦敦地图

伦敦旅游

	巴黎旅游	
热门话题——近五年 Top		**热门搜索——近五年 Top**
1 旅游 - 话题		1 travel to paris
2 巴黎 - 法国首都		2 travel in paris
3 法国 - 欧洲国家		3 paris france
4 火车 - 交通方式		4 france
5 伦敦 - 英国首都		5 london
6 邮班 - 话题		6 伦敦巴黎旅游
7 酒店 - 功能建筑		7 从伦敦到巴黎去旅游
8 欧洲 - 大陆		8 伦敦到巴黎
9 时间 - 维度		9 法国巴黎旅游
10 机场 - 话题		10 法国旅游

巴黎旅游

	东京旅游	
热门话题——近五年 Top		**热门搜索——近五年 Top**
1 旅游 - 话题		1 travel to tokyo
2 东京 - 法国首都		2 travel japan
3 日语 - 语言		3 japan tokyo
4 日本 - 东亚国家		4 japan
5 日本人 - 民族		5 travel in tokyo
6 东京 - 日本首都		6 travel to tokyo japan
7 航班 - 话题		7 travel to japan
8 酒店 - 功能建筑		8 东京时间
9 时间 - 维度		9 京都
10 大阪 - 日本城市		10 大阪

东京旅游

图3 上海、纽约、伦敦、巴黎和东京的谷歌旅游搜索热门话题(2016～2020 年)

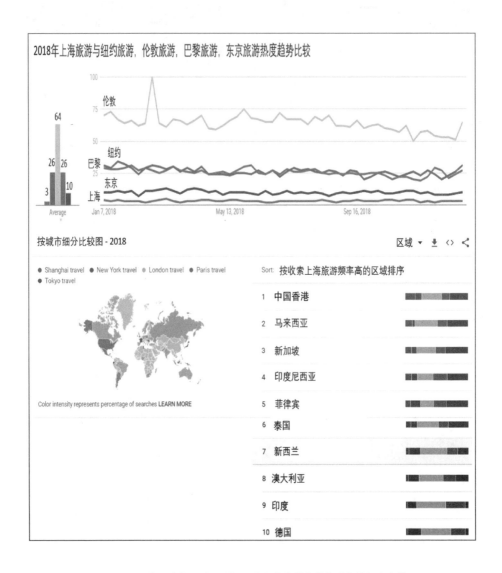

图 4 2018 年上海与纽约、伦敦、巴黎和东京的旅游谷歌热搜频率比较

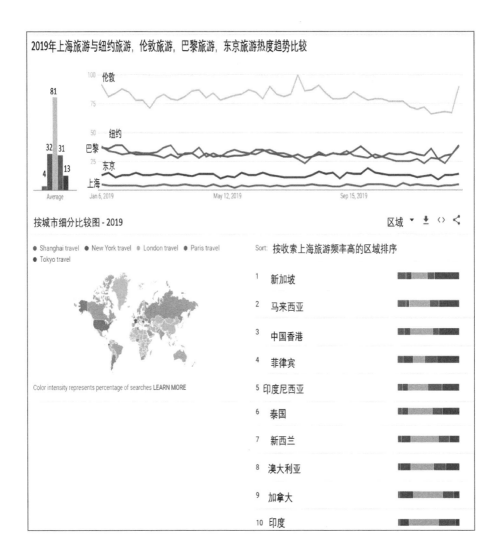

图5 2019年上海与纽约、伦敦、巴黎和东京的旅游谷歌热搜频率比较

(二) 对策建议

针对这个现状,课题组认为,下一步上海应该:

1. 针对在谷歌搜索中对上海表现出特别喜爱的城市和国家,尤其是中国

香港、马来西亚、新加坡、印度尼西亚和菲律宾等地，开展上海旅游的精准宣传推广。

2. 迎合国际游客的搜索习惯，增加上海旅游在景点、航班、城市便利交通等方面的国际报道内容，以增强上海旅游在谷歌搜索中的点击量。

二、上海不是高净值市民消费的首选目的地

（一）问题所在

课题组购买的 2018～2020 年的中国银联交易大数据和全球银行卡交易大数据显示：上海并非高净值市民消费的首选目的地。

2019 年上海市民月均出境消费 32.7 亿，最高峰值 40 亿，最低谷底值 25.8 亿。其中，在纽约、伦敦、巴黎、东京四座城市内，2019 年上海市民的购物消费占其总消费的 93%，餐饮消费占总支消费的 2%，酒店消费占总消费的 4.8%，娱乐支出占总消费的 0.16%。他们在餐饮上更倾向于选择境外的米其林餐厅、咖啡馆、名人打卡点；在住宿上更偏向于选择设计类、艺术类及古典风格的酒店；在文娱上，观影、艺术展、赛事等消费占比逐日增长。然而，反观上海市民在上海本地的旅游类消费（吃住行游购娱），2018～2019 年周末和节假日在上海的消费金额和人数均呈现下降趋势，分别下降 0.3%（0.8%）和 1.7%（1.8%）。（见表1～3）

表1 上海市民、外地、长三角游客在沪节假日消费占比（2018～2020 年）

金额占比	2018 假期	2019 假期
市民游客	49.6%	47.9%
外地游客（长三角以外）	38.9%	40.1%
长三角游客	11.5%	12.0%

人数占比	2018 假期	2019 假期
市民游客	55.6%	53.8%
外地游客	34.3%	37.2%
长三角游客	10.1%	9.0%

表 2　市民、外地、长三角游客在沪节假日旅游消费贡献（2018～2020 年）

人均相对水平	2018 假期	2019 假期
市民游客	89.3%	89.0%
外地游客	113.3%	107.9%
长三角游客	113.8%	133.2%

表 3　市民、外地、长三角游客周末假日在沪消费占比（2018～2020 年）

金额占比	2018 年假期	2019 年假期
市民游客	46.9%	46.6%
国内外地游客	40.4%	41.0%
长三角游客	12.7%	12.4%
人数占比	2018 年假期	2019 年假期
市民游客	40.4%	39.6%
国内外地游客	46.2%	47.6%
长三角游客	13.4%	12.8%

（二）对策建议

针对上述现状,课题组认为,应该重视上海面向中高端游客群体的旅游供给品质的提升,将上海打造成为国际高端旅游消费回流首选目的地。

三、上海的国际美誉度不高

（一）问题所在

课题组通过分析 TripAdvisor、Lonely Planet 等国外头部社交旅游网站的评论后发现：上海在国际游客心目中的旅游美誉度不算高，由于背后文化沟通的不畅带来的国际游客对上海旅游的误解成为较大影响因素。

首先，国际游客普遍认为上海门票价格虚高，但这大多数是由于沟通不畅造成的误解。国际游客对上海环球金融中心、上海中心大厦、东方明珠、金茂大厦等"上海高度"类景点的差评意见基本集中在"门票价格过高"上。结合游客对这些景点的好评，可以发现，在好评中几乎无一提及这些建筑的文化内涵和建筑物故事给他们留下的深刻印象。课题组认为，上海景点的门票价格均是通过听证和科学计算后得出的定价，然而，由于没有很好地向游客传递"为何高价"的原因，即没有很好地将这些"上海高度"背后的故事全方位地传递给游客，导致游客无法理解高价门票背后的高昂运营成本、景点的故事文化内涵等"为何高价"的原因。对这些景点的实地调研也进一步验证了以上的结论。例如，东方明珠景区的主景区指示牌无相关的包括建筑结构、景观设施以及历史意义等方面的介绍。上海中心大厦指示牌内容缺乏对建筑特色的介绍、建筑团队以及开工竣工时间的描述、建筑定位以及所承载文化的简述等。

其次，商业背后原本的海派文化内核很容易被"商业气质"覆盖。在 TripAdvisor、Lonely Planet 等旅游网站中，国内和国际游客对上海的整体评价可以总结为"喜欢上海的超级喜欢上海，讨厌上海的非常讨厌上海"。究其原因，喜欢上海的因为了解上海的历史底蕴，尤其是海派文化魅力，而对上海的一砖一瓦流连忘返。然而，讨厌上海的却由于上海自身的文化彰显度不够，导致他们无法在短暂的旅游时段内对上海的历史文化尤其是上海独有的海派文化有深入感知。在游客必到的"上海旅游打卡点"及其周边，繁华的商业被全方位地展现在游客面前，反之，商业背后的海派文化内核却由于彰显度不够,而被"商业气质"深深地盖过并掩埋。因此,旅游差评中比较集中的反映是"上海是一座过度商业化的城市"。

再次,课题组的实地调研进一步验证了以上观点。上海前几年推广的"建筑可阅读"将上海的建筑背后的故事推向游客。然而,在"景点可阅读"上,却远远落后于游客的心理预期。如上海历史的核心代表"外白渡桥"上的中英文介绍,让国内和国际游客阅读完后无法对这座桥的历史、它在上海人民生活和心目中的地位、它的历史沧桑等产生更多的文化冲击和感知。南京东路步行街的主信息标牌的正面缺乏中文名称的英文翻译,背面的英文翻译布局和字体的选择使得阅读很困难,且仅介绍了这条街哪一年重新建设成为"步行街",并没有介绍"南京路"所承载的上海最浓缩也是最精彩的历史变迁故事。"上海市人民英雄纪念塔"的"建造大事记"没有英文版的相关介绍,也缺乏对上海市人民英雄纪念塔的历史意义的介绍,使国际游客对于这个塔的来龙去脉一无所知,更不会对此塔产生更多的情感联系。陈毅市长雕塑的英文介绍则字体完全模糊,根本无法进行阅读。静安寺、龙华寺等向国内和国际游客展现上海历史厚重感的地方,游客对这类景区的好评基本集中在对其建筑外观和本身的特色建筑风格这些可视化内容上。然而,除了建筑外观带来的震撼之外,游客对寺庙文化本身以及寺庙建造的历史脉络并不了解,因此无法在心灵沟通上与上海的这些宗教类景区产生文化共鸣。这些景点只简单用中文和英文介绍了陈设的名称,缺乏对建筑特色、历史变迁、文化内涵等方面的详细介绍。上海城市规划展示馆、中华艺术宫、上海博物馆等展示上海城市温暖的地方的差评主要集中在"展品介绍的内容过于贫瘠"等方面。尤其对于国际游客而言,若没有一定的中国历史或专业知识储备,根本无法通过展馆提供的简单的英文翻译真正理解展品的内涵,并与展品所代表的上海文化产生共鸣。上海城市规划展示馆并未给出世博会吉祥物的创作想法等英文介绍,不便于外国友人深入理解"海宝"。"城市让生活更美好,Better City,Better Life"的标语也缺乏对该句话的背后意义的解释,让国际游客无法了解这个口号的缘起,并将其与上海的城市建设核心理念产生共鸣。上海博物馆的指示牌缺乏对于上海开埠后逐步发展过程中的具有代表性的事件的介绍。"暂得楼陶瓷馆"前言的英文介绍缺少对"陶瓷"和"暂得楼"名称来源（与《兰亭集序》的渊源）的介绍。几乎所有展品的英文翻译均过于简单，只有名称和年代，缺乏对展品质地、文化、用处的介绍。

反观由外国人在沪开设的面向国际游客的旅行社所提供的旅游内容，却已经开始在"上海海派文化的呈现和深入了解"上做了文章（见图6）。例如法国人在沪创办多年的 Culture Shock 旅行社所开设的"外滩背后的故事"线路中，就会带领国际游客去领略外滩建筑物背后的窗花、地板、砖瓦等极具西学东渐海派文化特征的外滩文化符号。

图6 外国人在沪创办的 Culture Shock 旅行社的"外滩之旅"：领略西学东渐的海派文化符号

（二）对策建议

针对上述现状,课题组认为,下一步应该:

1. 讲好建筑背后的故事,尤其是做好国际传播。

2. 做好上海历史底蕴的国际化传播工作,尤其从微改造和精提升的角度出发,从细节入手,进行故事渗透。

四、上海的国际旅游供给与实际旅游供给差别较大

（一）问题所在

课题组在比较 2016 年与 2020 年上海文旅推广网向游客推荐的 20 个上海旅游景点后发现,近年来新增的城市生活类景点不多,游客还是被"隔离"在景区范围内,较难感知上海城市的美。上海的实际旅游供给在近些年有了很大的提升,然而这些"网红打卡地"和"旅游高口碑地"却并没有更好地向国际市场宣传推广,导致国际游客对上海的旅游认知还仅停留在传统的"老三样"上。

比较 2016 年与 2020 年上海文旅推广网向游客推荐的 20 个上海旅游景点后可以发现,4 年来未变的景点为黄浦江、新天地、外滩、豫园、上海博物馆、上海环球金融中心、金茂大厦、东方明珠。相较于 2016 年,2020 年新出现的推荐景点为上海保时捷体验中心、上海欢乐谷、上海海昌海洋公园、上海迪士尼乐园、上海动物园、上海之巅观光厅、枫泾古镇、上海城市规划展示馆、上海玻璃博物馆、崇明岛。这些几乎均为"传统观赏体验类"景点,而且多以"上海高度"和"上海游乐"为主,漫步体验上海城市风情的推荐较少。

然而,对比 2016 年与 2020 年 TripAdvisor 上国际游客最喜爱的上海20 个景点可以发现,南京路、新天地以及上海博物馆的国际游客受欢迎程度逐年下降,迪士尼乐园始终不在国际游客的喜爱范畴之内。反之,犹太难民纪念馆、上海宣传画纪念中心这两个"冷门"的展示上海特殊历史时期的文化类景点一直深受国际游客的青睐。南外滩面料市场、衡山路复兴路漫步、老

南市区漫步、相亲角等融入社区生活类的旅游产品成为国际游客最推崇的"上海范"。(见表4)

表4　国内和国际主要旅游网站向游客推荐的上海景点前20

排名	上海文旅推广网 (2016)	上海文旅推广网 (2020)	TripAdvisor (2016)	TripAdvisor (2020)
1	浦江游览	上海保时捷体验中心	外滩	外滩
2	新天地	上海之巅观光	ERA 时空之旅	上海中心大厦
3	外滩	上海欢乐谷	外滩万国建筑博览群	东方明珠
4	豫园	上海环球金融中心	上海马戏城	豫园
5	南京路	外滩	上海环球金融中心	衡山路复兴路漫步
6	上海博物馆	黄浦江游览	上海博物馆	上海环球金融中心
7	滨江大道	上海海昌海洋公园	滨江大道	黄浦江
8	上海环球金融中心	上海迪士尼乐园	上海杂技团	南外滩轻纺面料市场
9	金茂大厦	上海观光旅游	上海犹太难民纪念馆	上海博物馆
10	玉佛寺	新天地	上海宣传画艺术中心	玉佛寺
11	磁悬浮	上海动物园	上海法租界	浦东新区
12	衡山路	枫泾古镇	黄浦江	朱家角古镇
13	东方明珠	豫园	上海城市规划展示馆	金茂大厦
14	徐家汇	金茂大厦	上海磁悬浮博物馆	上海犹太难民纪念馆

排名	上海文旅推广网（2016）	上海文旅推广网（2020）	TripAdvisor（2016）	TripAdvisor（2020）
15	传统水乡	上海城市规划展示馆	上海历史博物馆	老南市区漫步
16	中华艺术宫	上海东方明珠广播电视塔	相亲角	龙华寺
17	上海野生动物园	豫园商城	上海虹桥火车站	上海城市规划展示馆
18	龙华寺	上海玻璃博物馆	豫园	上海宣传画艺术中心
19	上海水族馆	崇明岛	静安雕塑公园	南京路
20	上海科技馆	上海博物馆	东方明珠	上海新天地

（二）对策建议

基于上述研究结论，课题组提出建议，上海市民生活类和上海街巷类旅游产品是国际游客较喜爱的上海旅游产品，需要加大对这类产品的开发和推广力度。

五、上海景区景点的精细化国际信息展示不到位

（一）问题所在

当国际游客在景点参观的时候，最直观最权威的景点文化内容的体现莫过于景区标识牌。景区标识牌是景区使用功能、服务功能及游览信息的载体，是旅游景区设施不可或缺的一部分，亦是景点"文化输出"最直观的窗口之一，它是对景区的概况、文物、特色信息进行介绍的载体，其功能在于让游客在短时间内对景区进行快速了解，能够提供给游客关于景点最基本的信

息。与此同时,国际游客前往中国旅游,可能因为手机 App 设置或国际手机卡和景区公共无线网速的双重问题,导致他们较难通过扫描景区提供的二维码,在手机上阅读相关的多语种信息,因此现阶段国际游客在国内景点访问时,主要获取景点文化信息的来源还是景点设立的信息指示牌。而且阅读指示牌也是一种"将游客从手机里面解放出来,重新沉浸入景区的风景中"的一种最佳的旅游方式。因此,课题组对上海最受国际游客喜爱的 15 个目标景点①的每一块标识牌都进行了仔细的现场调查。最后发现,这些景点的标识标牌的国际化水平均存在较大提升空间。

1. 国际游客眼中的"上海高度"

国际游客对上海环球金融中心、上海中心大厦、东方明珠、金茂大厦等景点评价基本都是只有高度没有深度,只是被外观所吸引,对其建筑历史和建筑本身的故事并不了解。上海环球金融中心、上海中心大厦、东方明珠、金茂大厦四个景点均属于登高体验类观景旅游产品。在国际游客对这四个景点的好评数据中均能够提取到"观景平台设计很棒"之类的主题词,国际游客对于此类带有一定视觉冲击感和刺激感的旅游项目兴趣较大,能够在"上海高度"上俯瞰大半个上海的面貌,更加直观地认识和感受上海。在国际游客对这四个景点的差评数据中,课题组提取到了"门票价格虚高""现场等候时间过长""缺乏合理及时的现场人流控制""存在玻璃幕墙不干净导致观赏体验不愉快"等内容。(见图 7)

国际游客对于一个旅游目的地的文化印象往往会通过照片和视频等方式留存并进行相应的文化传播。然而,从上述的好评和差评中不难看出,国际游客对"上海高度"的好评中无一提及这些建筑的文化内涵和建筑物背后的故事,而只是对这些"上海高度"的物理特征即"高"留下了深刻印象。也是

① SmartShanghai 是常驻上海的外国人下载率最高的上海生活实用网站,TripAdvisor 是全球领先的第三方评论旅游网站,上海市文化和旅游局官方英文网站是上海对国际游客推介旅游景点的官方窗口。通过对这三个网站上提供的国际游客最喜爱的上海景点进行交叉分析和加权算法,课题组得出 15 个国际游客最喜爱的上海景点,依次分别包括:上海环球中心、东方明珠、金茂大厦、上海城市规划展示馆、外滩游览观光带、龙华寺、中华艺术宫、新天地、南京路步行街、上海博物馆、豫园、浦东滨江大道、上海海洋水族馆、静安寺、上海中心大厦。

因为没有很好地理解这些"上海高度"的背后的故事,所以他们才无法理解高价门票背后的运营成本、为何游客趋之若鹜要来参观等现象。

图7　东方明珠广播电视塔,上海中心

2. 国际游客眼中的"上海密度"

课题组将城隍庙、外滩、南京路步行街和新天地四个国际游客在沪必到打卡地归为一类。这里统称这四个景点为"上海密度"。课题组在对国际游客对新天地的好评数据中均能够提取到"国际化的景点""新天地让我们感到亲切""在这里更容易找到用英语来交流的人"等主题内容,对南京路步行街的主要好评为"商品种类齐全",对外滩的主要好评是"夜景和建筑""交融的现代感与历史感",对城隍庙的主要好评是"上海老城风貌"。然而,对这四个景点的主要差评基本都为"过度商业化"。从上述的好评和差评中不难看出,国际游客对"上海密度"的好评中无一提及这些地方的历史文化给他们带来的冲击和震撼,而只是对这些"上海密度"的物理特征即"密"和"商业化"留下了深刻印象。课题组的实地调研进一步验证了以上观点。

从图8中可以清晰地看出，上海城隍庙景区明显缺乏多语种的标识标牌。城隍庙内更是罕有英文或多语种的建筑物背景、文化历史、宗教背景、建筑历史变迁、建筑特色等的介绍，霍光殿、太岁殿等殿堂也缺乏多语种的介绍。主街牌坊上的"古邑新辉"四个字也没有在侧边增设一个注释牌，用多语种讲解"古邑新辉"的文化内涵。

图8　上海城隍庙

如图9所示，上海外滩游览观光带上的上海市人民英雄纪念塔的"建造大事记"没有英文版的相关介绍，也缺乏对上海市人民英雄纪念塔历史意义的介绍，使国际游客对于这个塔的来龙去脉一无所知，更不会对此塔产生更多的情感联系。上海历史的核心代表"外白渡桥"上的英文仅为"Garden Bridge is completed on December 29，1907，as the first long-span Bridge in the Shanghai（即外白渡桥于1907年12月29日竣工，为上海首座大型桥梁）"。国际游客阅读完这段文字之后，不会对这座桥的历史、它在上海人民生活和心目中的地位、它的历史沧桑等产生更多的文化冲击和感知。而且英文指示牌比较小，不显眼，字体也很小，不便于阅读。上海陈毅市长雕塑的英文介绍则字体完全模糊，根本无法进行阅读。

如图10所示，南京路步行街的主信息标牌的正面缺乏中文名称的英文翻译，背面的英文翻译布局和字体的选择使得阅读很困难，且介绍过于简单没

图9 上海人民英雄纪念塔的"建造大事记",外白渡桥和陈毅市长雕塑

有介绍其承载的上海最浓缩也是最精彩的历史变迁故事。并且,背面的英文翻译也只是翻译了中文介绍的一小部分,如中文介绍中的"南京路步行街一期工程,东起河南中路,西至西藏中路,全长一千零三十米"这句就没有进行英文翻译。

图10 南京路步行街的信息标牌

整条步行街走下来能够发现,在很多南京路标志性的优秀历史建筑外,已经设立了相应的信息标识牌,然而这些标识牌仅介绍了这里是优秀历史建筑,建于哪一年。其他关于这个建筑的背后的故事,这个建筑所承载的沧桑历史和文化等最能够吸引国际游客共鸣的内容却基本没有。如图11所示,和平饭店、万国禁烟会会址、斯沃斯和平饭店艺术中心和汇中饭店大楼等南京路最具代表性的历史建筑都存在类似的问题。

图11 和平饭店、万国禁烟会会址、斯沃斯和平饭店艺术中心、汇中饭店大楼的标识牌

如图12所示，新天地景区整体看下来，很难在公共空间内找到关于上海新天地的历史介绍和其作为上海城市更新计划的首位代表背后的各种文化故事和城市迭代的故事。新天地景区内颇具历史背景的"大韩民国临时政府旧址"的英文指示牌内容为"Site of the Korean provisional Government（大韩民国临时政府旧址）"，但除了这个英文名称之外，在公共空间内看不到其他

的英文版本的关于这个旧址相关历史文化故事的介绍。

图 12 "大韩民国临时政府旧址"和新天地景区指示牌

3. 国际游客眼中的"上海厚度"

静安寺、龙华寺这两个景区主要是宗教文化的展示,课题组将它们归为一类,即展现上海历史厚重感的"上海厚度"。国际游客对这两个景区的主要好评都集中在对其建筑外观和本身的特色建筑风格这些可视化内容的吸引上。然而,除了建筑外观带来的震撼之外,国际游客对寺庙文化本身以及寺庙建造的历史脉络并不了解,因此无法在心灵沟通上与上海的这些宗教类景

区产生文化共鸣。课题组的实地调研也印证了这一点。如图 13 所示,静安寺
的正门对联所蕴含的丰富含义并没有被翻译成英文,类似这样的文化缺失还
有很多。此外,静安寺内只简单用英文介绍了鼓楼里的静安太平鼓和钟楼里
的静安太平钟,且内容很少。柚木大殿和静安银佛也存在类似的缺憾,即缺
乏对建筑特色、历史变迁、文化内涵等方面的详细英文介绍。如图 14 所示,龙

图 13　静安寺(鼓楼、钟楼、柚木大殿、银佛标示牌)

华寺景区入口处无英文版的景区结构图,主指示牌英文介绍不清晰,字体过于小,不便于阅读。景区内则基本没有英文介绍,重点佛像也没有英文介绍。国际游客在寺内不能够真正地了解所参观的寺庙和物品的真正的意义。他们无法了解关于龙华寺建筑所用的材料、设计方案和修建历史、佛教文化的本身特点等内容。

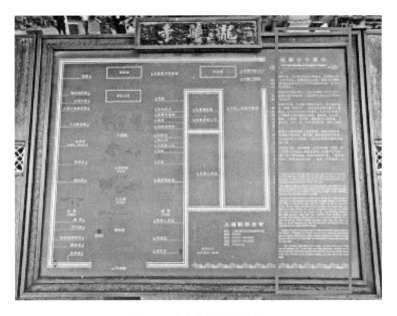

图 14　龙华寺景区结构图

4. 国际游客眼中的"上海广度"

课题组将上海城市规划展示馆、中华艺术宫、上海博物馆这三个景点归为一类,即展示上海广博文化的"上海广度"。国际游客对这些"上海广度"类的展览类场馆的差评基本都集中在"场馆缺乏一定的媒体指引,展品介绍中的外语表达过于贫瘠、展览品英文翻译缺失"等方面。这些展览馆内的英文注释主要集中在对展品标题或重要艺术节的介绍上。但若没有一定的中国历史或专业知识储备,国际游客无法通过这些简单的翻译真正理解展品的内涵,与展品所代表的上海文化产生共鸣。参观出口所必经的纪念品商店也没有给国际游客留下深刻的印象。

通过课题组的实地走访,我们发现很多问题。例如,图 15 中英文为"中国2010 年上海世博会吉祥物海宝 EXPO 2010SHANGHAI CHINA MASCOT HAIBAO"的标志性建筑体,并未给出世博会吉祥物的创作想法等英文介绍,不便于外国友人深入理解"海宝"。图 15 中英文为"城市让生活更美好,Better City,Better Life"的标语,缺乏对该句话的背后意义的解释,让国际游客无法了解这个口号的缘起,并将其与上海的城市建设核心理念产生共鸣。图 15 中英文为"外滩沧桑演示 The show of Bund History""遇 VIP 接待,演示时间有所调整,谨请谅解 The show time will change while we receive VIP please forgive"缺乏对"外滩沧桑"究竟是什么内容的具体英文介绍,以及具体观看地址的指引。也缺乏对外滩的基本介绍,让国际游客看了一头雾水。

图 15 世博会与外滩的标牌

又如,在上海博物馆内,图 16 中标识为"近代,上海的发展展区,上海历史悠久,源于远古,盛于明清,崛起于近代,唐设华亭县,宋设上海镇,元置上海县,明筑城墙。上海自 1843 年 11 月开埠后,逐步发展为远东最大的城市,中国的工商业大都市。Contemporary Development. The long history of Shanghai can be traced back to ancient times. It flourished in the Ming and Qing Dynasties and was highly developed in modern times. It was called Huating country in the Tang Dynasty,was named shanghai Town in the Song Dynasty and was renamed Shanghai country in the Yuan Dynasty. A city wall was built surrounding the area in the Ming Dynasty. Since Shanghai was opened as a treaty port in November 1843,it has gradually become the biggest metropolis in the Far East and an industrial and commercial center in china"的指示牌缺乏对于上海开埠后逐步发展过程中的具有代表性的事件的介绍。图 16"暂得楼"陶瓷馆前言的中英文介绍在介绍特辟专馆的基础上缺少了对"陶瓷"这一中国艺术品的介绍;对"暂得楼"名称的渊源缺乏说明,没有阐明它与胡惠春先生以及《兰亭集序》的渊源;对展馆内的展品数量、年代缺乏汇总没有突出历史意义。图 17 对"景德镇窑红釉瓶、珐琅彩龙凤纹双联瓶、景德镇窑粉彩蝠桃纹瓶"等所有展品的英文翻译均过于简单。又例如,对于上海

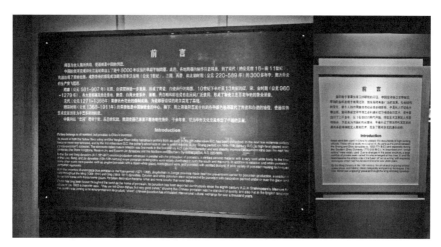

图 16 上海博物馆内的指示牌

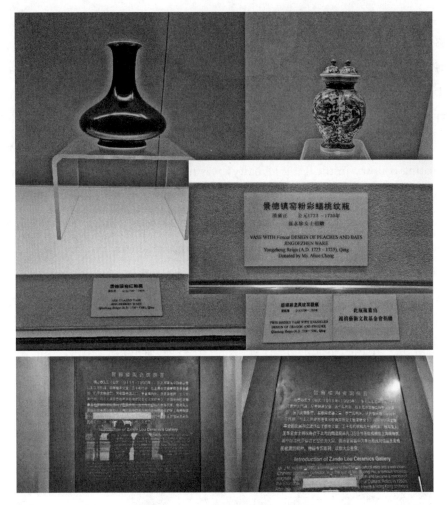

图 17　上海博物馆内的展品介绍

历史的典型代表"崧泽文化黑陶刻纹盖罐"的介绍就缺乏对时代背景"崧泽文化"的介绍。图 18 对"中国少数民族工艺馆"的英文介绍中就缺乏对中国少数民族的介绍,在介绍工艺品所承载文化的同时缺少对实用性的介绍。在介绍服饰工艺时缺乏对各民族服饰工艺上"同"的介绍。在"庄氏古代家具馆"的英文介绍中缺乏对中国历来朝代顺序的描写,国际游客在阅读时会产生一定的障碍。这不是一两个馆表现出来的文化翻译缺失,而是上海博物馆几乎所有展品的通病,只有名称和年代,缺乏对展品质地、用处、所蕴含文化的介绍。

图 18　上海博物馆内的展品介绍

（二）对策建议

通过以上的分析不难看出,国际游客并不能在短暂的旅行过程中通过参观景点而对上海的文化有进一步的了解。目前他们对上海景点的认知还仅限于景点展现出的物理特征,而其文化内涵并没有能够很好地呈现在国际游客面前,和国际游客之间形成"情感联系"。在我们调研的 15 个景点的标识牌中,关于景点或者是物品的介绍并不能让国际游客明白其含义,会给他们一知半解和云里雾里的感觉。标识牌缺少英文解释、或者已存在的英文解释词不达意,不适于国际游客的思维,这是上海的"国际化"定位的一处败笔,因此景区标识牌的改进迫在眉睫。改进措施如下。

1. 增加对建筑格局信息的介绍

建筑格局的介绍是对一座建筑、一组建筑、一群建筑,甚至一个城市形制的直观信息表达,也是游客了解一个景点的俯瞰图。建筑格局的介绍也能让游客更好地了解一个景点的构成与功能,对游客路线的指引具有重要作用。以上15个景点的建筑格局介绍存在着信息不足、介绍不全面甚至是缺乏介绍的问题。完善的标识牌不能缺少对建筑格局布置的信息介绍,因为它是对游客直观总体体验的指引,能为游客提供更清晰的参观体验。

2. 解决指示牌无英文介绍或介绍不充分,存在如论据不足、信息不全等问题

景点标识牌缺乏完善的英文翻译是景点国际化的最显著败笔。在课题组调研的15个景点中每个景点或多或少的都存在英文翻译缺失的问题,即使存在英文翻译,也大多过于简单或者缺乏论据和数据支撑。英文翻译是景点国际化的基本,我们不只应该做到英文翻译的普及化,更要做到全面化和细致化,避免简单直译。

3. 增加对建筑或者是文物等背景和历史意义的解释,以及其想法与创意的阐述,如建筑特色、文物寓意与质地等介绍

对景点背景和历史意义的介绍,以及对建筑特色、创意等方面的阐述是输出中国文化的重要途径。它是国际游客能否了解景点,甚至是爱上景点的重中之重。所以景点在这一方面应该投入更多的精力,了解和研究国际游客的思维,以他们的思维惯性来表达中国文化,避免粗暴直译是实现"文化翻译"的重点。

4. 解决英文指示牌过少、位置不明显以及不便于阅读等问题

因年代过久或者是空间设计上的问题,部分景点的标识牌存在不清晰或空间布置不合理的直观问题。如上海外滩游览观光带的标识牌存在过少、字体较小,不便于阅读的问题;上海外滩游览观光带"陈毅相关介绍"的标识牌的文字已经完全模糊,应尽快修整;标识牌"南京路步行街"在空间上被前方

的花草阻挡,应该在适当空间上进行调整,进而给游客更清晰的参观体验。

英文指示牌过少、不清晰或位置不明显问题是比较直观的问题,它表现明显,应当予以重视,尽快修整与合理完善。

5. 增加文物展示馆对所展示文物信息的汇总概括

此问题主要体现在上海博物馆的各个文物展馆上,如"秦力人、朱仁明印章馆""中国历代印章馆"缺乏对印章所属序列、数量等数据的罗列和汇总;"前言(庄氏古代家具馆)"未汇总馆内展品数量、类别、主要年代等信息。数据的汇总与建筑格局有类似的作用,会为游客提供更加清晰和全面的指引,就如书籍的前言一样,是景点的总体概括与介绍,这一方面我们应该予以重视。

以上问题是中国文化输出的重要阻碍,我们不能简单地以国人的思维和文化背景来概括所有游客。人需要世界观,景点也是一样,这样才能做到真正的"国际化",做到真正意义上的文化沟通与交流。

参考文献

[1] Feng X., Derudder B., Wang F. & Shao, R. Geography and location selection of multinational tourism firms: Strategies for globalization[J]. Tourism Review, 2021.

[2] Feng X., Derudder B., Zhu X. & Zhou H. Exploratory analysis of the position of Chinese cities as international tourism hubs: Product destination versus business environment internationalization[J]. Boletín de la Asociación de Geógrafos Españoles, 2021(89).

[3] Feng X., Wu P., Shen W. & Huang Q. The geographies of expatriates' cultural venues in globalizing Shanghai: A Geo-information approach applied to social media data platform[J]. ISPRS International Journal of Geo-Information, 2021, 10(8).

[4] 宋金平,于萍,王永明.世界旅游城市建设的理论与实践[M].南京:东南大学出版社,2015.

[5] 方法林,尹立杰,张郴.城市旅游综合竞争力评价模型建构与实证研究——以长三角地区16个城市为例[J].地域研究与开发,2013,32(1):92-97.

[6] 苏伟忠,杨英宝,顾朝林.城市旅游竞争力评价初探[J].旅游学刊,2003(3):39-42.

［7］周礼,蒋金亮.长三角城市旅游竞争力综合评价及其空间分异［J］.经济地理,2015,
　　35(1)：173-179.

［8］王丽.基于 AHP 的城市旅游竞争力评价指标体系的构建及应用研究［J］.地域研究与
　　开发,2014,33(4)：105-108.

［9］张河清,田晓辉,王蕾蕾.区域旅游业竞合发展实证研究——基于珠三角与长三角城
　　市旅游竞争力的比较分析［J］.经济地理,2010,30(5)：871-875.

［10］罗文斌,谭荣.城市旅游与城市发展协调关系的定量评价——以杭州市为例［J］.地理
　　　研究,2012,31(6)：1103-1110.

营造以"上海元素"为核心的"夜上海"城市意境

苗 岭①

摘 要 在提出《厚植城市精神彰显城市品格全面提升上海城市软实力》的背景下,营造具有上海特质的"夜上海"城市意境对推进城市发展与更新具有现实意义。本文基于对上海城市在夜间的功能、文化、美学及其受众关系的研究,以"上海元素"为核心,讲好上海故事,丰富夜间生活,保障人民权益,构建人与环境在夜间的可持续和谐关系,提出营造"夜上海"城市意境的相关策略。

关键词 上海元素 夜上海 城市意境 营造策略

二十四小时城市概念的兴起使城市的夜晚变得越来越重要。如何使城市不但在日间,而且在夜间也能够充满魅力,已经成为当下城市设计及管理需要面对的现实挑战。伴随着照明的发展,人类的夜间活动从无到有,从生活到生产,从物质到精神,不断改变着城市的夜景。放眼世界,繁华的夜景早已不是现代城市的评价标准,魅力城市必然具有自身独特的夜间意境。近年来,随着高科技照明技术及智能化控制技术的推广,以大型国际会议和赛事为契机,上海的城市夜景建设发展迅速。但城市夜景并不等同于夜间意境。上海的夜间存在着逐渐丧失自身独特韵味的现象,而地域元素的缺失在很大程度上影响"夜上海"城市意境的表达。习近平总书记强调,"人民城市人民

---

① 苗岭,东华大学服装与艺术设计学院环境设计系副主任,副教授,博士,硕士生导师。本文是上海市哲学社会科学规划"全面提升上海城市软实力"专项课题"以'上海元素'为核心的'夜上海'城市意境研究"(2021XSL015)阶段性成果。

179

建，人民城市为人民"，希望上海"开创人民城市建设新局面"。2021 年 6 月，为深入贯彻习近平总书记重要指示要求，进一步激发新时代上海发展的不竭动力和澎湃活力，上海提出着力打造最佳人居环境，彰显城市软实力的生活体验。通过加强城市规划和设计引领，塑造注重人情味、体现高颜值、充满亲近感、洋溢文化味的"城市表情"，让城市更有温度、更为雅致、更有韵味。[①] 上海需要适合于其城市定位的夜间意境，营造新时代的"夜上海"城市意境逐步受到关注与重视。从最初的"让城市亮起来"，到追求夜间环境的形式美感，进而到追求夜间意境的内在价值。通过以"上海元素"为核心，让独具特色的都市魅力健康地在夜间绽放，营造出具有设计感、时尚潮和文艺范的"夜上海"城市意境。

一、"夜上海"城市意境

（一）夜间城市意境的概念

美国城市设计学者的凯文•林奇教授（Kevin Lynch）曾提出城市意象的观点，指通过人们对城市空间环境的心理印象来评价城市的客观形象。城市意象并未涉及到使人们产生这种心理形象的更深层机理分析。城市意境的概念除了含有人们对城市空间环境表面的心理印象之外，还融入了城市所藉以形成发展的社会历史文化脉络等要素对其深层的影响，即从整体上把握城市的客观形象。城市意境体现出通过融合虚实两方面发展于一体的城市建设，以恰到好处的城市形象表达出城市的内涵。

夜间城市意境是从意境的层次来认知城市的夜晚，从城市的主体——人出发，综合考虑城市夜间的各种自然与人文要素，在城市的客观形体中植入"意"的内涵，使其具有底蕴深邃的审美效果，充分满足人们在精神以及心理上对城市夜晚感知的高层次需求。夜间城市意境的呈现受到诸多要素如城

---

① 中共上海市委.关于厚植城市精神彰显城市品格全面提升上海城市软实力的意见.https://www. shanghai. gov. cn/nw12344/20210628/11c22a0c594145c9981b56107e89a733. html，2021-6-28.

市肌理、公共空间、象征景观、绿地系统、历史风貌等以及相关的影响因素如城市的结构性、聚众性、象征性、标志性、自然性和文化性的共同作用。这些因素在城市夜间形成的共性就通过意境的营造引发广大民众的"体验与情思",从而满足民众对夜间城市的精神需求。夜间城市意境可以理解为人们先感知城市夜间的构成元素,融情入境,然后产生情感体验,而景与境结合后产生的"韵外之致,味外之旨"。

（二）"夜上海"意境的发展

上海是中西文化的融汇之地,是中国最先受到西方文化冲击且被深刻影响的城市。作为中国近现代发展的见证者具有重要的历史独特性。在中华文明的浸润和多重外来文化的冲击下,上海呈现出其他城市完全不具备的多样化建筑与格局。快速发展的工商化殖民历史造就了上海独有的文化兼容特点。民国时期的上海因其丰富多彩的夜景,就有"东方巴黎"和"东方百老汇"的美誉。当时上海主要通过街头闪烁的霓虹灯、硕大的美女广告牌、静立于夜色中的璀璨楼宇、街上如织的人流以及穿梭的黄包车汽车呈现出"摩登"的夜间意境。"夜上海"从此成为上海的一个特征符号,历经百余年延续历史文脉和城市变迁。时至今日,黄浦江西岸"万国博览"和浦东新区群楼灯光形成"浦江辉映""碧波荡漾"的奇美景色。而作为上海最具活力的南京路在灯光的配合下成为上海夜间繁荣的窗口。夜幕中,富有情调的"新天地"无疑是对当下上海时尚气质的表达。"海纳百川、追求卓越、开明睿智、大气谦和"是上海城市精神。新时代"夜上海"城市意境要将城市景象融于城市精神,使上海居民引以为豪、游客为之倾心、未曾来过的人充满向往。

（三）"夜上海"意境的价值

近年来,上海随着夜间城市配套设施不断完善和改进,通过意境的整体塑造引领新经济业态,推动夜间城市环境高质量发展就显得更为必要。"夜上海"城市意境营造将对强化上海城市特色,丰富市民及观光者的夜间活动,拉动上海城市经济,促进商业、服务和旅游等行业的发展以及提升城市软实力都具有重要意义和深远影响。世界上著名城市都拥有特色鲜明的夜间意境,营造新时代"夜上海"城市意境将是体现上海国际化发展水平的重要因素。同时,夜晚是居民回归生活、享受生活、追求美好的主要时空载体。"夜上海"城市意境营造也彰显出党在十九大报告中对"人民美好生活"的要求,构成美好生活最鲜活的表达方式,成为服务人民群众美好生活的澎湃动能。营造以"上海元素"为核心的"夜上海"城市意境能够用亲切直观的方式向全世界彰显"开放、创新、包容"的上海城市品格,在夜晚呈现上海独特的社会、历史和文化风貌,全面展示上海特有的温度、雅致和韵味,塑造打动人心的上海夜间"城市表情"。

二、"夜上海"意境的主要问题

(一) 夜境规划滞后

上海现有城市规划对全时段考虑不足,对夜间环境缺乏周详的设计,造成现有城市夜间意境不统一。一方面由于上海的城市夜环境规划设计仍处于探索阶段,并且受到时间、资金以及项目独立等诸多因素影响,存在将城市的各条街道、区段或节点单独加以设计并最终叠加拼凑,以致夜间环境支离破碎且缺乏联系。另一方面,现有上海城市夜间规划多考虑的是夜景,而不是夜境,更多体现在城市建筑环境中呈现一些灯光效果,对上海夜间特质和功能缺乏足够的尊重,给夜晚的市民生活带来诸多不便。我们经常听到市民吐槽城市公园好看不好用。树木植被过密造成视线遮挡,并影响了安全性,尤其缺乏适合夜间活动和休闲功能的灯光照明。城市夜间功能性空间规划的不完整和城市夜晚指示体系的匮乏,在一定程度上阻碍了"夜上海"城市意境的发展。

(二) 地域文化缺失

近年来上海的夜景工程得到迅猛发展并取得了巨大的成绩。但上海的文化特色在夜间意境的营造中却逐渐淡化,使上海的夜间失去了自身的城市文脉和文化个性。上海夜间环境有很多是对国外城市中成功案例的借鉴和复制,缺乏对上海传统文化、地域精神的表达,造成了本土特色的丧失。在拥有丰富技术手段的今天,却造成上海城市夜景一味追求亮度,设计雷同。特别是灯光色彩方面,由于对上海城市特色和城市文化缺乏理性的分析与合理利用,乏味的灯光景观往往在表现上形式单一,在内涵上缺乏深度。因而不能引起受众的回味,更不可能激发受众的联想和想象。由于缺乏对文化元素的深入挖掘与表达,上海的文化特色在夜间城市意境的呈现中面临特色消褪的现象。

（三）照明美学落后

在眼球经济效应下,上海近些年出现很多以传播量为主的城市夜间形象输出,注重信息通过照明在夜晚的高效传达,强调通过照明技术引发"视觉冲击力"。夜间城市在照明上片面追求技术革新而忽视美学上的艺术表现。例如立面媒体广告和装饰性照明在城市楼宇上不加节制地使用。夺目的视觉效果、繁杂的色彩和缭乱的动态对上海原有的城市风貌造成一定程度的破坏。为了吸引顾客增加经济利益,上海有些商业街的晚间亮度更是让人目眩。店面间在照明上相互攀比,造成整条街道亮度的无休止上升。部分夜间环境的设计仍是由照明设计师或灯具销售商独立完成,设计者虽然也具备一定的艺术表现能力,但由于与城市管理及设计单位间没有充分的沟通,造成在整体照明上缺乏审美。既没有针对设计对象的照明风格,也不讲艺术层次和效果,亮即是标准,从而导致夜间上海在意境表现上存在亮度关系的不协调以及和艺术表现上的欠缺。

（四）民众健康影响

当前上海景观亮化工程的建设步伐加快,但建设过程中也会出现"唯亮、动、彩为美"的怪象。过度照明以及光污染引发了城市居民的健康问题。城市夜景中过多鲜艳及高饱和度的色彩会引起观者的视觉不适。城市街区夜晚意境表达不当会给社区居民的内心感受带来不适。由于缺乏合理的规划及良好的照明审美,很多照明工程片面的追求灯光高亮度和高频率动态和彩光,影响市民居住环境,破坏夜晚生态环境。例如 LED 屏会带来巨大的经济效益,但 LED 显屏时不时散发炫目的光线会使市民走在街头时睁不开眼。照明污染会导致空间过于明亮,白天和黑夜界限的消失。失去了昼夜的调剂,对居民的健康生活节奏也会带来不良影响。

三、"夜上海"意境营造策略

上海的夜不仅要亮起来,而且要延续地域特色和历史文脉,符合城市整体定位。"夜上海"意境营造基于对上海城市内在价值的认知,尊重上海城市固有属性对民众在夜间使用的限制性和适宜性。通过从上海的城市规划、地域文化、照明生态和民众体验等多维摄取"上海元素",建立有序关系来吸纳上海多元主体参与,相互依托,互相推进,最终形成一个开放、律动、富有活力的"夜上海"城市生命有机体。

（一）"夜上海"城市规划理念

健全的上海城市规划应该涵盖白天和夜晚,推动上海城市意境从白天到24 小时的转化,实现从城市空间规划到居民生活方式的转变。虽然空间规划依然是主要载体,但"夜上海"城市规划目的是为塑造更好的夜间生活方式。规划基于现有上海夜生活场景,创新更优质和多元的空间载体,引领上海民众夜间生活品质的升级。"夜上海"城市规划从上海特有的城市空间网络形态和特征着手,通过对城市物质环境空间中主要元素的视觉形象和环境氛围的干预,提高上海夜间环境的可辨识性,促进上海夜间氛围的可意象性,形成整体环境空间在意境传达上的统一,强化市民的认同感。通过"夜上海"城市规划解决在晚间这一特定时间段对上海特有空间秩序关系的梳理,使上海居民和游客的夜间活动能够按相应的时间因素合理组织并相互关联形成整体。具体表现在构建上海夜间城市环境的系统性,即夜间空间环境体系内部各因素间以及各因素与城市整体的相互关系,并结合夜间城市景象形成"夜上海"

城市意境。"夜上海"城市规划理念的立足点在于上海居民及游客的生活经历和体验,在于上海各群体的情感与思想相互交融的生成状态,具有生成性、互动性与异质性的特征。"夜上海"城市规划是一个日渐生成、不断对话、逐步凸显上海夜间城市特性的过程。

(二)"夜上海"城市文化表达

上海城市的发展与历史文化的变迁密切相关。独有的城市文化源于从城市的物质空间形态上呈现出的具有积淀和体现历史文化的特征,也成为"夜上海"城市意境的生命力。上海的城市文化来自于独有的建筑,来自于实体性的上海城市空间,也来自于它的建构过程,来自于公共领域和私有领域之间的关系,着重体现为城市要素中的独特性与普遍性,个体性与集体性之间的关系。就个体及其相互关系而言,日间条件下的城市文化元素在感知和意象的层面较难进行主动的选择和调整,而夜间艺术化的城市照明则可以更为灵活地在视觉上通过个体的表现和关系的重组来演绎和传达上海城市文化的内涵。一方面,照明可以通过对具有独特性的上海城市要素的外部形象在夜间的创意表达来获得这种个体性。特别是对上海特有的历史文化遗产,其日间所独有的文化影响力可以通过合理的照明在夜间继续发挥作用。另一方面,城市照明可以通过对具有普遍性的城市要素的层次布局来满足功能使用需求,同时协调整理各元素及其环境背景之间的相互关系而获得普遍的集体性。新的城市化追求建成环境在夜间的连续性,这也是上海城市文化夜间表达的趋向。上海文化遗产及其所处场所在夜间的环境外观和氛围应该成为有机的整体。对城市物质遗迹和历史文脉在夜间加以表现的基础上,将原有城区环境及建构过程进行创新表达,在延续着上海历史文脉的同时,使民众对于原有建筑和城市文化的创造产生了新感悟。上海的城市空间像是一个时刻进行新陈代谢的生命有机体,而上海的城市文化正是内生在这个有机体上。"夜上海"城市意境只有将在地空间和文化实现完美融合,才能更好彰显上海夜晚特有的文化内涵与历史气韵,满足人们精神文化的需要。

(三)"夜上海"城市照明生态

"夜上海"城市意境营造通过照明在技术与艺术上的融合体现绿色环保，表现在设计理念的更新和对各因素关系的分析利用。首先要合理控制上海夜景中照明及广告。管理部门需要从规划源头管控，根据城市各功能区进行亮度分级，结合街道的职能和沿街建筑的功能特征，考虑广告的位置、尺寸和形式，将广告与城市设施相结合，限制与环境性质不符合的广告，并利用广告的装饰效果在有损坏意境的地方进行必要的遮挡与修饰。其次，通过在上海夜间营造合理的即时互动、沉浸体验等有特色的服务场景。探索涵盖数字创意和互动多媒体研发、沉浸式氛围营造、CG 数字内容制作，通过艺术与科技的融合实现在不改变现有空间载体的情况下，利用城市照明场景的营造，在体现甚至强化场所的历史文化特征的同时，也能够及时响应上海夜间社会生活的需求，实现城市意境从白天到夜晚的创新转化。再次，减少对公共空间的照明侵扰和对游客及居民的视觉干扰，保障城市安全以及人民健康权益。重视由于夜景观照明带来的城市光污染以及由此带给上海城市中自然和人文环境的问题。提倡减少夜景观照明的能源消耗和废弃物排放，形成上海特色的绿色照明。为了保证市民日常生活和夜间意境氛围的质量，相关的管理部门要结合当地的实际情况，明确治理的方法与目标，采取具有针对性的方法对光污染中的各个环节进行综合管控，进而提升上海夜间光污染治理的总体质量。与此同时，在夜间大量使用的设备可采用新的能源和资源，如新能源灯具等。提高基础设施的自给能力，利用基础设施的网络化特征使上海的夜景照明具有较强的适应力。"夜上海"城市照明生态能舒缓市民的负面情绪，改善节律与情绪健康，从而提高人们对城市满意度。

(四)"夜上海"城市民众体验

意境满足着人的精神需要，是人类需求层次的最高阶段。相对于白昼而言，人在夜晚的社会生活节奏趋缓，需求趋于感性。因此希望寻求情绪的自然流露，具有打破常规的欲望。满足上海人民的精神需要是"夜上海"城市意境营造的原动力。夜间城市意境体现着城市对人的关怀,让民众在上海的夜晚获得更加舒适美好的情感才是目的。城市是广大市民的城市,上海的夜晚应为市民提供诸如旅游、购物、散步、娱乐、休闲等多方面的服务机能,把上海的夜晚交予广大市民,体现出民众在城市中的地位。"夜上海"城市意境的表达效果取决于上海民众的感知。相较意象而言,"夜上海"城市意境更偏重于体验过程本身。只关注"营造意境"显然是不够的,还需要关注"体验意境"。城市意境的功能、美感都需要由受众参与其中,发现、解码、判断和感受并赋予其意义。而城市意境的受众不仅包括市民、游客,夜间意境的规划者、设计者、施工者以及管理者都应纳入受众的范畴。意境的营造不是一成不变的定势,因为城市中的受众由于人生经历、艺术修养、文化背景以及直觉先验等的不同造成在感知体验中的差异,所以对"夜上海"意境的体验也不会是众口一词,千人一面。"夜上海"意境中文化的展示需考虑受众的接受程度,照明作为一种表现素材,通过作用于人的心理,产生情感上的影响,并赋予人的联想,不同受众对此也会有不同的感受和解读。上海不存在"恒定"的夜间意境。"夜上海"城市意境呈现在不同的受众面前将产生不同的感受。在意境营造中必须最大限度地真实反映最广泛受众的利益、体验和追求。因此,在与人民共同营的"夜上海"城市意境过程中,不能闭门造车或者片面追求所谓"一步到位"的效果,而是需要鼓励上海民众参与,观察人民的活动,倾听人民的评价,为更符合人民需求的"夜上海"意境营造保留可持续发展的空间。

四、结　语

根据上海的城市功能、肌理及文化特色,打造全新的"夜上海"城市形象,营造出统一和谐的"夜上海"城市意境。将上海的夜间意境营造作为一种主要的干预手段,通过城市规划和文化表达,在尊重功能性规范的基础上,在夜间延续体现上海遗产文化价值的同时,平衡空间功能与城市环境间的相互关系,兼顾节约能源和防止光污染等可持续发展问题,达成既保护,又传承且和谐发展的上海城市更新的目标。以"夜上海"城市意境为契机来解决上海城

市发展长期过程中的问题将成为当下上海城市规划和设计中提升上海城市
活力的有效举措。上海城市的主体是全体民众,良好的城市文化氛围和广大
市民强烈的归属感是上海的无形资产。以"上海元素"为核心营造"夜上海"
城市意境对于增强上海城市魅力,锻造上海城市精神,提升上海城市软实力
具有重要意义。

上海文化产业数字化转型与治理：以电竞产业为例

何金廖　张　源①

摘　要　电竞产业作为重要的数字文化创意产业，与体育产业、信息产业、科技产业等新兴产业存在较强的共生关系，是新时期壮大市场主体、提升产业能级的新型业态，也是实现国民消费升级、提升民众文化获得感和幸福感的重要载体。数字化转型背景下的电竞产业治理除了面临融资环境不健全、技术研发相对滞后、人才培育缓慢等一系列产业发展瓶颈，也存在包容性不强、数字鸿沟、大众认可度较低等文化治理困境。本文立足人民城市建设理念提出优化电竞产业体制、丰富电竞文化内涵、扩大文化全球影响、提高产业文化包容、提升直播转播规制等建议，为提升上海电竞产业治理绩效，纾解上海乃至国家文化软实力建设中的难点、痛点和堵点提供参考依据。

关键词　数字文化产业　电竞产业治理　数字化转型　文化软实力

数字经济的发展潮流下，数字化转型催生文化产业新业态、新模式，推动文化产业跨行业、跨要素融合发展，自 2016 年国务院出台《"十三五"国家战略新兴产业规划》，并将数字文化产业首次纳入国家战略性新兴产业发展规划，近五年国家层面高频率、大力度陆续推出《关于推动数字文化产业创新发展的指导意见》《文化和旅游部关于推动数字文化产业高质量发展的意见》等文

---

①　何金廖，华东师范大学城市发展研究院研究员，博士生导师，紫江青年学者。张源，华东师范大学城市发展研究院助理研究员。

化产业数字化转型战略和政策纲要,旨在为产业高质量发展注入新动能,为优化供给、满足人民美好生活需要的有效途径和文化产业转型升级的重要引擎。近期,上海市接连发布《中共上海市委关于制定上海市国民经济和社会发展第十四个五年规划和二〇三五年远景目标的建议》和《关于全面推进上海城市数字化转型的意见》,将加快推动数字产业化、产业数字化,放大数字经济的辐射带动作用,做优做强城市核心功能,以强化"四大功能"、深化"五个中心"建设、推动城市数字化转型、提升城市能级和核心竞争力,并计划于2035年建成具有世界影响力的国际数字之都。该布局有益于强化技术创新和数字经济的竞争新优势,带动人民城市美好生活体验和数字生活新风尚,牵引现代化治理效能提升和超大城市"数治"新范式。

一、文化产业数字化转型的学理内涵

(一) 文化产业与文化产业数字化研究的学术脉络

基于文化产业的学术史和研究脉络,可知文化产业研究最早兴起于西方后工业化国家,国外学者主要从文化产业的基本属性(生产方式、组织结构、外在性等)出发探讨了文化产业的集聚特征和产业关联性、文化产业发展策略、文化产业政策及其对城市的影响。早期的研究普遍强调文化产业对城市和国家经济增长的重要意义,并从各个维度剖析驱动文化产业发展和空间集聚的内在机制,提出了诸如创意阶层、文化产业区、创意场域等理论。国内学者自20世纪90年代开始对中国的文化产业发展进行了系统研究,逐渐形成较完备的理论脉络,研究视角主要涉及文化产业关联、文化产业结构、文化产业效率、文化产业发展影响因素、文化消费。近年来,国内学者开始关注文化产业的数字化转型,以及文化产业的高质量发展和现代产业体系构建,研究重点逐渐从文化产业的经济效应转移到社会影响、文化融合、国家软实力构建等层面。李凤亮等学者基于对文化产业在科技背景下的业态裂变研究,归纳出文化产业数字化的四大特征:技术依托、内容为王、多元载体和跨界融合,其中,融合不仅体现在与日俱增的产业融合和地域融合,还包括"新与旧"

"传统与现代""本土与西方""精英与大众"的文化融合①。

（二）文化产业数字化转型的内涵释义

过去 30 年,伴随互联网技术、大数据、云计算、VR、AR、AI、区块链、5G 等数字科技的陆续出现、推广和普及,为文化产业的数字化转型创造了技术根基。作为多元化文化创意和数字化技术创新共同蕴育和相互促进的新业态,依托创新政策、人口红利和人民群众不断提升的文化需求,数字化转型下的文化产业迅速崛起并高速蔓延,并逐渐被定位成"由文化内容、科技、资本三者联合塑造的文化模式创新"和"属于具有丰富文化内涵的新型工业化发展模式"②。"十三五"期间,我国数字经济年均增速超 16.6%,为数字中国建设提供有力支撑。"十四五"规划将数字化发展内容单列篇章,提出"加快数字化发展,建设数字中国"的多项重要举措。如今,文化产业数字化转型形成了文化产业数字化和数字化文化产业两类底层逻辑,前者系在数字技术驱动下的传统文化产业变革与升级,后者系与数字科技融合而生的全新文化产业。具体来说,新型数字文化产业是完全基于数字技术和互联网架构形成的新兴文化创意产业,文化产业为新技术提供了"实验场"和产业化的"灵魂",并产生新的内容和创意形式,产业价值链的形成和增值过程皆是通过在线供给文化产品及文化服务完成,如网络游戏产业、电竞产业、短视频产业、创意设计产业等;传统文化产业的数字化转型中,数字技术为文化创意低成本传播和交易创造了必要条件,产业价值链的形成和增值通常以线上线下混合模式进行,如上海博物馆运用数字创意技术提供 VR 创作体验平台、上海迪士尼乐园采用数字技术为游客提供互动性观赏体验等。与此同时,文化产业数字化和数字化文化产业间的跨界融合与混业经营进一步丰富了产业内涵,完善了产业生态。

---

① 李凤亮,宗祖盼.科技背景下文化产业业态裂变与跨界融合[J].学术研究,2015(1)：137-141.
② 师英杰,刘然.新发展阶段实施文化产业数字化战略探究[J].治理现代化研究,2021(5)：65-71.

文化产业不仅仅是一种产业形态,也是人民群众精神文化的重要载体,更是城市乃至国家文化软实力的核心依托,代表一个国家和民族的精神信仰、价值传承乃至意识形态引领,正如党的十九大报告明确指出"文化是一个国家、一个民族的灵魂"。基于这个视角,深化文化产业数字化转型,既有利于促进文化创意作品的内容与技术、模式、业态、场景等融合发展,也是建设社会主义文化强国的重要内容,习总书记在2020年更是指出文化和科技融合是"大有前途"的"朝阳产业"。因此,在新发展阶段推动文化产业繁荣发展,做好数字化转型中的文化产业治理,必须着眼于丰富人民群众精神文化生活、满足人民群众精神文化需要,更好保障人民文化权益,进而促进国家和城市软实力提升。

二、电竞产业数字化转型的基本逻辑

(一)电竞产业研究的既有研究基础

西方国家学者对电竞领域研究起步较早,主要从三个方向揭示电竞产业的不同侧面:一是基于电竞的概念内涵和产业特点展开分析,研究主要涵盖多态性视角和制度化视角;二是基于电竞产业的演化进程的梳理,例如以代表性赛事发展脉络或电子游戏的职业化进程为研究切入点;三是围绕单一产业属性的静态研究,涉及文化感知、产业经济、产业技术、法律约束等议题。尽管电竞产业在中国属于"舶来品",但基于政策和市场的推拉作用力,近年该产业发展受到高度重视。相比之下,电竞产业系统性的理论研究在国内仍是一个较新的研究领域,作为电子游戏产业和体育产业相融并分化而出的新事物,其学理在近十几年逐渐被国内学者所讨论,虽仍存在较多研究空白,但已从部分理论视角和研究方向积累了一定成果。除了对电竞产业的概念、属性和特点有一定的文献产出,国内学者同时也关注电竞的社会影响、电竞教育、电竞职业化、电竞市场化、电竞产业化、电竞相关媒体、电竞文化传播等研究方向,但大部分成果仍然停留在"浅析"和"初探"阶段。

基于文献梳理,面向数字化转型下的电竞产业治理,存在两方面有待思考：一方面近年在中国的迅猛发展态势和庞大的市场受众，让电竞产业发展具有国家特色和城市特色，现有相关研究在新时代上海乃至中国情境的讨论尚有不足；另一方面，电竞产业作为网络化数字化背景下应运而生的朝阳文化产业，亟需系统讨论如何通过电竞产业进一步展现和提升国家和城市软实力，释放中国文化辐射力和提高文化产业全球竞争力。

（二）上海电竞产业发展现状

党的十八大、十九大报告中相继提到"促进文化与科技融合"和"激发全民族文化创新创造活力"，国家高频率、大力度陆续推出《关于推进文化创意和设计服务与相关产业融合发展的若干意见》《关于推动特色文化产业发展的指导意见》等一系列国家战略和政策纲要。上海市高度重视发展电竞在内的文化创意产业，相继出台"上海文创 50 条""上海体育产业 30 条""上海电竞 20 条"，并于近期通过《上海建设具有全球影响力的科技创新中心"十四五"规划》和《上海市张江科学城发展"十四五"规划》，旨在实现"全球电竞之都"和"具有全球影响力的科技创新中心"的建设目标。因此，上海作为我国最大的综合性经济中心城市，区位条件优越，基础设施良好，产业基础雄厚，人才高度集聚，既是国内电竞产业发展的先行者、排头兵和领头羊，又是重要的全球科技创新集聚城市和自主创新高地，科技创新促进电竞产业发展的"上海模式"已成为全国乃至全球重点关注和参考的对象。

电竞产业作为文化产业与体育产业、信息产业、科技产业的集合体，已成为新时代重要的数字化文化产业，是壮大市场主体、提升产业能级的新型业态，也是创造高品质生活、提升民众文化获得感和幸福感的有效途径，构建健全完善的电竞产业体系是实现上海电竞产业高质量发展的关键目标。近年，上海电竞产业基于地缘、经济和政策等综合资源优势，表现出良好的上升态势，并通过推动重点电竞产业集聚区发展，推动地区发展的专业化、品牌化和差异化，将电竞产业作为新经济的新增长点和爆发点。当前已有全球超过70%份额的顶级电竞赛事落户上海。2020 年 7 月，上海浦东新区正式启动"打造上海电竞之都核心功能区"的一系列商业活动，"英雄联盟"S11 全球总决赛冠军 EDG 俱乐部新主场"上海国际新文创电竞中心"将于 2023 年在上海市闵行区竣工。

(三) 上海电竞产业特征

上海电竞产业发展至今,已呈现出鲜明的特征:一是上海电竞产业在中游赛事环节具有巨大优势,收入和市场占比大。据报道,截至 2020 年初,超过 40%的全国电竞赛事在上海举办。二是上海拥有优越的地理位置及产业优势。截至 2020 年初,上海集聚了全国 80%以上的电竞企业、俱乐部、战队和直播平台。三是上海在电竞赛事服务方面具有很好的品牌效应和发展基础。通过引进电竞运动协会为区域电竞产业高地建设奠定基础,通过不断完善电竞运动员注册制、裁判员培训体系、电竞比赛规则等诸多领域推动产业的规范发展。上海组织市内重点电竞企业参加 2019 年第二届长三角文博会等各类展会,发展平台经济,为电竞企业融入长三角一体化发展提供了舞台。四是上海在下游衍生产品和文化传播方面已积累了丰富的经验。例如,近年来上海通过促进路易威登与拳头游戏展开合作,生产电竞周边产品,促进部分商场与电竞产业融合发展;如静安大悦城已经成为动漫、电竞爱好者心中的 IP 圣地,大量电竞周边产品、配套商业进驻,为线上流量的导流提供载体,促进电竞衍生行业发展,提升电竞产业的商业价值。尽管如此,上海与洛杉矶、西雅图、斯德哥尔摩、首尔等一些城市相比,在头部赛事、头部企业、市场规模、游戏出口等方面仍存有一定差距。

三、数字化转型下上海电竞产业治理的文化困境

文化产业数字化转型作为建设国际数字之都的关键"落子",得益于文化创意与科学技术相互融合的内生机制,上海已逐渐形成以数字消费为驱动、以平台模式为主导、以数据挖掘为资本、以开放创造为特质的转型特征,并使文化产业展示出组织柔性化、内容定制化、生产模块化和集聚数字化的全新发展特性,但相比于上海国际经济、金融、贸易及航运建设,表现相对滞后,文

化产业数字化转型在政策、机制、社会等维度尚有提升空间。尽管目前上海电竞产业的发展逐渐缓解了上一发展阶段中社会认可度低、商业模式不丰富、市场主体不成熟、产业定位不明确等问题，但资产泡沫、人才缺失、法律及伦理问题频现，文化内涵缺乏，研发投入不足，存在市场进入壁垒、赛事筹办推广受限、跨产业融合程度低等一系列治理乱象依然存在。当前上海数字化转型下的电竞产业治理仍然存在短板，尤其在通过电竞产业治理推动文化软实力建设方面，存在一系列难点、痛点和堵点。

（一）电竞产业治理的文化内涵困境

卓越国家和卓越城市需卓越文化的支撑，在百年未有之大变局的新时代，作为承载中国文化传承与弘扬重任的文化产业正在经历数字化转型的关键阶段。电竞产业已经成为亟需重视的精神文明传播阵地，将健康向善的文化观念内化到电竞内容中，不仅有利于民众在娱乐和体育竞技中接受文化价值观的自然渲染，对"讲好中国故事"和"增强中国引力"也皆具厚重的现实涵义。然而在电竞产业迅猛发展的近十年时间里，文化内涵匮乏始终是社会对电竞产业产生不满情绪的重要因素，主要体现在三个方面：一是电竞游戏内容缺乏文化支撑。当前电竞游戏的主流主要为 MOBA 类（多人在线战术竞技游戏）、FPS 类（第一人称射击游戏）和 SPG 类（体育竞技类游戏）。其中 MOBA 类和 FPS 类近年表现尤为突出，但普遍存在游戏内容和游戏人物背景设计简单粗暴，模块化、套路化的剧情规划难以让玩家得到文化获得感。二是电竞游戏内容和设计存在文化歪曲现象。一个典型案例是近数年火遍全国乃至全球的"王者荣耀"，因其对三国人物为原型的"英雄"塑造完全脱离文献记载，篡改历史客观事实的游戏形象和故事背景，引发社会舆论的广泛批评。认为尽管当下一揽子"防沉迷"政策和新规一定程度防范了青少年对电竞游戏的过度沉迷，但电竞游戏内容为年轻一代构筑了错误的文化输入已成既成事实。三是在电竞产业中对上海文化要素乃至中国文化要素的挖掘与传播仍显不足。无论是过去所谓的电子游戏时代、网络游戏时代还是现在大众熟知的电竞时代，我国的国产游戏尽管借助《三国演义》《水浒传》《西游记》等经典名著设计游戏场景和人物故事,但普遍只是简单的同名套用,缺乏中国文化深度融合。例如,基于《三国演义》故事框架的游戏,全球销量和知名度最高的是日本 KOEI 公司出品的"三国无双"系列游戏,而非中国企业出品。反之,大量外国企业设计的游戏将西方文化价值观通过电竞产业输出到中国,容易造成我国电竞用户缺乏文化自信,甚至产生意识形态偏差。

(二)电竞产业治理的文化包容困境

尽管电竞产业在近十年得到井喷式发展,但产业受众范围紧缩且集中在青少年群体,在全社会层面中存在显著的"数字鸿沟",阻碍了文化软实力的进一步提升。非电竞玩家群体将电竞定位为"精神鸦片",电竞选手"不务正业",电竞主播"网络乞讨",一系列固有印象和惯性思维导致电竞产业面临文化包容困境。电竞文化的大众化普及和渗透仍有很大的改革空间,具体主要体现在三个方面:一是电竞文化的大众传播不足。各电竞传播平台和渠道上的内容、形式、语言用词等在大众群体中不具有普适性,难以让非青少年群体广泛接受。二是电竞文化的大众教育不足。当前,上海市电竞产业在内的数字文化产业人才缺失,其中既涉及数字化转型所需的高层次管理及技术人才,也包括文化创意新经济、新业态的草根人才。电竞产业除了需要顶级水平玩家,高素质强能力的关联产业管理者、电竞直播服务提供者、电竞文化宣传者等岗位存在明显空缺。基于此,数字化转型下上海如何通过大众化教育,培引电竞产业等文化产业所需的各类人才迫在眉睫。三是电竞文化的大众化制度建设不足。关于提升电竞产业转型的公共服务性和公平性的制度建设有待深化,政策、企业、社会层面缺乏帮扶"数字弱势群体"的具体措施,如何在电竞产业自身发展和融合发展中实现"数字包容"、破除"数字鸿沟"亟需讨论和解决,进而满足更多市民群众多样化、品质化生活需求,切实推动文化发展成果由人民共享的产业数字化转型理念。四是电竞文化的大众化创新不足。电竞产业创新水平较落后,电竞创意模仿成本低廉导致高质量创新不足,缺乏适合全社会层面的电竞游戏,"创意园"模式过于商业化且园区企业间缺乏合作互动，电竞产业在内的数字文化产业政、产、学、研一体化网络体系有待完善。

（三）电竞产业治理的文化堕距困境

美国社会学家奥格本在 1923 年提出"文化堕距"概念，用来描述和解释社会变迁过程中文化集丛的一部分因落后于其他部分，进而呈现呆滞的现象。当前，在高速发展、极度繁荣的电竞产业物质文化背后，其制度文化和精神文化发展却分别处于相对落后和严重滞后的状态，产生了鲜明的"文化堕距"问题①。首先，电竞文化软实力发展速度落后科创技术进步速度。数字经济背景下，AI、8K、VR/AR、5G、Web3.0 等高新科创技术联翩而至，大数据、区块链、元宇宙等数字化方法与理念接踵而来，相当规模的电竞企业加速融合电竞与各项数字技术并逐渐覆盖和延伸电竞应用场景，但当前大量产业融合和场景融合仅体现为网络游戏与科学技术的简单拼接，缺少电竞文化的高质量植入和高品位创新，以致电竞数字文化空间挖潜不足、电竞 IP 营销影响范围较小等。其次，相比于商业模式成熟、文化底蕴厚重的传统体育产业，电竞产业起步晚且电竞游戏产品生命周期短，绝大多数电竞关联企业仅追求眼前利益，寻求用数字技术"赚快钱"，恶性竞争、自我纵容乱象频发。再次，社会层面对电竞产业的排斥情绪和"污名化"定位很大程度上缘起于对电竞产业认识不足和负面媒体报道冲击，究其原因是电竞产业领域媒体话语权对抗失衡。一方面虽然当前虎牙、斗鱼、Bilibili 等电竞媒体运营模式日趋成熟，但对电竞产业的宣传通常停留于游戏和赛制层面，在文化层面的报道往往力不从心；另一方面，鉴于当前电竞主要受众的经济能力和年龄层次，缺乏充分的发声渠道。最后，电竞游戏的种类不足，例如 MOBA 类和 FPS 类游戏主题难以满足中老年人的游戏需求和娱乐品位，进而形成了数字化转型中文化娱乐产业的代际割裂和代际冲突。

---

① 李大伟,鞠增平.我国电竞产业发展中的"文化堕距"问题探讨[J].中州大学学报,2019,36（04）：33-39.

（四）电竞产业治理的文化风险困境

电竞产业数字化风险防范难度高，伦理规范、研发成本、信息茧房、侵权行为和网络版权监管等问题频繁涌现，当前政策和法律对电竞等文化产业产权保护和文化产业数字化风险防范仍显不足，其中电竞直转播业务中的文化风险尤为突出。直播、转播、录播及短视频等媒介对电竞产业的发展具有关键推动作用，同时也是电竞产业营收的重要渠道。2018年数据显示，国内电竞产业融资中直播行业占比67%，媒体直转播在电竞各渠道收入中增长速度最快，从2016年到2021年的年复合增长率将达49.8%[①]，成为全球电竞产业的第二大营收来源。市场驱动下的电竞直转播为城市发展带来红利的同时，也产生了大量侵权、散播不良信息、恶意垄断等不利于行业健康发展的负面事件。具体来看，主要存在两方面问题：第一，当前上海市有关电竞直转播与相关网络视频管理体系尚不完善。2020年8月，上海市分别发布了《电子竞技直转播平台管理规范》与《电子竞技直转播技术管理规范》，这两份规范分别对电竞直转播过程中的信息发布审核、播出、播出平台以及技术管理要求提供了依据，对电竞等网络游戏直转播中的版权保护问题讨论存在缺失；第二，电竞直转播缺乏充分的内容审核和监管。尽管已有文件对主播行为规范提出了要求，但电竞直转播中主播传递低俗、谩骂、色情、攀比、歧视等负能量信息的现象仍有存在，除依托网管监督和民众举报等常规互联网治理手段，缺乏稳定强效的审核和监管机制。

四、数字化转型下上海文化产业
治理建议：以电竞产业为例

（一）立足人民城市建设，服务人民美好生活

2010年上海世博会"城市，让生活更美好"的口号开启了新时代、新愿景、

---

① 数据来源：《2018年电子竞技产业报告》、Newzoo统计数据。

新篇章,将提升城市能级的愿景同人民的美好生活追求紧密相连,让城市发展真正惠及人民。习总书记在考察上海时提出"人民城市人民建,人民城市为人民"。上海挺立在中国城市化高速发展的壮阔潮头,始终引领中国城市建设的风气之先,"人民城市"建设是上海在新时代继续引领中国城市建设和发展的必然要求。其中,电竞产业在内的文化产业建设是新时代人民城市的核心功能和关键环节,是满足市民群众多样化、品质化生活需求、推动文化发展成果由人民共享的民生工程。应在保持经济社会稳步发展的基础上,做好文化产业发展和城市数字化转型的高效交融,不断提升上海这座国际大都市的产业硬实力和文化软实力,高质量提升城市能级和核心竞争力。因此,数字化转型下的电竞产业治理应坚持以人民为中心,聚焦人民群众的需求,无论是文化产业数字化发展,还是数字化发展,均能为人民创造宜业、宜居、宜乐、宜游的良好环境起到关键作用,以电竞产业治理为抓手,创造让人民有更多获得感,为人民创造更加幸福的美好生活,显然是立足新发展阶段、推动高质量发展的时代选择。

(二) 优化电竞产业体制,纾解管理分权冲突

当前我国电竞产业的管理体制面临"外部不顺、内部混乱"[1]的双重桎梏。外部管理体制中,监督、管理、立法、执法等环节的参与组织(如各级政府部门、各类行业协会等)不一致且各自政策多倾向本部门管辖领域,致使权责划分不清晰、部门间沟通不畅通,进而引起电竞产业繁荣发展背后的配套管理政策出台慢、力度小、强制性低;内部管理体制中,电竞俱乐部、直转播平台、主播工会、职业选手、培训机构、赛事组织机构等参与主体在过去十年因行业规制不完善、不统一而出现缺乏自我约束的普遍现象。因此,现行的电竞产业体制架构难以兼容科创驱动下的数字文化产业新业态,亟需优化电竞产业管理体制,通过并归文化管理职能,统一电竞产业市场管理权,将容易造成部

---

① 李大伟,鞠增平.我国电竞产业发展中的"文化堕距"问题探讨[J].中州大学学报,2019,36 (04):33-39.

门冲突、推诿、拔河的"同权分割"体制向"异权分割"体制转变,即从以专业分类与行业分工为基础的"小文化部制"向以党政分工、管办分离、企事分开为基础的"大文化部制"的转变。具体来说,建议由全国性指定部门对赛事运营、业内竞争、职业选手培育、平台运营、主播监管等方面进行统一化规定和管理,并"自上而下"引导电竞产业各参与主体建立各行、各类、各级标准和软硬规制旨在从制度建设的底层逻辑上提升电竞等新业态文化产业的治理绩效,为文化软实力建设保驾护航。

(三)丰富电竞文化内涵,形成向善文化自觉

基于内容缺乏文化支撑、内容和设计存在文化歪曲现象、文化要素挖掘与传播不足等电竞文化内涵困境,本文提出如下建议:第一,培养电竞产业参与主体的向善文化自觉。电竞产业具有文化性、竞技性、虚拟性、大众性等基本特征,同时涵盖综合知识和符号知识的知识类型需求,可以依托数字化传播媒介实现教化功能。电竞企业应逐渐形成向善的文化自觉,将积极健康的价值观内化到电竞游戏中,影响产业受众的情感结构和文化结构,使青少年为主的玩家和爱好者在潜移默化中接受文化熏陶。第二,激发电竞产业创新活力,除了需要技术创新,也需要内容创新,避免千篇一律、粗制滥造的电竞游戏内容、场景设计、竞技规则,为上海市文化产业高质量发展注入新动能。技术创新需要科创人才,内容创新需要文化创意人才,需以人的创造力为核心,加强两类人才培育,例如通过大师工作室建设、社会培训机构开展文化创意类培训、文教结合等方式,支持文化创意人才队伍建设,加快培养产业发展紧缺的专业性实践型人才和管理类复合型人才,共同促进电竞文化内涵建设。第三,挖掘并拓展电竞文化中的中国元素。习近平强调,提高国家文化软实力,"要努力传播当代中国价值观念","要努力展示中华文化独特魅力"[①]。电竞文化产业是体育文化、娱乐文化与数字科技跨领域融合的时代产

---

① 习近平总书记在中共中央政治局第十二次集体学习时的重要讲话"建设社会主义文化强国,着力提高国家文化软实力"。

物。发展电竞文化产业需要"科技＋"、"文化＋"、"体育＋"三者相向而行、同频震动和协同创新,它不仅需要现代数字科技手段在市场拓展、受众对接等方面进行多维发力,更需要对中国优秀传统文化加以挖掘、提炼、阐释和创新。从全球尺度上看,应将电竞打造成更具时代特点和全球影响力的数字文化产品。与历史上曾经的文化产业形态不同,加入数字信息元素的文化产业可以展现出更为强大的跨国亲和力和感召力,使文化内涵、道德准则、价值追求等无形的文化软实力以"润物细无声"的方式融入全球文化市场,融入开放包容、共同繁荣的人类命运共同体。从城市尺度上看,通过文化产业数字化转型,能让上海市乃至长三角地区的红色文化、海派文化、江南文化焕发创新活力,进而更好传承传统文化精髓、吸收世界文化精华、展现都市文化精彩。

(四)打造产业时代特点,扩大文化全球影响

习近平总书记指出,提高国家文化软实力,要努力传播当代中国价值观念。文化既是国家和城市软实力的核心体现,也是其拓展价值辐射、扩大地区影响、延伸战略纵深的关键倚仗,新发展格局下中国企业不仅要将物质文化"走出去",还要让博大精深的中华文化和中国精神"走出去"。电竞文化的"走出去"涵盖两方面,一是如何将融入中国文化与城市文化的电竞产品被世界认识,二是如何让世界接受和认可中国文化。前者需要我国电竞企业坚持创新在现代化建设全局中的核心地位,在电竞产业发展中把握新一轮科技革命和产业变革趋势,除了要在电竞产业关键核心技术突破上下更大功夫,抓"风口"、抓"自主"、抓"绿色",抢占全球电竞产业链、电竞创新链、电竞价值链的制高点,也需要在科技转化和融合上寻找电竞产业高质量发展路径,打破产业、区域、部门、主体之间的创新合作障碍,基于政策博弈、相互配合、有序分工和协作管理,在全球区域间达成数字文化产业的合作协议、协作联盟、协同机制,高质量推进产业联动,跨界融合形成合力,形成多方、多尺度共赢的电竞产业发展路径。后者需要中国电竞企业克服政治制度、意识形态、文化习俗、审美习惯差异引发的"水土不服"。中国电竞企业应坚持自身核心价值观念和逻辑框架,同时合理结合他国民众习惯的故事叙述与表达方式,正确

融合中国文化理念和国外电竞范式，构建和营造共情式叙事的游戏模式，让电竞这个数字文化 IP 对"中国价值"内核实现准确表达和演绎。在欧美发达国家文化产品市场需求日趋饱和且格局固化的今天，打造并出口具有中国特色和时代特点的电竞产品正当其时。

（五）提高产业文化包容，扩大电竞市场受众

如今电竞产业面临的"数字鸿沟"依然巨大，主要缘起于"数字弱势群体"的知识断层和长期积累形成的电竞固有偏见。解决该类问题，可从以下方面着手：第一，扩大游戏类型，吸引电竞受众。电竞在现有主流受众中已经产生"消费身份认同"和"熟人网络"，但受众过于集中，建议从故事题材、游戏场景、竞技方式、对战规则、语言风格等方面着手，研发、设计、出品适合更多受众类型的电竞游戏和电竞传播平台，让电竞成为更多受众的娱乐模式和社交方式。例如，面向中老年群体的电竞游戏，可适当简化竞技规则，降低操作难度；构建单局竞技时长更短的 MOBA 类游戏，吸引白领人群利用碎片化时间进行对战和娱乐等。第二，"互联网＋"的持续推进和数字化转型的深化很大程度上颠覆了传统文化传播渠道，电视广播和报刊杂志在内的传统公众媒介逐渐被数字化终端替代，尤其是移动互联网终端已经成了社会公众接收媒体宣传的主要方式。面对电竞产业治理的文化包容困境，建议基于政府政策推动和媒体自身观念转变，积极调动公众媒介依托社会影响力和话语权优势，从更加客观和全面的视角报道电竞产业，减少固有印象和惯性偏见对宣传内容的影响，通过向公众展现电竞产业的真实全貌，弥合电竞受众中的断层，进而提升电竞在内的各项新兴文化产业发展，增强城市乃至国家的文化软实力。第三，延伸电竞应用场景。电竞企业应加速融合电竞与包含 5G、AI、8K、VR/AR、大数据在内的各项数字技术逐渐覆盖和扩展电竞应用场景，一部分企业已开始尝试构建三维的赛事场景、设置虚拟演播厅、为选手提供 AI 训练师、打沉浸式体验设备等，旨在优化电竞体验、做强电竞品牌、扩充电竞人口、促进电竞发展，吸引更多潜在受众，进而驱动电竞产业数字化转型向更深层次迈进。

（六）提升直播转播规制，降低文化传播风险

一是加快上海市电竞直转播知识产权立法进程。上海市作为"中国电竞之都"，正在加快建设"全球电竞之都"，在电竞产业相关法律建设方面应当走在前列，建设完善的法律法规，为电竞产业发展提供明确的规制依据。一方面，上海市相关立法部门要重视游戏画面、直转播游戏画面版权保护，完善《著作权法》，将电竞直播、转播及录播画面纳入"视听作品"的保护范围内；另一方面，立法部门与监管部门要积极回应电竞直转播与视频的版权纠纷，并为行业发展提供更为明确的指导。同时，在立法时应当平衡游戏厂商、直播与视频平台、主播三方面利益，要避免行业垄断以及其他扰乱电竞直转播行业有序竞争现象的出现。二是促进游戏直转播行业协会的建设。建议加快地方性乃至全国性游戏直转播行业协会的建设工作，并逐步引导游戏厂商、直播平台、主播等各类电竞直转播行业参与主体加入，接受其监督监管，促进行业自律。此外，通过协会常态化举办各种培训班和研讨交流活动，使各类参与主体深刻认识到自觉守法对其长期发展的重要性、必要性，使其牢固树立规范经营、诚信经营的思想，有效促进行业自律和维权意识。三是增强电竞直转播行业的文化内涵和价值引领。目前，上海市发布的《电子竞技直转播平台管理规范》针对主播的行为提供负面清单，但当前电竞直转播仍然存在文化内涵匮乏、价值引领错误等现象。建议加强对主播的文化培训和普法教育工作，强调电竞直转播内容对于体育精神以及其他优秀文化内涵的传播效用。

五、结　　语

在疫情冲击的当下，全球经济环境面临百年大变局，文化产业逐渐走向"互联网化""IP化"等数字化变革，企业对电竞等数字文化创意产业板块的关注激增，争先进行布局和发展，电竞产业正在成为上海经济的重要增长点。作为我国最大的经济中心城市，异于省域经济和一般性城市经济，上海通过

电竞产业的数字产业化和产业数字化转型，着力发展体现策源功能的新兴数字经济，通过电竞产业的跨产业融合提升传统实体经济中的数字创新含量，依托数字创新整合更多价值链资源，同时推动上海文化乃至中国文化的国内渗透和全球传播。2020年，上海分别揽获全国中小企业发展环境评估综合排名榜首和"世界智慧城市大奖"桂冠，为中小微企业为主的电竞产业塑造国内领先的营商环境，也为产业数字化转型提供强力引擎。同时，电竞产业呈现技术更迭快、生产数字化、传播网络化、消费个性化等特点，吻合上海"五型经济"发展契机，是有效强化"四大功能"的支撑点，也是提升城市能级和核心竞争力的重要着力点。通过扩大文化领域开放与合作、增强文化要素资源集聚配置功能等方式，上海正在逐渐成为新发展格局中的先行者和"双循环"战略中的中心节点。通过加快建设全球电竞之都、网络文化产业高地、创意设计产业高地，上海电竞产业正成为提升城市文化软实力的重要支撑。

文创产业区块链技术创新扩散规律与全球城市网络

——基于 2015~2019 年国际并购数据的实证

臧志彭　王兆怡①

摘　要　区块链技术在文创产业的创新扩散不断推动其转型升级，并形成全球扩散的城市网络。本文采用国际权威并购数据研究发现，基于并购融合方式的区块链技术创新在全球文创产业扩散始于2015年，2018年是区块链技术在全球文创产业传播采纳由沉淀积累转向爆发增长的关键节点。从创新扩散的全球城市网络来看，北京在全球文创产业应用区块链技术创新方面展现出明显的"创新先驱者"特征，进而向长江沿线和粤港澳大湾区主要城市扩散的趋势，并通过湾区经济与长江轴线共同构成辐射全国的创新连绵带；美国的区块链创新扩散多集中于旧金山湾区核心城市圈；日本总体呈现出由区域政治经济中心城市向关西经济发达地区扩散的趋势。建议中国城市形成创新扩散社会共识、激发多元主体协同创新效应，增强城市内部互联的紧密度和交互效应，建构可持续的核心竞争能力。

关键词　区块链　文创产业　创新扩散　全球城市网络

---

①　臧志彭，华东政法大学传播学院教授、博导，数字传媒与文化产业研究中心主任。王兆怡，英国伦敦大学国王学院数字文化与社会学硕士。国家社科基金一般项目"区块链对数字出版产业全球价值链重构机理与中国战略选择研究"（批准号：20BXW048）。

一、引　言

区块链是一种去中心化的分布式数据库，其拥有不可篡改、可追溯、安全可信的特点。作为一种新技术，其在文创产业中的应用仍然处在探索期。区块链通过加密技术、透明机制、时间戳、智能合约等一系列创新技术，重塑文创产业的内容生态[①]，帮助创作者实现核心创意的保护与增值[②]，鼓励大众参与文化内容生产，提升内容深度与广度[③]；并通过通证（TOKEN）化，更好地实现技术为文化赋能，实现文化内容的跨区域传播与发展，提升文化话语权[④]。解学芳从区块链的外在牵引与文创产业的内在需求相协同的角度出发，论述了区块链在文创产业中的具体应用逻辑[⑤]；臧志彭等研究认为区块链技术与数字文化产业具有天然的适配性，能够创新性建构数字文化内容生产、版权保护、分发传播与收益分配模式[⑥]；陈晓菌等则从区块链对文创产业价值链重构的视角切入，指出技术创新颠覆了文创产业的发展模式[⑦]；而熊卿等运用DEA效率评价方法研究发现，区块链技术对文化产业纯技术效率和盈利水平的显著影响效应[⑧]。目前技术创新应用于文创产业的相关研究表明，差异化

---

① Xin L, Zhang B. Application of Blockchain News Production Based on Digital Encryption Technology[C]. //2020 International Conference on Computer Engineering and Application (ICCEA),2020：853-856.

② Shrestha B, Halgamuge M N, Treiblmaier H. Using Blockchain for Online Multimedia Management：Characteristics of Existing Platforms［M］.//Treiblmaier H., Clohessy T. (eds.), Blockchain and Distributed Ledger Technology Use Cases. Springer, Cham：Progress in IS, 2020：289-303.

③ Guidi B, Clemente V, García T, Ricci L. A Rewarding Model for the next generation Social Media［C］.//Proceedings of the 6th EAI International Conference on Smart Objects and Technologies for Social Good. 2020：169-174.

④ 韩晗.论"后全球化"时代下区块链技术对未来文创产业的影响[J].出版广角,2020(06)：22-25.

⑤ 解学芳.区块链与数字文创产业变革的内外部向度[J].人民论坛,2020(03)：132-135.

⑥ 臧志彭,胡译文.基于区块链的数字文化产业价值链创新建构[J].出版广角,2021(03)：26-30.

⑦ 陈晓菌,解学芳.颠覆式创新：区块链技术对文化创意产业的影响[J].科技管理研究,2019,39(07)：133-139.

⑧ 熊卿,刘斌.区块链的应用对文创产业投资效率的影响及对策——基于区块链概念上市公司DEA分析[J].企业经济,2020(05)：38-45.

的产品内容和传播渠道,为移动新媒介的扩散提供便利①。虽然区块链已经被应用于确保数据真实性②,但从创新扩散的角度而言,区块链应用的合规、落地应用与内容质量的泡沫化风险,都限制了媒体生态的良性发展③。

概言之,现有研究关于区块链技术在文创产业创新应用扩散方面进行了初步的探索,取得了基础性研究成果,然而目前的研究视野主要局限于区块链在文创及相关产业中的具体应用场景与利弊分析,缺乏从创新扩散视角探究区块链技术在文创产业中的应用状况及其演化规律等问题。由于区块链技术对于文创产业的创新扩散是在全球范围内展开的,所以需要立足全球视角探究其在世界范围内的文创产业应用的创新扩散特征。因此,为了深入反映区块链技术创新在全球文创产业中的扩散特征与趋势,本研究基于全球并购权威数据库 Zephyr 提取文创产业与区块链之间的兼并收购数据进行量化分析,展现区块链应用于文创产业的全球发展演化过程,分析不同城市在文创产业与区块链技术结合上的全球扩散特征,以期对区块链技术在中国文创产业创新发展和高质量应用提供参考和支撑。

二、区块链技术创新在文创产业扩散的内在机理

创新扩散是新观点、方法或物体,通过沟通渠道在社会中传播,而为大部分人所接受的过程。从罗杰斯的观点来看,创新扩散包括创新、沟通渠道、时间和社会体系四大基本要素。其中,沟通渠道在罗杰斯看来主要是指"信息从一个人到另一个人的传递方式"④,而实际上,创新扩散的沟通方式并不仅

---

① 邓建国,张琦.移动短视频的创新、扩散与挑战[J].新闻与写作,2018(05):10-15.
② Chen Q,Srivastava G,Parizi R M,Aloqaily M. Ismaeel Al Ridhawi. An incentive-aware blockchain-based solution for internet of fake media things[J]. Information Processing and Management,2020.102370.
③ 张淑玲.基于破坏性创新的区块链媒体扩散瓶颈与衍化路径分析[J].中国出版,2018(21):41-45.
④ [美]埃弗雷特·罗杰斯.创新的扩散[M].唐兴通、郑常青、张延臣译.北京:电子工业出版社,2016:13-38.

仅局限于个体间信息传播通道的狭义内涵，还包括组织层面的沟通。这种沟通既包含信息传播，也包含投资与并购、高阶管理人员的进入以及技术专家的介入等多种"管理沟通渠道"。与此同时，在罗杰斯创新扩散的理论框架中，时间要素最能直观地反映创新被采纳的先后顺序，即通过具有正态分布特征的采用率 S 形曲线以及相应的创新采用者分类。S 曲线由三大阶段组成，即起飞前、中、后。在第一阶段中，因为采纳者较少，S 形曲线缓慢上升，而创新先驱则具有较高的冒险精神，能够接受创新方案的失败，并且有足够的财产来弥补损失。此后随着采用者不断增加，早期采用者和早期大众介入创新进程，前者是社会体系中最能把握舆论导向的群体，他们可以为潜在采用者提供有效的创新建议，以加快创新的扩散进程，而后者则是在经过深思熟虑之后采纳创新；因此在这一阶段中，当采纳比处于 10% 到 25% 之间，S 曲线急速增长，呈现出"起飞"的态势。而在临界点之后，S 曲线的增速明显放缓，新增采纳者人数不断减少[1]，这时就进入了第三阶段，在这一阶段中，后期大众与落后者，时常落后于其他社会成员。（见图 1）结合 S 曲线，可以按照创

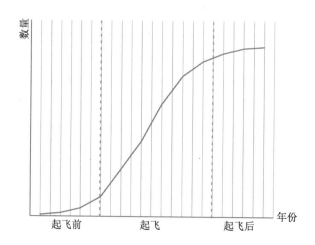

图 1　创新扩散过程[2]

---

① ［美］埃弗雷特·罗杰斯.创新的扩散［M］.唐兴通、郑常青、张延臣译.北京：电子工业出版社，2016：288.

② 作者在罗杰斯《创新的扩散》（2016）S 曲线基础上研究设计。

新采用的先后,将采用者分为创新先驱、早期采用者、早期大众、后期大众、落后者五类,并依次归入不同的阶段中。同时,罗杰斯也指出 S 形曲线也适用于组织的创新过程,他认为当企业作为组织进行决策时,往往会因为内部权力结构、外部社会政治等因素而接受或抗拒创新①。

城市作为一种由人与人之间的联系交往编织而成的社会组织,在人员的跨城市区域流动中,创新得以从一个城市向其他城市扩散②,而城市基于自身社会体系的特点,例如社会结构、体系规则等要素,逐渐开始采纳创新。这也就意味着城市作为人际交往的空间成为了创新扩散的场域,使得创新扩散的价值在城市发展中得以体现③。因此,创新在企业、城市等组织中的应用也适用创新扩散理论,可以按照创新采纳者将其进行归类;同时,通过观察文创产业与区块链的融合扩散过程,可以反映不同城市在文创产业创新中所处的位置,存在的特点与差异,并以此为文创产业创新提供参考路径。

其一,区块链技术成为文创产业"新范式"的驱动力。围绕区块链与文创产业的融合动因,从宏观上看,信息技术的发展,使得内容的表达方式、传播渠道等方面发生了巨大变化,这些因素使文创产业不可避免地需要"新范式"来适应发展④;而数字经济的发展,则要求创新政策组合以实现数字文创产业转型⑤。从微观上看,独占性收益是企业创新的内在动力⑥,而企业内部要素驱动也是数字创意产业跨界融合的动因⑦。区块链作为一种去中心化的新技

---

① [美]埃弗雷特·罗杰斯.创新的扩散[M].唐兴通、郑常青、张延臣译.北京:电子工业出版社, 2016:291.

② 蔡霞,宋哲,耿修林,史敏.社会网络环境下的创新扩散研究述评与展望[J].科学学与科学技术管理,2017,38(04):73-84.

③ Cunha IVD, Selada C. Creative Urban Regeneration: the Case of Innovation Hubs[J]. International Journal of Innovation and Regional Development, 2009, 1(4):371-386.

④ Potts J. Why Creative Industries Matter to Economic Evolution[J]. Economics of Innovation and New Technology, 2009, 18(7):663-673.

⑤ 周莹.数字经济下产业创新的系统化转型及其政策组合原则[J].管理现代化,2020,40(04): 40-42.

⑥ 黄国群,熊蕊.创新获利理论新进展及其在文化创意产业的适用性研究[J].上海交通大学学报(哲学社会科学版),2020,28(04):85-94.

⑦ 何卫华,熊正德.数字创意产业的跨界融合:内外动因与作用机制[J].湖南社会科学,2019 (06):95-102.

术，在某种程度上颠覆了文创产业的传统生产方式，但任何技术在企业中的应用并不是一蹴而就的过程。同时，企业作为一种社会组织，基于自己所处的社会环境、国家政策，对区块链文创企业的投资并购，实质上就是国家与地区政治经济影响下，接受区块链技术并认可它对文创产业的价值后做出的决策行为。因而，在不同外在宏观因素与企业要素的影响下，以并购为表现的新技术应用扩散可能呈现出时间上的先后差异，体现在不同阶段文创企业参与区块链技术并购的数量与金额之中。

其二，基于区块链技术的采纳创新是文创产业转型升级的重要基础。在全球化竞争的背景下，以经济为推动力的全球意识形态流动，将文创产业的意义提升到了一个前所未有的高度。不同国家都希望通过应用新技术，提升文创产业附加值，抢占"微笑曲线"的高端位置，提升国际软实力①。新技术的应用不仅能够打通行业壁垒，整合有限资源，更能够重塑内容生产逻辑，优化价值创造过程，引导新一轮的文创产业价值链调整，而并购是快速介入某一新领域的快捷路径，可以在较短时间内实现知识增量，提升产业整体实力。因此，各国文创产业以并购获取区块链等新技术，是文创产业快速采用区块链技术创新的上佳战略路径，也是文创产业高效实现创新迭代的重要策略。而各国文创产业采用区块链技术创新的先后，实际上反映了区块链技术在全球范围内的创新扩散过程，也在很大程度上反映了国家文创产业的竞争能力。

其三，基于区块链的文创产业创新本质上是一种知识的更新。这也就意味着，当这种知识在一些技术发达城市基于专家的知识供给而首先应用时，这些地区的文创产业将率先实现产业改造升级②，而知识的非排他性将经由城市间的组织网络实现传播，从而产生"知识溢出"效应，使得更多的城市在创新先驱的主导下发展区块链文创产业，实现价值链的知识增值③。特别是以企业并购为表现的区块链扩散路径，其实就是文创产业创新在全球竞争中

---

① 谈国新，郝挺雷.科技创新视角下我国文创产业向全球价值链高端跃升的路径[J].华中师范大学学报（人文社会科学版），2015，54（02）：54-61.

② Couture V. Knowledge Spillovers in Cities：an Auction Approach[J]. Journal of Economic Theory，2015，157：668-698.

③ 李义杰.文化创意产业集聚的传播学机制和动因[J].当代传播，2011（02）：80-82.

传播的过程,而创新扩散中的知识溢出效应与文创产业价值链更新需求之间的契合,共同推动了全球文创产业中的区块链并购进程,实现融合与扩散。因此,区块链在文创产业中的应用是文创产业转型升级的必然结果。

三、区块链技术创新在文创产业扩散的演化曲线

为了科学研究区块链技术创新在文创产业传播的总体扩散曲线,本研究基于 Zephyr 国际并购数据库中的并购企业所属行业特征筛选出文创产业并购数据库;然后从并购目标企业业务描述[Target business description(s)]与收购企业的业务描述[Acquiror business description(s)]中抽取出含有"区块链(Block chain)"的并购数据进行筛选,得到初步的文创产业与区块链技术相互并购的数据汇总库;最后,全面对所采集到的数据库进行逐项检查核实,剔除不符合研究范畴的数据记录,由此形成区块链技术在全球文创产业扩散应用的样本数据库。研究发现,区块链技术是 2015 年开始进入并购数据库,同时考虑到 2020 年新冠疫情使得全球并购活动受到极大影响,因此,为了保持样本的稳健性,本研究确定研究样本数据库的时间期限为 2015～2019 年。然后,进一步运用 SPSS 数据分析软件进行统计分析,深入挖掘区块链技术创新在文创产业领域的扩散规律。

(一)区块链技术在文创产业中应用扩散的总体发展状况

区块链技术为文创产业的发展提供了新动力,驱动企业为获取创新红利而先后涌入新领域之中。从区块链技术在文创产业的应用情况来看,与罗杰斯创新扩散理论中的 S 形创新扩散范式比较吻合,整体展现出创新扩散的基本规律特征。结合数量、年平均交易额两个指标,可以按照扩散速度将 2015～2019 年间区块链技术创新在文创产业中的应用扩散过程分为两大阶段:2015～2017 年,属于起飞前阶段,参与者少、投资谨慎;而 2018～2019 年,进入起飞阶段,企业参与度明显大幅提升。(见图 2)

首先,起飞前阶段:创新扩散的参与者少,整体影响力有限。2015～

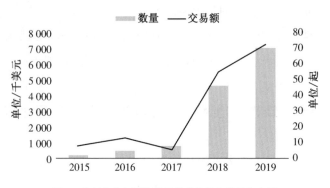

图2 文创产业与区块链间并购的总体数量与金额

2017年正处于S曲线的前端。参与者数量虽然从2个发展为8个，实现三年间翻两番的快速发展。但由于参与者基数小，虽然速度提升较快，影响范围依旧较为有限。同时，从年平均交易金额来看，2016年是前三年文创产业并购交易的一个小高峰，比2015年增长了约60%，但2017年，交易金额却下降了近58.3%，整体显示出明显的波动曲线。在创新最初被引入文创产业的三年间，从数量和平均交易金额上看，创新并没有被广泛接受，区块链在文创产业中的影响力较为有限，仅有极个别的企业率先应用创新于文创产业之中。

其次，进入起飞阶段：参与者明显增加，影响力扩大。2018年是文创产业由沉淀积累转向爆发的关键节点。在这期间，文创企业与区块链技术企业间的并购数量实现了约5.75倍的增长，使文创产业采用区块链创新的数量达到了46起。创新在文创产业中的扩散速度大大提升；而2018年的平均交易金额是2017年的10倍左右，文创产业区块链创新应用的热度开始猛增。从文化产业创新并购的数量与金额增长来看，2018年已经正式进入了S曲线的起飞阶段，参与者开始大量投资区块链文化企业，早期采用者们纷纷通过并购获取区块链创新在扩散初期的发展红利。

再次，持续起飞状态：增长趋势略有降低，但仍有上升空间。自2018年进入起飞阶段后，2019年创新依旧以较快的速度扩散着。虽然2019年的增长速度（52.5%）较2018年略有下降，但是平均金额由2018年的546.85万美元增长约31.74%，达到719.11万美元，影响范围不断扩大。尽管2019年的增势较 2018 年略有下降,但区块链在文创产业中的扩散进程依旧显示出了不可阻挡的发展势头。尤其是当区块链技术不断成熟,与区块链有关的研究不断增加,区块链在文创产业中的应用与融合将会成为未来的主流,也因此对于区块链的创新扩散进程,仍有较为可期的上升空间。

(二)区块链技术在各国文创产业中的采用状况

区块链技术作为新生产工具,已经逐渐被更多的企业应用在价值生产的过程之中,为各国文创产业的转型升级,创造新的价值和竞争优势。在此前提下,由于企业具有区域属性,一个国家中发起并购的企业数量与跨国并购中被并购企业的国家属性,是判断新技术背景下国家竞争力的主要指标。

目前,中美在新技术应用的过程中处于领先地位,文创产业与新技术融合的进展较其他国家更快。但随着技术的不断扩散,更多国家地区加入价值链竞争之中。在起飞前的 3 年间,除中美两国外,较少有其他国家的企业主动发起并购。一方面这意味着,中美企业为获取价值红利,设定了以发起并购为技术应用的核心策略之一;另一方面意味着,中美在国家层面对实现技术领先、产业发展的强烈需求。而在起飞后的 2018~2019 年间,中国企业更是在发起并购的数量上,拉大了与美国企业之间的差距。虽然美国企业发起并购的数量落后中国企业近 5 倍,但依旧比新加入者,例如日本、韩国、澳大利亚等亚欧地区有更多的技术应用需求。(见表 1)

表 1 并购企业所属国数量变化

区域	国家	2015	2016	2017	2018	2019
亚洲	中国	2	1	—	29	11
	新加坡	—	1		3	
	日本	—	—	—	2	1
	韩国	—	—	—	—	2
	阿联酋				1	—

续表

区域	国家	2015	2016	2017	2018	2019
美洲	美国	—	1	2	2	6
	开曼群岛	1	—	—	—	—
大洋洲	澳大利亚	—	—	1	1	—
欧洲	西班牙	—	—	—	1	—
	瑞典	—	—	—	—	1
	英国	—	—	—	—	1

对文化产业转型需求越高的国家，企业主动发起并购，获取并应用新技术的可能性越大。如果一个地区的企业更容易被其他地区的企业并购，则意味着该地区对区块链技术的研发与应用能力较强。在 5 年间，现有 10 个发起并购的国家中（除开曼群岛外），中美是主要的被并购企业所在地，可见中美两国在新技术方面的领先地位。与此同时，发起跨国并购的国家总体呈现出以亚洲地区、英语地区国家间并购的趋势。中国、新加坡、韩国之间基于相似的历史文化背景，为跨国并购的发生提供了较为通畅的沟通渠道，这也意味着在地理与文化背景上的接近性是异质化沟通的前提。（见表 2）

表 2　跨国并购（发起者—目标）

区域	2015	2016	2017	2018	2019
亚洲	开曼群岛—中国	韩国—新加坡 日本—美国	日本—美国	中国—新加坡	中国—英国 新加坡—中国
美洲	—	美国—中国	—	美国—中国 美国—澳大利亚	美国—中国 美国—中国台湾
大洋洲	—	—	—	澳大利亚—中国	澳大利亚—中国
欧洲	—	—	瑞典—美国	西班牙—美国	英国—美国

四、区块链技术创新在文创产业扩散的全球城市网络

前文研究发现,全球文创企业与区块链并购数量呈现出 S 形扩散趋势,表明科技与文化已经开始深度融合。罗杰斯的创新扩散理论指出,创新在企业中的扩散可以在一定程度上反映创新在不同城市节点之中的扩散过程。因此,区块链在文创产业中的应用过程也体现出了创新扩散的城市集聚表征。城市参与到区块链技术采纳应用的浪潮之中,发挥自身体系结构和社会结构中的优势,在技术的溢出效应影响下,逐渐形成以新技术应用为核心的全球城市网络。

(一)区块链技术创新在文创产业扩散的全球城市节点

基于并购融合方式的区块链技术创新在全球文创产业扩散从 2015 年起,在不同的城市之间开始扩散,直到 2018 年起飞前,创新扩散的速度较缓,整体处于 S 曲线前端。而当进入 2018 年,创新扩散的速度显著提升。2018 年主动发起并购的企业所在城市数约是 2017 年的 2.17 倍。同时,发起并购企业所在城市数量的平均增长率较被并购企业高约 27%。在 2019 年,发生并购的城市数量又增长了近 42.1%。累计有来自 27 座城市的企业主动发起并购,而被并购企业所在城市的数量较发起并购企业则减少了约 4.6%。(见图 3)

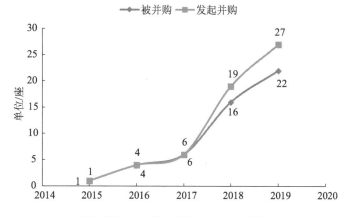

图 3　发起并购与被并购企业所在城市的数量变化曲线

因此,从被并购企业与发起并购企业所在城市的数量变化趋势中,可以发现文创产业创新扩散的城市数量,整体呈现出由缓慢上升到快速增长的过程,与文创产业创新在企业间扩散的整体特征相同。即在 S 形曲线起飞前,虽然进行文创产业创新的城市数量较少,增长缓慢,但正式进入起飞阶段后,参与并购企业所在城市的数量则呈现出了在地区先驱的引导下快速增长的态势。

(二)全球城市网络演化:文创产业区块链创新扩散表征

区块链技术创新的扩散就其本质而言是一种知识的更新,知识溢出效应使创新经由城市间的组织网络实现传播,推动不同城市的文创产业采用新技术以实现转型。在此过程中,网络中的核心城市将先于边缘城市接触到新技术,而与核心城市关联的紧密程度在一定程度上决定了不同地区应用技术的先后顺序。因此,城市网络的发达程度影响着技术创新采用演进过程,而新产业集群的形成依赖于特定的城市环境与网络化程度。

借鉴罗杰斯创新扩散理论中的创新采用者分类框架,本文将不同城市按照创新采纳的先后,划分为创新先驱、早期采用者、早期大众、后期大众、落后者五类。结合并购发生时间与并购数量,研究发现北京与旧金山均在 S 形曲线起飞前参与并购,且并购发生频率相对较多,是文创产业对区块链技术创新采用的城市先驱,作为网络中的核心城市引领区域文创产业发展;而深圳、新加坡、迪拜、伦敦和斯德哥尔摩则大多在起飞后加入,是文创产业对区块链技术创新的早期采用者。同时,思想交流便利、传播网络发达的特征,使这些区域核心城市能够引领区域文创产业在技术迭代过程中快速升级。(见表 3、表 4)

表 3　2015～2019 年被并购企业所在城市汇总　　　　　　　　(单位:%)

城市	频率	百分比	有效百分比
北京(Beijing)	21	30.0	40.4
旧金山(San Francisco)	5	7.1	9.6

城市	频率	百分比	有效百分比
深圳（Shenzhen）	3	4.3	5.8
上海（Shanghai）	2	2.9	3.8
台北市南港区（Nangang Dist.，Taipei City）	2	2.9	3.8
布鲁克林（Brooklyn）	1	1.4	1.9
文京区（Bunkyo-KU）	1	1.4	1.9
成都（Chengdu）	1	1.4	1.9
迪拜（Dubai）	1	1.4	1.9
海口（Haikou）	1	1.4	1.9
岸和田市（Kishiwadak）	1	1.4	1.9
伦敦（London）	1	1.4	1.9
洛杉矶（Los Angeles）	1	1.4	1.9
南京（Nanjing）	1	1.4	1.9
纽约（New York）	1	1.4	1.9
圣地亚哥（San Diego）	1	1.4	1.9
圣何塞（San Jose）	1	1.4	1.9
品川区（Shinagawa-KU）	1	1.4	1.9
新加坡（Singapore）	2	2.9	3.8
斯德哥尔摩（Stockholm）	1	1.4	1.9
悉尼（Sydney）	2	2.9	3.8
徐州（Xuzhou）	1	1.4	1.9
合计	52	74.3	100.0
系统缺失	18	25.7	

表 4　2015～2019 年发起并购企业所在城市汇总　　　　（单位：%）

城市	频率	百分比	有效百分比
北京(Beijing)	8	11.4	17.0
首尔(Seoul)	3	4.3	6.4
东京(Tokyo)	3	4.3	6.4
帕洛阿托(Palo Alto)	3	4.3	6.4
旧金山(San Francisco)	3	4.3	6.4
墨尔本(Melbourne)	3	4.3	6.4
杭州(Hangzhou)	2	2.9	4.3
新加坡(Singapore)	2	2.9	4.3
门洛帕克(Menlo Park)	2	2.9	4.3
布鲁玛(Bromma)	1	1.4	2.1
千代田区,东京都(Chiyoda,Tokyo)	1	1.4	2.1
中央区(Chuo-KU)	1	1.4	2.1
迪拜(Dubai)	1	1.4	2.1
佛山(Foshan)	1	1.4	2.1
开曼(Grand Cayman)	1	1.4	2.1
合肥(Hefei)	1	1.4	2.1
香港(Hong Kong)	1	1.4	2.1
九江(Jiujiang)	1	1.4	2.1
伦敦(London)	1	1.4	2.1
山景城(Mountain View)	1	1.4	2.1
宁波(Ningbo)	1	1.4	2.1

城市	频率	百分比	有效百分比
圣何塞(San Juan)	1	1.4	2.1
圣马特奥(San Mateo)	1	1.4	2.1
特内里费岛(Santa Cruz De Tenerife)	1	1.4	2.1
深圳(Shenzhen)	1	1.4	2.1
斯德哥尔摩(Stockholm)	1	1.4	2.1
核桃市(Walnut)	1	1.4	2.1
合计	47	67.1	100.0
系统缺失	23	32.9	

　　首先,北京、旧金山引领区域文创产业采用区块链技术创新,但旧金山资本活跃度与北京差距较大。一方面,北京在文创产业与区块链并购融合创新中遥遥领先。在发起并购的城市中,北京以 17%的占比超出其他城市位居世界第一。究其原因,一是北京作为中国的政治中心、经济中心和对外文化交流中心,企业能够第一时间获取全球文创产业的发展动态,区块链技术创新扩散所需要的沟通渠道和便捷的沟通方式在北京得天独厚;二是北京作为中国文创产业的创新策源地,依托丰厚的文化资源和完善的基础设施发挥强大的聚集效应实现知识更新[①]。一大批高校、科研院所和一流企业等创新主体都在北京扎根落户,他们的存在吸引了一大批来自全国乃至世界各地的优秀人才汇聚,带来了新一轮的思想碰撞,实现知识高速更迭与融会贯通。北京已经成为中国文创产业发展的风向标,引领全国城市文创产业对新兴技术创新的采纳进程。另一方面,旧金山也处于区块链技术全球采用先驱者地位,但资本活跃度方面与北京有较大差距。与旧金山有关的并购数量虽然不多,

---

① 郭金花,郭淑芬.文创产业融合创新能力评价指标体系构建与测评[J].统计与决策,2019,35(12): 62-65.

但早在创新扩散初期,旧金山的企业便已经开始并购进程。同时,长期以来经由大学、企业和政府等创新主体在非正式网络结构的催化下,在与多元环境互动中形成的创新生态都加速了企业的创新决策过程[①],使创新能够率先在这些城市得以孵化创生,并通过城市之间的信息网将创新知识传递给更多的城市节点。例如,圣何塞(San Jose)、帕洛阿托(Palo Alto)等旧金山湾区城市,都先后主导着文创产业的创新并购进程。综合考虑与区块链文创产业有关的并购数量和时间,北京与旧金山都体现出了相当程度的创新采纳引领者姿态。实际上这也与两个城市本身就是中国和美国乃至世界科技创新增长极地位密不可分——北京与旧金山通过科技创新强磁场不断集聚全国乃至全球的信息、技术、资金以及人才,建构了立体化全方位的新兴技术创新孵化、扩散传播与采纳应用的一体化机制,从而引领全球文创产业对区块链等新技术的采用。

其次,作为创新早期采用者的城市是引领国家内部发展的风向标。深圳、新加坡、迪拜、伦敦和斯德哥尔摩是文创产业的早期采用者,虽然在2015~2019年间,无论是从发起并购还是被并购的角度而言,他们参与的并购数量相对较少,但这些创新的早期采用者城市,都是各国的经济中心和开放发展中心,他们的一举一动都引导着全国的创新方向。深圳作为中国最早进行对外开放的城市,是我国及其他国家互动的窗口,通过这一区域网络,深圳得以将创新的信息,通过国内城市网络传递给更多的地区。而近几年在政策的支持下,深圳更是成为了众多高科技企业所在地,在经济与科技发展上有显著的优势。因此,这些城市基于自身的政治、经济与科技优势,为其在城市交流网中获取并传递信息发挥关键作用,他们作为地区文创产业创新的意见领袖,符合创新早期采用者的特点。

再次,创新领导者的共性助推文创产业区块链技术的创新扩散。文创产业创新在城市之间的扩散趋势,一方面符合 S 形曲线与创新采用者的对应规

---

① 胡曙虹,黄丽,杜德斌.全球科技创新中心建构的实践——基于三螺旋和创新生态系统视角的分析:以硅谷为例[J].上海经济研究,2016(03):21-28.

律,另一方面这些城市,包括创新先驱和创新早期采用者,都在体系规则与社会结构中显示出了相似性。一是就体系规则而言,这些地区经济发达,社会发展稳定,有一套无形之中的社会规则,但同时这些城市人口密度大,人口流动性强,为思想交流提供了便利,使得不同的思想文化与规则在同一个场域中碰撞后实现知识的更新发展,打破原本社会中陈旧的规则,消除无形之中的创新壁垒,实现创新扩散。二是从社会结构的角度来说,在这些城市中或周边地区分布着各类高校和科研单位,通过这些组织中人员的交往,构建了正式的人际关系网络;同时,在这些城市中往往有各类风投机构、专业服务机构与协会发挥非正式网络的辅助功能,使创新能够通过正式和非正式社会关系网络的互动实现创新传导,在非同质化成员中实现信息传递,从而推动创新的进一步扩散。综上所述,创新在全球文创产业中的应用显示出明显的扩散趋势。同时,北京和旧金山作为创新先驱以政治、科技实力加快创新扩散进程,发挥了国家内部创新产业集群的外溢效应,为创新的传播提供空间。

(三)创新扩散推动全球城市网络演化与文创产业集群形成

频繁的思想交流、发达的社会网络使核心城市率先采纳创新,并发挥自己对网络中其他城市的影响力,依托知识溢出效应,在技术扩散过程中构建以城市为单位的新型文创产业集群。就总体而言,中美以区块链应用为核心的城市新型文创产业集群已经初具雏形。(见表5)

表5　每年新增的参与并购企业所在城市演变过程

大洲	国家	2015	2016	2017	2018	2019
亚洲	中国	北京	台北	—	上海 南京 杭州 宁波 成都 九江 深圳 海口	徐州 合肥 佛山 香港

续表

大洲	国家	2015	2016	2017	2018	2019
亚洲	日本	—	千代田区	中央区	文京区 岸和田市 东京	品川区
	韩国	—	首尔	—	—	—
	新加坡	—	新加坡	—	—	=
	阿联酋	—			迪拜	
美洲	美国	—	旧金山	布鲁克林	帕洛阿托 圣马特奥 洛杉矶 圣地亚哥 圣胡安港	纽约 门洛帕克 山景城 圣何塞 核桃市
	开曼群岛	开曼	—	—	—	—
大洋洲	澳大利亚	—	—	悉尼	墨尔本	—
欧洲	瑞典	—	—	斯德哥尔摩	—	布罗玛
	英国	—	—	—		伦敦
	西班牙	—	—	—	特内里费岛	

　　首先,知识溢出效应助力区块链技术为核心的中美城市扩散网络,并推动文创产业集群初步形成。中美作为文创产业的创新先驱在区块链文创产业并购中的表现呈现出了以地区产业集群为核心对外辐射扩散的趋势,即在中国内部体现出沿东南沿海与长江经济带城市为核心进行扩散,而在美国以旧金山湾区城市为核心对外扩散的趋势。一是创新在中国扩散的城市脉络:2015、2016 年是文创产业与区块链技术并购融合发展的初期,此时北京与台北便已经开始进行文创产业创新。作为中国的政治中心,北京对中国其他城市的文创产业创新起到了良好的示范效应,随着 2017 年一系列大政方针的出台,2018 年文创产业创新进入起飞阶段,一线城市上海、深圳,以及新一线城市南京、杭州、宁波、成都等也开始重视通过区块链技术的应用实现文创产业

转型升级。同时,在 2019 年又新增了徐州、合肥、佛山、香港 4 大城市。而上海、南京、杭州、宁波、九江、成都作为长江经济带中的主要城市,以长江经济带为串联,开展广泛的经济文化交流,将创新信息传递给更多的城市。之后徐州、合肥也在区域网络的号召下,加入了文创产业创新队伍。而深圳作为粤港澳大湾区的核心城市,在 2018 年开始文创产业应用区块链技术创新之后,2019 年佛山、香港也开始探索区块链在文创产业中的应用与融合。因此,文创产业创新在中国总体呈现出以粤港澳大湾区与长江沿线主要城市向外扩散的趋势,通过湾区经济与长江轴线共同构成辐射东中西部的创新连绵带①。这有利于发挥长江经济带与粤港澳大湾区的创新协同效应,使区域网络中城市的交流渠道更加畅通,并基于创新外溢的效果,使处于同一网络中的城市能够更加迅速地理解创新对于文创产业的战略价值,从而提升传播效果。二是创新在美国扩散的城市脉络。对于美国而言,创新以湾区经济为核心进行扩散,在湾区经济的带动下,区域网络中的城市能够迅速获悉创新反馈,并作出创新决策。2016、2017 年美国的文创产业创新集中在旧金山和布鲁克林(纽约),两者分别位于美国西海岸旧金山湾区与东部纽约湾区内。作为湾区经济的核心,旧金山市(San Francisco)与布鲁克林(纽约)在科技水平与经济效益上有着显著优势,他们通过区域网络与其他城市进行有效沟通。随后在 2018 年,文创产业创新向旧金山湾区内的帕洛阿托(Palo Alto)、圣马特奥(San Mateo)、门洛帕克(Menlo Park)、山景城(Mountain View)、圣何塞(San Jose)等城市扩散。在起飞阶段有一个明显的特征,即除了旧金山湾区内的城市,以美国加利福尼亚州构建的区域网络,将旧金山的创新经验传播至州内的其他重要城市。因此洛杉矶作为加利福尼亚州内的第一大城市,与科技中心硅谷所在地圣地亚哥(San Diego)也都能够紧跟旧金山的步伐在 2018 年开始进行文创产业创新,并在 2019 年进一步将创新通过州内网络向洛杉矶核桃市(Walnut)扩散。就美国的创新扩散趋势而言,湾区经济带来的

---

① 顾伟男,申玉铭.我国中心城市科技创新能力的演变及提升路径[J].经济地理,2018,38(02):113-122.

协同效应,辐射了美国西部加利福尼亚州的主要城市,并通过消除创新不确定性,为其他地区创造价值。

其次,创新早期采用者集中在区域核心城市,创新扩散进展缓慢。亚洲其他地区的文创产业对创新采用的表现虽然比不过中美,但仍属于创新的早期采用者。日本的文创产业创新采纳,始于东京都内的政治经济中心千代田区(Chiyoda,Tokyo),随后向银座、日本桥等名胜所在地中央区(Chuo-KU)扩散;在2018年,除了在东京都内的城市进一步扩散外,关西的工业城市岸和田市(Kishiwadak)也开始关注区块链技术的新应用。总体呈现出由区域政治经济中心向关西经济发达地区扩散的趋势。而对于韩国、新加坡和阿联酋国家由于参与区块链文创产业融合创新的企业数量较少,没有体现出明显的城市演化趋势。同时,创新在大洋洲与欧洲城市中的扩散趋势虽然并不明显,但是在2018年进入起飞阶段后,区块链由悉尼(Sydney)向墨尔本(Melbourne)、由斯德哥尔摩(Stockholm)向布罗玛(Bromma)扩散,而西班牙特内里费岛(Santa Cruz De Tenerife)与英国伦敦(London)也先后在2018年和2019年采取了文创产业升级的技术创新措施。因此,无论是从进行文创产业创新的城市数量增长曲线,还是从区块链在全球各城市的应用时间变化来看,都表现出了较为明显的扩散趋势,但是总体进程较为缓慢。

五、结论与讨论

区块链作为一种技术创新不仅赋予了传统文创产业以生机与活力,助力文创产业价值链跃升,推动文创产业转型升级。区块链技术创新所天然具备的知识溢出效应,则进一步推动了文化内容的跨区域传播,推动城市产业集群的形成。现有研究结论仅从单一经济体出发略有局限,基于此,在摒除可能的影响因素后,本文借助罗杰斯的创新扩散理论,从2015~2019年间全球文创产业资本并购来探索区块链技术创新的扩散过程。

研究发现,全球文创产业对区块链技术创新的采用总体显示出逐层扩散的趋势。在起飞前,较少有企业看好新技术在文创产业中的应用前景,但是在 2018～2019 年间,基于新技术的传播与扩散,区块链逐渐成为了文创企业的关注焦点。文创企业对区块链技术的关注程度反映各国对文创产业转型的态度。在全球价值链竞争浪潮中,中美率先将区块链与文创产业融合,相较于其他国家有较强的产业创新优势,并在技术应用扩散过程中引领了全球文创产业的转型进程。与此同时,城市自身的体系机制使其具有不同的创新敏感度,并反映在应用区块链技术先后顺序之中。频繁的人口流动构建起思想碰撞的异质性网络,打破社会体系内部的创新壁垒,使作为创新早期采用者的城市成为地区网络中的意见领袖,引导全国文创产业采纳创新。而在这一过程中,中国的北京和美国的旧金山成为全球先驱者城市。比较而言,北京领先于旧金山,成为区块链技术在全球文创产业创新应用的资本活跃度最高的城市,依托城市网络推动文创产业的转型升级进程。而深圳、伦敦、斯德哥尔摩等早期采用者则依托区域中心的城市优势,逐步带动周边城市实现文创产业的转型升级和高质量发展。在长期发展过程中,各城市逐渐明确了自身在文创产业网络中的优势与分工。而由于地理位置、政治经济发展环境的不同,城市间对创新的态度有较大差异,这种政治经济优势将转化为创新的优势,对其他地区产生影响,而与创新领导者经济交往更紧密的城市,采用新技术的可能性越高。同时,技术的扩散效应无形中加剧了城市间的竞争压力,促使更多城市追随领导者的脚步采纳创新,形成以新技术为核心的城市集群网络。

综上所述,在新一轮科技创新浪潮奔涌而来的关键历史时期,建议中国城市进一步加强文创领域的改革开放,促进文创企业、高校、科研院所以及文创细分行业协会达成联合推动区块链等新兴技术创新扩散传播与采纳应用的社会共识、激发多元主体协同创新效应[1];进一步推动新兴技术创新扩散与城市资源禀赋的深入结合,通过对城市各类组织优质资源和闲置资源的优化

---

① 王安琪.科技创新助推文化产业转型升级的动力机制与战略路径[J].青海社会科学,2019(03):79-86.

配置,着力增强城市内部互联的紧密度和交互效应,进而从根本上建构中国城市文创产业创新采纳能力与国际竞争力。而与此同时,还需要警惕和遏制投机资本对于新兴技术概念的不良炒作,建立新兴技术推动中国城市发展的良性可持续机制。

构筑城市品牌，提升上海城市软实力的路径研究

宗传宏　刘倩铃①

摘　要　城市品牌日益成为城市软实力的内核。上海经济社会正处于现代
服务业反向赋能先进制造业的"城市第二定律"阶段，构筑城市品牌
正当其时。上海的企业品牌、金融品牌、园区品牌建设有较大优势，
消费之都和文化之都建设在国内处于领先。同时，与国内外发达城
市相比，存在品牌集聚度不够、文化要素的品牌穿透力不够，品牌辐
射水平不足等问题，对城市品牌的打造带来较大的影响。对此，要
以文化品牌为核心，打造"海派文化"新地标，开展品牌体系顶层设
计，集聚国内外优质品牌资源，树立品牌经济的国内领先地位，提升
城市品牌资源配置的能力，发展上海城市品牌在长三角的龙头地位。

关键词　城市品牌　软实力　路径

《中共中央关于制定国民经济和社会发展第十四个五年规划和二○三五
年远景目标的建议》指出，我国已转向高质量发展阶段。高质量发展是"十四
五"乃至更长时期我国经济社会发展的主题，关系我国社会主义现代化建设
全局。

当今世界，软实力越来越成为一个国家、一个地区、一座城市综合实力的
重要标识，也是高质量发展的重要体现。上海作为全国重要的经济引擎和对

---

① 宗传宏，上海社会科学院城市与人口发展研究所副研究员。刘倩铃，上海社会科学院城市与
人口发展研究所硕士生。

外开放的门户,面向卓越的全球城市愿景目标,承担着引领全国高质量发展的重任,城市软实力的提升迫在眉睫。世界城市发展实践表明,城市品牌日益成为城市软实力的内核。城市品牌的构筑对于上海城市软实力的提升将起到巨大的支撑作用。

一、城市品牌日益成为城市软实力的内核

根据国外发达城市和区域发展经验,城市的发展遵循"城市第一定律"与"城市第二定律"。"城市第一定律"表明,当一个城市的重化工业发展到一定阶段,必然向第三产业转移。"城市第二定律"表明,当第三产业发展到一定阶段,就面临了迎接先进制造业的挑战。先进制造业在提升能级、自主创新和世界市场的份额等诸多方面都比传统工业有了质的飞跃①。目前,上海经济社会发展已经处于"城市第二定律"发展阶段,先进制造业亟待向高质量发展,更亟待现代服务业的赋能。同时,城市品牌作为城市文化软实力的重要标志,也是上海打造卓越的全球城市必不可少的环节之一。城市品牌是现代服务高水平发展的重要体现,对先进制造业的高质量赋能,对城市经济社会的全面渗透,将成为上海可持续发展的关键因素之一。

目前,国外发达城市纷纷将城市品牌纳入城市战略体系,依据各自优势,打造格局特色的城市品牌。可以说,当前世界城市品牌的打造"精彩纷呈"。伦敦政府设置专门的组织机构,由市长办公室直辖,对城市品牌进行系统化、专门化的定位、塑造与管理等。巴黎除通过传统的"巴黎时装周""中法文化年"等塑造城市文化品牌外,还强化巴黎在西欧城市群中的核心地位,通过内部的法国巴黎-鲁昂-勒阿费尔城市圈、德国莱茵河沿线城市圈、荷兰兰斯塔德城市圈和比利时安特卫普城市圈等,将文化品牌向整个欧洲乃至全世界传播。东京都依托发达的CBD,大力集聚跨国企业总部和国内龙头企业总部,如索尼、佳能等知名企业。另外,东京以产学研为纽带,大力推进生物医药的

---

① 张道根主编.2018年新时代发展的长三角.社科文献出版社,2019-1.

全产业链体系，推动生物医药成为东京的重要品牌。另外，硅谷、128公路、筑波等现代制造业集聚的区域也在注入文化要素，进行二次、三次升级，打造适于生活，高效工作的城区，从而成为城市重要的IP。

上海是中国品牌的发源地。1949年之前，中国有12 000家老字号，其中8 000多家集聚在上海。早在品牌经济这一名词还未被人熟知时，上海就已经开始推进品牌经济的发展。在改革开放初期，由于市场改革和资本发展，上海涌现出一大批老字号品牌，如"大白兔"奶糖、"永久牌"自行车、"上海牌"手表、"蝴蝶牌"缝纫机、"红灯牌"收音机等，更有"英雄"这一品牌，在20世纪80年代末，"英雄"钢笔的国内金笔市场占有率高达70%，这也是最早"上海制造"品牌的典型代表。[①]

随着改革开放的步伐不断加快，各地区的经济实现腾飞，加上上海商务成本的不断增加，上海产品品牌和企业品牌也因此受到巨大冲击。由于时代的局限性，上海在经济增长的同时，文化软实力的提升远远滞后。当前，上海品牌逐步被赋予了新时代的内涵，将从有形走向有形与无形相结合，从产业链模式向价值链模式转化，从闭环运作向开放联动转变。对此，上海品牌要借鉴国外发达城市品牌运作经验，发挥上海资源要素优势，集聚全球要素，联动长三角，辐射全国，打造城市品牌2.0版，形成城市品牌大IP。

二、上海城市品牌软实力的异军突起

（一）上海城市品牌体系框架逐步形成

2017年12月，在上海市委员会上李强书记首次提出全力打响上海服务、上海制造、上海购物、上海文化"四大品牌"之后，2018年，市委市政府又出台了《关于全力打响上海"四大品牌"率先推动高质量发展的若干意见》和四个"三年行动计划"[②]，《意见》和行动计划就四大品牌的发展重点、发展路径和发

---

① 王德祥.上海品牌经济发展战略思考[D].复旦大学,2009.
② 徐铭.上海品牌经济发展迈入新纪元[J].质量与标准化,2019(02)：1-4.

展目标作出规划,这也是上海城市品牌体系发展迈上新台阶的重要一步。至此,上海一直致力于打造的城市品牌的方向和体系框架逐渐明确。

1. 上海服务:全面提升上海核心竞争力

"上海服务"这一品牌在三年行动计划中共有 13 个专项行动,行动计划涵盖的方面十分全面,包括城市核心服务功能、经济服务、民生服务以及城市治理服务。上海的综合资源极为丰富,齐全的金融要素市场、优良港口设施、完善的城市基础设施以及丰富的城市治理经验①都为上海综合竞争力发展奠定了深厚的基础。

以提升城市核心服务打造城市品牌,具体包括 17 项工作任务,如重点推进打造服务"双循环"的金融市场和重要基础设施、推进服务贸易创新发展、提高航运智慧服务水平、提升功能型平台和技术转移机构服务能力等。② 上海作为长三角地区的龙头、全国经济发展最为发达的地区之一,其在金融服务改革发展方面一直居于领先地位。提高上海城市核心服务能力,打造服务品牌势在必行。

服务经济高质量发展包括提升专业服务能级、推动世界设计之都建设等 2 个专项行动,重点推进打造一流法律服务高地、推动专业服务一体化协同发展、工业设计赋能产业创新发展、文化创意激发城市活力等 12 项工作任务。

服务民生高品质生活从教育、健康城市、老年友好城市、旅游以及体育赛事等做出规划,重点推进擦亮上海基础教育品牌、完善公共卫生体系、优化养老服务供给、形成国际旅游开放枢纽、培育一批自主品牌赛事。

在服务城市高效能治理中打响品牌,主要针对提升城市管理精细化服务能级、深化政务服务"一网通办"和城市运行"一网统管"建设等,重点推进打造具有世界影响力的城市管理精细化示范区、支持数据赋能城市数字化转型、构建"一网通办"全方位服务体系、做强做优"一网统管"应用场景等 8 项工

---

① 贺瑛.上海建设"四大品牌"重点问题与对策[J].科学发展,2019,No.124(03):16-24.
② 关于全力打响上海"四大品牌"率先推动高质量发展的若干意见[N].解放日报,2018-04-26(002).

作任务。[①]

2. 上海制造：打造具有国际影响力的制造品牌汇聚地

新一轮"上海制造"品牌在三年行动计划包括"四名""六创"十大专项行动。上海市经信息委总工程师张宏韬表示，通过三年行动，要努力打造世界级新兴产业发展策源地、联动长三角、服务全国、辐射全球的高端制造业增长极、具有国际影响力的制造品牌汇聚地。

为了达成这一目标，行动计划中就上海重点发展的制造产业、园区以及人才引进等"四名"也做出了详细规划。并结合数字化经济发展的背景提出"六创"，希望企业可以提高数字化创新能力，从而打造"上海制造"品牌新标准。力求"十四五"时期，上海制造业发展将进一步提速，凸显高端化、引领性，基本建成高端制造业增长极和全球卓越制造基地。[②]

3. 上海购物：构建国际消费中心城市

2018 年，上海发布了《全力打响"上海购物"品牌加快国际消费城市建设三年行动计划（2018～2020 年）》[③]，目标要打造面向全球的消费市场，建成具有全球影响力的国际消费城市。

"上海购物"品牌包含的行业与构建主体都十分广泛，从品牌构成看，"上海购物"包括批发零售、旅游餐饮、商务服务、生活服务等众多行业品牌；从品牌构建主体看，由相关市场主体、政府部门、社会组织以及消费者构成。[④] 因此"上海购物"品牌内涵十分丰富，要打造国际消费中心城市更需要上海在各方面协同发力。

新一轮"上海购物"品牌三年行动计划在发展首发经济、培育本土品牌、发展夜间经济、推进商业数字化转型等方面，加大推进力度，聚焦 8 个专项行动提出 24 条具体任务。首发经济借助进口博览会即会打造高能级品牌集聚

① 徐铭.上海品牌经济发展迈入新纪元[J].质量与标准化,2019(02)：1-4.
② 张懿."上海制造"锚定高端制造业增长极[N].文汇报,2021-09-10(003).
③ 中共上海市委办公厅,上海市人民政府办公厅.全力打响"上海购物"品牌加快国际消费城市建设三年行动计划(2018—2020 年)[A].2018.
④ 贾佳,袁梦."上海购物"品牌评价体系初探[J].中国质量与标准导报,2021(04)：65-67＋71.

地,打造首发示范区;在培育本土品牌方面,近些年上海致力于老字号的新一轮发展,培育更多的本土品牌;此外,上海还努力打造"1＋15＋X"夜间经济整体布局;并将数字化与商业贸易相结合,将数字化应用于零售场景,推动"数字化"购物的转型升级。①

4. 上海文化: 推动国际文化大都市建设

文化品牌是城市区别于其他城市的最明显特征,上海具有非常丰富的文化资源,如红色文化、海派文化以及江南文化等,因此上海近年来也在不断提升国际文化影响力,力图打造国际化文化大都市。在未来的城市建设中,行动计划聚焦提升"上海文化"标识度,形成"12 项专项行动、53 项抓手、150 例重点项目"的文化品牌建设任务体系。上海将对标伦敦、纽约、东京、巴黎等国际化文化大都市,从文化生产生活、文化生态等进行全面建设。

(二)上海城市品牌发展热点不断

1. 企业品牌在全国的地位稳定

近年来,上海再次将城市品牌建设提上日程,自 2018 年出台《意见》后,2020 年还发布了《关于加强质量品牌建设、推动高质量发展的指导意见》,②不仅建立了产业部门牵头的全市品牌建设协同机制,而且开展了企业导入品牌培育管理体系。③ 一系列措施的实施也取得了相应成效,如在"世界品牌实验室"公布的 2021 年中国 500 最具价值品牌中,上海地区共有 42 个品牌(见表 1),并且品牌类型十分丰富,涵盖汽车、零售、航空、金融、食品饮料以及新闻传媒等领域,上海四大品牌领域都有涉及。从总体来看,"上海制造""上海服务""上海购物"类品牌占比比"上海文化"品牌大,这也与"上海文化"品牌价值更多体现在城市软实力上,作用于整个城市,而非简单价值指标所能完全代表有关。

---

① 盛宝富.在新发展格局下打造上海国际消费中心城市[J].中国外资,2021(17): 46-49.
② 鲁利军.打造质量标杆 唱响上海品牌 上海市推出 23 条政策措施加强质量品牌建设推动高质量发展[J].中国质量监管,2020(05): 54-55.
③ 宗和.如何推进上海品牌经济发展——对话质量与品牌专家、上海市经信委调研员徐铭[J].上海质量,2021(05): 22-24.

表1 2021年中国最具价值品牌上海地区名单

排名	品牌名称	品牌拥有机构	品牌价值(亿元人民币)	主营行业	影响力	发源地	上市
18	上汽	上海汽车集团股份有限公司	3 197.25	汽车	世界	上海	是
38	交通银行	交通银行股份有限公司	1 716.28	金融	世界	上海	是
43	宝武	中国宝武集团	1 456.94	钢铁	世界	上海	否
45	中国太平	中国太平保险集团有限责任公司	1 453.68	金融	世界	上海	是
47	上海电气	上海电气集团股份有限公司	1 451.65	机械	世界	上海	是
88	拼多多	上海寻梦信息技术有限公司	651.72	零售	中国	上海	是
100	圣象	圣象集团有限公司	638.16	建材	中国	上海	否
102	SMG	上海广播电视台、上海文化广播影视集团有限公司	637.95	传媒	中国	上海	否
132	东方航空	中国东方航空股份有限公司	567.91	航空服务	世界	上海	是
143	光明	光明乳业股份有限公司	534.65	食品饮料	中国	上海	是
159	锦江国际	锦江国际(集团)有限公司	512.45	旅游服务	中国	上海	是
164	新民晚报	上海报业集团	505.83	传媒	中国	上海	否
172	晶科能源	晶科能源控股有限公司	462.75	新能源	中国	上海	是
184	老凤祥	上海老凤祥有限公司	395.12	珠宝	中国	上海	是
192	绿地集团	绿地控股集团有限公司	368.75	地产	中国	上海	是
213	上海银行	上海银行股份有限公司	351.57	金融	中国	上海	是
240	联华超市	联华超市股份有限公司	318.87	零售	中国	上海	是
243	春秋旅游	上海春秋国际旅行社(集团)有限公司	318.45	旅游服务	中国	上海	否

排名	品牌名称	品牌拥有机构	品牌价值(亿元人民币)	主营行业	影响力	发源地	上市
244	上港集团	上海国际港务(集团)股份有限公司	318.42	港口物流	中国	上海	是
287	上海机场	上海机场(集团)有限公司	265.17	航空服务	中国	上海	是
294	上海航空	上海航空股份有限公司	242.73	航空服务	中国	上海	是
301	梅林	上海梅林正广和股份有限公司	237.54	食品饮料	中国	上海	是
304	蔚来	上海蔚来汽车有限公司	236.89	汽车	中国	上海	是
338	太太乐	上海太太乐食品有限公司	205.71	食品饮料	中国	上海	否
344	上海丝绸	上海丝绸集团股份有限公司	201.36	纺织服装	中国	上海	否
351	亚细亚瓷砖	亚细亚建筑材料股份有限公司	186.91	建材	中国	上海	否
367	中芯国际	中芯国际集成电路制造有限公司	179.81	通信电子	中国	上海	是
371	罗莱	上海罗莱家用纺织品有限公司	178.73	纺织服装	中国	上海	是
375	丽丽 Lily	伽格(上海)服饰有限公司	163.19	纺织服装	中国	上海	否
376	飞科	上海飞科电器股份有限公司	162.95	家电	中国	上海	是
382	M&G 晨光文具	上海晨光文具股份有限公司	132.63	文具	中国	上海	是
394	百雀羚	上海百雀羚日用化学有限公司	118.39	日化	中国	上海	否
411	冠生园	冠生园(集团)有限公司	114.73	食品饮料	中国	上海	否
416	自然堂	伽蓝(集团)股份有限公司	113.53	日化	中国	上海	否

续表

排名	品牌名称	品牌拥有机构	品牌价值(亿元人民币)	主营行业	影响力	发源地	上市
432	书香门地	书香门地集团股份有限公司	109.65	建材	中国	上海	否
439	微创	微创医疗科学有限公司	103.65	医疗器械	中国	上海	是
457	大白兔	冠生园(集团)有限公司	99.35	食品饮料	中国	上海	否
464	佰草集	上海佰草集化妆品有限公司	96.58	日化	中国	上海	否
474	六神	上海家化联合股份有限公司	90.22	日化	中国	上海	是
486	三枪	上海三枪(集团)有限公司	63.28	纺织服装	中国	上海	否
489	回力	上海回力鞋业有限公司	54.28	鞋业	中国	上海	否
499	凤凰	上海凤凰企业(集团)股份有限公司	31.26	自行车	中国	上海	是

来源：世界品牌实验室

　　但是，上海品牌发展仍然存在许多问题，在近两年的中国最具价值品牌的区域分布上(见表2)，上海只排名第四，落后于北京、广东以及山东。上海品牌发展从品牌数量上看仅位于第二梯队，还不足北京和广东品牌数的一半。并且在上海地区品牌价值第一的品牌在排行榜上只排第18名，证明上海品牌的顶尖竞争力并不强，这也证明上海未来要打造"五个中心"和"四大品牌"任重而道远。

表2　2021年和2020年中国500最具价值品牌区域分布(前10)

排名	省份/地区	品牌数(2021)	百分比(2021)	品牌数(2020)	百分比(2020)
1	北京	91	18.20%	93	18.60%
2	广东	86	17.20%	90	18.00%

续表

排名	省份/地区	品牌数 （2021）	百分比 （2021）	品牌数 （2020）	百分比 （2020）
3	山东	44	8.80%	44	8.80%
4	上海	42	8.40%	41	8.20%
5	浙江	38	7.60%	39	7.80%
6	江苏	33	6.60%	31	6.20%
7	福建	27	5.40%	28	5.60%
8	四川	19	3.80%	17	3.40%
9	河北	16	3.20%	16	3.20%
10	河南	10	2.00%	10	2.00%
10	湖北	10	2.00%	9	1.80%
10	黑龙江	10	2.00%	8	1.60%

来源：世界品牌实验室

2. 金融品牌优势明显

近年来，上海积极扩大金融市场开放、推进自贸试验区及临港新片区金融开放先行先试、创新面向国际的人民币金融产品、扩大境外人民币境内投资金融产品范围，为进一步提升金融服务水平打好坚实基础。

2021年3月17日，英国伦敦Z/Yen集团与中国（深圳）综合开发研究院联合发布第29期全球金融中心指数（GFCI 29）显示，纽约、伦敦、上海排名全球前三，也是中国入围的城市中排名第一的城市。表3详细指出上海在各次级指标中的排名。从表4和图1可以看出，在我国入围的城市中，上海在金融科技这一指标和综合排名中都是排名第一的，证明上海在我国的金融中心地位较高，其金融环境、基础设施都较好，并且已经形成一定金融服务品牌影响力。

表 3　GFCI29 竞争力各次级指标中排名前 15 的全球金融中心

排名	营商环境	人力资本	基础设施	金融业发展水平	声誉及综合
1	纽约	纽约	纽约	伦敦	纽约
2	新加坡	伦敦	伦敦	纽约	新加坡
3	伦敦	新加坡	上海	新加坡	伦敦
4	香港	香港	香港	深圳	香港
5	北京	上海	新加坡	香港	苏黎世
6	上海	东京	东京	上海	上海
7	旧金山	北京	北京	苏黎世	北京
8	东京	巴黎	阿姆斯特丹	法兰克福	东京
9	芝加哥	布鲁塞尔	苏黎世	首尔	日内瓦
10	法兰克福	卢森堡	波士顿	洛杉矶	爱丁堡
11	爱丁堡	洛杉矶	法兰克福	卢森堡	格拉斯哥
12	卢森堡	旧金山	爱丁堡	旧金山	都柏林
13	阿姆斯特丹	芝加哥	日内瓦	北京	首尔
14	苏黎世	深圳	广州	日内瓦	汉堡
15	华盛顿	法兰克福	首尔	爱丁堡	巴黎

来源:第 29 期全球金融中心指数报告

表 4　中国入围城市的 GFCI 金融科技和综合排名

金融中心	GFCI 金融科技排名	GFCI29 排名
上海	2	3
北京	3	6
深圳	4	8
广州	11	22
成都	25	35
青岛	30	42

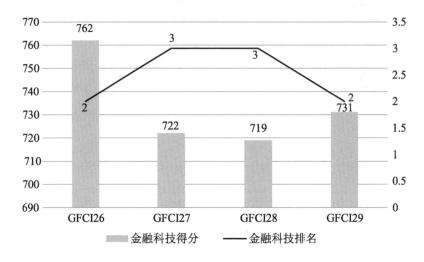

图1 上海近4期金融科技得分和排名趋势图

来源：第29期全球金融中心指数报告

除了金融服务之外,上海在其他专业服务上也不断落实行动计划,如上海研发公共服务平台,希望借助于大数据技术来实现科技共享服务①,根据科技资源服务单一、资源整合不足等特点来建立数据驱动模式下的科技资源共享服务,为长三角地区乃至全国的科技创新做出贡献;创建全国首个公共信用信息目录②,对接"一网通办""一网通管"等系统,来为各行业、各企业进行信用服务;社会组织和团队也进一步发展(见图2),社会各界主动参与社会治理;并在新冠肺炎疫情背景下,与长三角地区进行公共卫生安全协同治理体系建设,不断提高"上海服务"能力,全面提升上海城市综合竞争力。

① 周祥,陈琪,盛易学,吴弼人.大数据背景下科技资源开放共享服务体系研究——以上海研发公共服务平台为例[J].华东科技,2021(02):64-68.

② 何玲.聚焦数据基础和应用创新为上海高质量发展提供"硬支撑"——访上海市经济信息中心(上海市公共信用信息服务中心)主任余文凯[J].中国信用,2021(01):17-21.

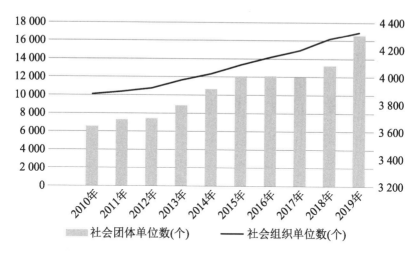

图 2　2010~2019 年上海社会团体和组织单位数
数据来源: 国家统计局

3. 园区品牌贡献突出

近年,上海不断调整自身产业机构,寻求制造业发展新动力。加快上海制造品牌的行动计划,提出要将上海打造成世界级新兴产业发展策源地之一、辐射全球的高端制造业增长极和具有国际影响力的制造品牌汇聚地。2021 年的 1~9 月,上海市的工业总产值达 30 063.39 亿元,比去年同期增长 13.6%。上海制造的发展与改革也在为其重新焕发活力打下坚实基础。同时,在这一目标下,上海不断培育新兴产业发展新势能,图 3 和图 4 是近年来上海市新兴产业工业产值的变化图,上海在大力发展集成电路、生物医药等先导产业,调整制造业结构,全面推动制造业改造升级,为打造先进制造业产业集群提供支撑。除此之外,上海也注重六大重点工业发展,近年来六大重点工业总产值占全市的 60%~70%,进一步提升六大重点工业的支柱地位,形成产业集群效应,在制造业重点领域不断进行质量提升工作。围绕上海市优势工业进行产业链的延展与优化,不仅提升重点工业产业链现代化水平,而且加快产业链协同服务,力求树立"上海制造"品牌标杆水平。

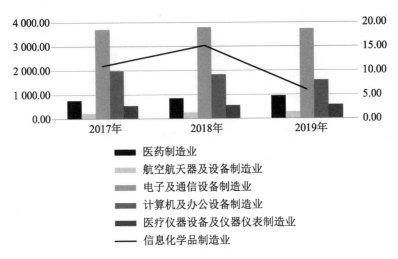

图3 近年上海市高技术产业（制造业）工业总产值（亿元）

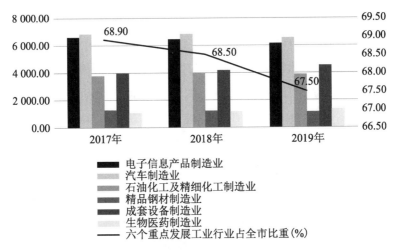

图4 近年来上海市重点发展工业总产值（亿元）

数据来源：上海市统计局

为了集聚高端生产要素，打造世界级制造品牌聚集地，积极培育特色园区也是上海市的专项行动之一。自2018年上海四大品牌专项行动启动以来，上海就着力建设世界级品牌园区，利用漕河泾开发区、张江科技开发区等国家级开发区发展优势产业。更是按照"一城一名园"来支持嘉定新城"国际汽车智慧城"、松江新城"G60 科创走廊"等品牌园区建设①,力求扩大园区的国际影响力。

表5　上海市国家级开发区工业产值(亿元)

国家级开发区名单	2019年工业总产值	2018年工业总产值	国家级开发区名单	2019年工业总产值	2018年工业总产值
上海张江高新技术产业开发区	1 391.35	1 424.62	金桥经济技术开发区	2 339.19	2 126.27
上海外高桥保税区	456.2	536.69	上海松江综合保税区	1 416.00	341.8
虹桥经济技术开发区	1.29	1.25	青浦综合保税区	72.28	1 465.48
洋山保税港区	3.23	538	上海化学工业经济技术开发区	1 078.10	68.16
闵行经济技术开发区	566.13	374.34	奉贤综合保税区	52.36	1 160.54
漕河泾综合保税区	347.43	163.05	漕河泾开发区浦江高科技园	116.66	51.47
上海紫竹高新技术产业开发区	128.07	7.13	上海松江经济技术开发区	1 685.22	103.45
陆家嘴金融贸易区	980.21	1 001.29	总计	10 633.72	10 821.01

数据来源:上海市统计年鉴

4. 消费之都迎来爆点

上海作为"消费之都",消费市场规模巨大。据数据显示,2019 年底,上海市平台交易额达 27 010.7 亿元,电子商务交易额达 33 186 亿元,进出口总额为 34 046.8 亿元,占全国 10.79%,服务贸易总额达 1 843.8 亿元,主要对接地区和国家有中国香港、美国、日本、新加坡、德国、澳门、法国、英国、韩国和澳大利亚等,至 2021 年 9 月,上海市社会消费品零售总额达到 13 279.18 亿元,

---

① 全力打响"上海制造"品牌　加快迈向全球卓越制造基地三年行动计划(2021—2023)[J].上海节能,2021(08):769-774.

比去年同期增长19.6%，在全国城市中居于首位。并且2019年，上海与"一带一路"沿线国家货物贸易额就达7 642.8亿元，年同比增长9.3%，这证明上海拥有巨大的国内外市场潜力，因此上海建设购物品牌的潜力巨大。上海还作为"时尚之城"，截至2021年上半年，世界知名高端品牌在上海的集聚度超过90%，首店、旗舰店数量居全国第一。截至2019年12月，跨国公司在上海开设总部达50家，国际品牌纷纷选择在上海开展新品首发活动，首发、首店、首秀、首展不断提升着上海在全球消费市场上的地位和能级。在加快建设国际消费中心城市、打响"上海购物"品牌号召下，《行动计划》也对2023年上海市的社会消费品零售总额规模和网络购物交易额提出目标，①上海也在此计划下数管齐发，一方面积极培育本土品牌，重振上海老字号品牌，另一方面依托上海良好市场基础，努力建设全球消费者的购物天堂，构建全球消费中心城市。

据商务部公布的第三批"中华老字号"名录，上海共有180个老字号品牌，158个品牌有自己的注册商标。零售业、制造业、纺织业、食品饮料等都有分布，其中零售服务业类老字号占比最大，为28%。② 许多品牌仍然具有强大的品牌影响力，如"红双喜""施特劳斯""杏花楼""凤凰""冠生园"等。为了实现老字号品牌的传承与发展，上海还于2021年11月6日，举办中华老字号创新发展大会。这次大会依托于第四届中国国际进口博览会，借进博会的机会着力推动老字号创新发展。

上海还发挥平台大、消费能力强等优势，打造上海商圈品牌，创新数字化购物新模式，打造全球"购物天堂"。一方面上海利用进博会、国际电影节、艺术节以及各种展览和会议吸引大量游客，通过虹吸效应来提高游客消费力。通过打造特色商圈和商业街区来创新消费业态。近年来，上海已经成功将南京路、淮海中路、陆家嘴打造成著名商圈，此举不仅有利于打响上海大都市消费中心名声，而且有利于进一步增强上海对全球消费产品和品牌的集聚和辐

---

① 李景.擦亮"上海购物"品牌[N].经济日报，2021-08-19(11).
② 丁弋轩，王立夏.上海传统老字号品牌发展现状、问题及对策研究[J].中国商论，2020(03)：10-13.

射功能，打造国际消费品牌集散平台，建设全球知名消费品牌建设高地。① 另一方面，上海积极推动消费方式升级，通过举办"五五购物节全球新品首发季""拥抱进博首发季"等活动，利用电商平台进行数字焕新工程，推动消费与信息的跨界融合。2021 年 5 月举行的"五五购物节"围绕"全球首发季"和"全城打折季"两大主题，聚焦首发经济、品牌经济、夜间经济和新型消费、大宗消费、进口商品消费、餐饮消费、服务消费、信息消费以及长三角一体化，在正式启动的 4 分钟内，上海地区的消费支付实时金额就已经突破 1 亿元，不到一天时间消费金额就突破了 100 亿元。②

5. 文化之都取得突破

文化是城市的核心组成要素，也是一个城市的符号和灵魂。上海在建设城市品牌时即把城市文化品牌四大品牌之一着力发展。并在《中共上海市委关于制定上海市国民经济和社会发展第十四个五年规划和二〇三五年远景目标的建议》中明确"十四五"时期要建设"具有世界影响力的社会主义国际文化大都市建设取得新突破"，再奋斗十年使得"国际文化大都市功能全面升级"的目标。③

为了打造国际文化大都市，上海在文化娱乐活动、特色旅游、非物质文化遗产保护以及文化设施等多方面进行部署和建设。据上海市 2020 年统计公报④显示，2020 年上海市承办了多项大型文化活动，如"第二十三届上海国际电影节""第二十六届上海电视节"等。并在上海电视节上首次推出全线上的国际影视云市场，海外参展商占比首次突破 50%。在文物保护和非遗传承工作上也取得了不凡的成就，其中在"第二届上海国际艺术品交易月"中，审批文物拍卖会 556 场，成交额突破 32 亿元，同比增长 23.0%，年内评选"非遗在社区"示范项目 19 个、示范点 14 个。在文化旅游方面，更是突破传统旅游宣传模式，运用数字化文旅形式组织了"云展览""云演出""云游园"等创新型活

① 俞玮.加快上海消费升级　推动形成强大国内市场[J].科学发展，2020(09)：26-34.
② 盛宝富.在新发展格局下打造上海国际消费中心城市[J].中国外资，2021(17)：46-49.
③ 郑崇选.提升上海城市文化软实力的价值追求与基本路径[J].上海文化，2021(08)：5-11.
④ 2020 年上海市国民经济和社会发展统计公报.

动,年总计参与人数达 2 亿。此外,上海市一直致力于基础文化设施建设,截至 2020 年底,全市共有公共图书馆 23 个,备案博物馆 149 个,全年共出版报纸 6.94 亿份、各类期刊 0.62 亿册、图书 4.95 亿册。

从统计数据可以看出,上海在文化基础设施建设完备,并且已经基本实现所提出的"15 分钟公共文化服务圈"的目标。此外,上海也积极培育文化产业发展,近些年上海文化类产业不断涌现,服务于市民文化活动的方方面面,表 6 是部分文化类独角兽企业,从名单来看,上海的文化类企业做到了与互联网服务、软件服务以及教育等领域的融合发展,这也是上海四大品牌在发展过程中的融合,也为上海文化品牌增加了独特性。

表 6　上海文化类独角兽企业

独角兽	创办时间	行业分类	独角兽	创办时间	行业分类
阿里体育	2015	休闲娱乐	趣头条	2016	互联网服务
东久中国	2014	软件服务	小红书	2013	互联网服务
沪江	2001	文化教育	微鲸科技	2015	休闲娱乐
界面	2014	互联网服务	掌门 1 对 1	2015	文化教育
驴妈妈	2008	文化旅游	依图科技	2012	软件服务
哒哒英语	2013	文化教育	Ucloud	2012	软件服务
七牛云	2011	软件服务	喜马拉雅	2013	互联网服务

来源:徐锦江,郑崇选.上海文化发展报告[M].上海社会科学院出版社:上海文化发展系列蓝皮书,2021(05):261.

虽然上海近些年不断发展文化产业、完善文化基础设施、打响文化品牌,但相较于国外巴黎、纽约、伦敦等国际化文化大都市,上海的文化品牌的影响力较弱。2021 年上海文化发展报告将上海与纽约、伦敦、新加坡、东京、柏林等国际化大都市的文化机构、文化活力、文化多样性进行比较,也揭示了上海在文化品牌建设方面确实存在着总量不足、影响力较弱的问题,这也是上海在"十四五"时期打响文化品牌的重点努力方向。

（三）上海城市品牌对城市软实力的带动作用

1. 对人才的吸引力不断提升

作为秉持着"海纳百川"精神的魔都，上海一直对于人才有着强大的吸引力。人才是社会发展的核心资源之一，也是近年来各城市相继争抢的资源要素。据第七次人口普查数据，上海市 2020 年全市常住人口有 2 487 万人，其中 15～59 岁有 1 662 万人，占 66.8%，而 2019 年户籍人口为 1 469 万人，上海的人口迁入数量充分证明了其对人才的吸引力。2021 年上半年，恒大研究院和智联招聘联合推出"中国城市人才吸引力排名"报告出版，报告通过人才跨城市求职的大数据来对我国城市人才吸引力进行排名。根据榜单显示，2020 年，上海成为中国最具吸引力城市第三名，而 2017～2019 年更是连续三年都位居第一。2017～2020 年上海市的人才净流入占比分别为 1.2%、0.9%、0.5%、1.2%，虽然上海近些年来一直在对人才流入进行控制，但上海整体经济与社会的发展已然让上海成为吸引人才流入的招牌。并且随着上海品牌建设的不断深入，品牌建设所带来的社会服务水平提高、产业机会增加、生活消费方式提升等优势势必会对人才新城新的吸引力。人才的流入又会反作用于上海城市发展，从而进一步打响城市品牌。

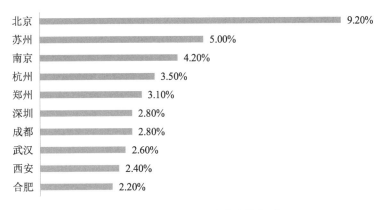

图 5　流入上海的人才前十聚集地

来源：《2020 年"中国城市人才吸引力排名"报告》

2. 逐步成为科技创新资源集聚的"加速期"

上海是我国创新活力最强地区之一,政策上鼓励和支持高新技术企业发展。2020 年上海市新认定的高新技术企业达 7 396 家,并落实对其减免所得税额为 166.23 亿元。因此上海市企业也积极进行科技创新,不仅促进科研成果落地也培育了一大批科研技术人员,2020 年认定高新技术成果转化项目845 项,比上年增长 2.8%。其中,电子信息、生物医药、新材料、先进制造与自动化等重点领域项目占 83.6%。建成软 X 射线、超强超短激光等一批国家重大科技基础设施和 15 个研发与转化功能型平台①。这些成果都得益于上海致力发展"上海服务"和"上海制造"品牌,良好的政策环境和充足的资金支持使得企业在品牌号召下不断集聚,至 2020 年末上海市共累计上市企业215 家,共募集资金 3 061.62 亿元。科创板上市企业 37 家,居全国第二位;融资额 1 099.66 亿元、总市值 8 756.94 亿元,均居全国首位。此外,在专利申请、科研经费拨款以及商标注册等方面,上海也发挥活力。未来上海城市品牌的建立势必会发挥更大的品牌溢出效应,吸引优秀资源和人才集聚,打造全球卓越城市。

三、上海城市品牌发展仍然存在较多问题

(一) 品牌的集聚度不够

一是政策资源相对分散。虽然上海市就打造四大品牌发布了《关于全力打响上海"四大品牌"率先推动高质量发展的若干意见》和四个"三年行动计划",对城市品牌的发展提出总体要求和具体计划,但品牌打造是一个复杂机制,在具体实施过程中需要各方合力协调。上海在具体打响品牌行动中,各个品牌中重点发展的产业并不相同,文化产业、制造业、金融贸易等不同产业都要求良好的政策资源和资金、人才要素。因此,品牌政策并不是以一概全,而要在实施中结合不同部门调整发展步调,这也造成上海在打造城市品牌过

---

① 《2020 年上海市国民经济和社会发展统计公报》。

程中会面临政策资源不均的情况，相对分散的政策资源会使得产业发展有所差异，从而使得城市品牌发展难以协调。

二是品牌间难以形成合力。由于城市品牌组成要素的复杂性和多样性，上海想要建设全球卓越城市就必然要在服务、制造、购物和文化上多管齐下，但这也使得品牌间难以形成合力。如何实现品牌间的互动是一大难题，四大品牌建设最终都要服务于上海城市品牌这一主体，如何实现各个品牌的耦合在未来也是值得思考的难题。

（二）文化要素的品牌穿透力不够

一是上海城市文化品牌的标识度有待加强。文化是城市软实力的表现，文化不仅体现着一座城市的凝聚力和核心竞争力，而且能通过文化赋能促进其他领域的发展。虽然上海致力于建设国际化文化大都会，但从文化产业数量、文化生活质量和文化生态上来看，上海与国外的国际化文化大都会还存在较大距离。纽约下城区文化设施密度达到 10 个/平方公里，中城区达到 20 个/平方公里，伦敦西区达到 24 个/平方公里。上海中央活动区功能区基本在 10 个/平方公里以下。近年来，上海世博会、进博会的成功举办虽然有利于进一步扩大上海的国际影响力，但上海仍然缺乏具有核心竞争力的文化品牌，以陆家嘴为代表的标志性地标数量较少①。

二是上海文化生态建设需要进一步加强。上海本身具有丰富的文化资源，红色文化、海派文化等都是上海文化发展的优势与特点，但上海并没有充分发挥这一特性。上海本身具有中西融合的特点，但对于外国人的管理和文化吸收却并无有效机制和政策，则对于其建设国际化城市来说是十分重要的议题。此外，上海也有着独特的江南文化，有着非常具有文化特色的沪剧、评弹等非物质文化遗产资源，但上海在追求现代化建设的同时未能很好处理文化传承与创新的关系，以至于上海未能形成良好

---

① 徐锦江，郑崇选.上海文化发展报告[M].上海社会科学院出版社：上海文化发展系列蓝皮书，2021(05)：261.

的文化生态。

（三）品牌辐射水平不足

一是品牌辐射范围有限。上海品牌建设虽然取得一定的成就，但距离其建设国际化金融中心、国际贸易中心目标仍有较大差距。目前上海虽然已经拥有国内较为完善的金融服务市场、资金资源要素充足，但还是未能建立全球金融中心。虽然上海对于当地和长三角地区的辐射能力较强，但对于全国辐射能力较弱，京津冀和粤港澳大湾区等区域资源要素的聚集也使得上海服务的辐射范围受到限制。此外，上海服务想要成为"上海国际航运中心"覆盖全球以及"全球金融中心"服务全球的目标也远未达到。

二是品牌辐射能级不深。与国际发达城市相比，上海全球顶级品牌要素资源的集聚力差距较大，与北京、深圳等城市，以上市公司、跨国企业为主要依托的品牌辐射能力不占优势，在文化、教育等方面的辐射也不占优势，直接影响城市品牌。

四、上海城市品牌发展的基本路径

（一）以文化品牌为核心，打造"海派文化"新地标

文化品牌是上海城市品牌中的薄弱环节，也是亟待提升的环节。文化是动态持续导入的核心要素和战略资源。可以说，在任何发展阶段，全球发达城市都在持续不断地导入前沿的文化要素。近年来，纽约制定了新的文化行动计划，巴黎、伦敦、波士顿等城市也都制定规划，强化城区的文化功能。

从 20 世纪 30 年代开始，海派文化就已经在上海初见端倪，发展至今，"海派文化"已经扎根于戏剧、绘画、建筑、时尚等各方面。如海派旗袍、石库门、万国建筑、南京路上的霓虹灯等都是极具代表性的上海时尚视觉符号，也构建出上海独特的城市形象。"海派文化"作为不同于其他城市文化的元素，应当被重新发现其独特的魅力，在新时代下以全新的审美和观感来审视上海文化，将上海现代化的都市气息与海派文化相结合，来打造新时代国际时尚

之都。①

对此，上海要以"海纳百川、大气谦和、开明睿智、勇于创新"的海派精神为引领，将上海的红色文化、江南文化和海派文化紧密结合，并积极借鉴国际前沿文化，用"世界的语言"讲好"中国故事"，打造"海派文化"新 IP。

（二）开展品牌体系的顶层设计

文化是非常复杂的要素，贯穿于有形空间与无形理念中，又是上海未来发展必不可少的要素之一。对此，要组织牵头研究上海城市品牌的运作机理，厘清宏观与微观品牌之间的关系，并制定《上海城市品牌发展规划》，将品牌规划与国民经济及专项规划相衔接，在规划、建设、管理、安全运行等环节注入文化要素。

（三）集聚国内外优质品牌资源

上海是我国品牌策源地之一，不仅是国内时尚消费的重要市场，也是国外品牌的首要入驻地。要利用这一优势，引进全球高端优质资源。大力吸引全球 500 强企业总部和区域总部进驻。以进博会、上海国际艺术节、上海电影节、世界城市日等国际活动及开放性节日为核心，积极引入全球文化资源，打造全球文化交流高地。充分利用"上海国际服装文化节""上海国际时尚服饰博览会"等大型博览会吸引优秀时尚品牌入驻，从而形成设计、生产、传播、消费的闭环。此外，还要依托"上海时装周""MODE SHANGHAI"等国际知名展会和时尚活动，积极引进国际知名时尚品牌资源②。另外，上海老字号资源在全国乃至世界占有重要地位，但很多是沉睡的宝藏，部分集中在陕西北路和南京路等地段。因此，要挖掘老字号的内在价值，把老字号引入中央活动区，讲好老字号故事，讲好中国故事，做好文化品牌，融入活动区发展，形成中

---

① 费雯俪，童兵."海派时尚文化"的媒介镜像：上海城市形象对外传播的优化策略[J].现代传播（中国传媒大学学报），2021,43(09)：28-33.
② 费雯俪，童兵."海派时尚文化"的媒介镜像：上海城市形象对外传播的优化策略[J].现代传播（中国传媒大学学报），2021,43(09)：28-33.

国文化特色。

（四）树立品牌经济的国内领先地位

在品牌集聚的基础上,要进一步将品牌要素转化为生产力,提高城市核心竞争力。作为国内较早提出品牌经济的地区之一,上海更应当将品牌经济建设作为重要发展战略。通过精准定位城市品牌来打造特色品牌经济,通过扩大服务范围、坚强辐射能级来打响"上海服务品牌";通过突破核心技术,创新生产方式来促进产业升级,使"上海制造"焕发新的活力;通过构建新的消费购物生态,打造全球品牌聚集地来提高"上海购物"的满意度;通过文化赋能将上海文化底蕴融于文化产业发展,进一步提升"上海文化"的软实力。

（五）提升城市品牌配置资源的能力

上海作为我国的经济、科创、贸易中心,拥有着领先于国内其他城市的资源集聚能力。但由于一些体制机制的限制,上海在品牌建设中并未能很好地将这些资源进行优化配置。因此,上海要将城市品牌中"内含"的区位、对外开放、政策、平台等优势充分释放,加快上海品牌要素的对外传播,从而提升城市品牌配置资源的能力和水平。

（六）发挥上海城市品牌在长三角的龙头作用

国外发达城市群品牌发展经验表明,核心城市往往是城市群的主地标,对城市群品牌的引领和带动作用非常明显。对此,上海要发挥对外开放桥头堡的作用,利用自贸区平台优势,引领长三角各城市集聚国际优质资源,在吸引跨国公司总部、国内龙头企业总部、国际机构总部、国际产学研合作、跨国技术转移、创新项目投资,以及中国企业品牌"走出去"的过程中,起到龙头带动作用[1]。

---

① 夏锦文编.2020—2021年高水平决胜全面建成小康社会的长三角(2021版)[M].社会科学文献出版社:长三角蓝皮书,2021(06).

参考文献

［1］张道根.2018 年新时代发展的长三角［M］.社科文献出版社,2019-1.

［2］王德祥.上海品牌经济发展战略思考［D］.复旦大学,2009.

［3］徐铭.上海品牌经济发展迈入新纪元［J］.质量与标准化,2019(02)：1-4.

［4］贺瑛.上海建设"四大品牌"重点问题与对策［J］.科学发展,2019,No.124(03)：16—24.

［5］关于全力打响上海"四大品牌"率先推动高质量发展的若干意见［N］.解放日报,
　　2018-04-26(002).

［6］张懿."上海制造"锚定高端制造业增长极［N］.文汇报,2021-09-10(003).

［7］中共上海市委办公厅,上海市人民政府办公厅.全力打响"上海购物"品牌加快国际消
　　费城市建设三年行动计划(2018—2020 年)［A］.2018.

［8］贾佳,袁梦."上海购物"品牌评价体系初探［J］.中国质量与标准导报,2021(04)：
　　65-67＋71.

［9］盛宝富.在新发展格局下打造上海国际消费中心城市［J］.中国外资,2021(17)：46-49.

［10］鲁利军.打造质量标杆　唱响上海品牌　上海市推出 23 条政策措施加强质量品牌建
　　设推动高质量发展［J］.中国质量监管,2020(05)：54-55.

［11］宗和.如何推进上海品牌经济发展——对话质量与品牌专家、上海市经信委调研员徐
　　铭［J］.上海质量,2021(05)：22-24.

［12］全力打响"上海制造"品牌　加快迈向全球卓越制造基地三年行动计划(2021—
　　2023 年)［J］.上海节能,2021(08)：769-774.

［13］李景.擦亮"上海购物"品牌［N］.经济日报,2021-08-19(11).

［14］丁弋轩,王立夏.上海传统老字号品牌发展现状、问题及对策研究［J］.中国商论,
　　2020(03)：10-13.

［15］俞玮.加快上海消费升级推动形成强大国内市场［J］.科学发展,2020(09)：26-34.

［16］郑崇选.提升上海城市文化软实力的价值追求与基本路径［J］.上海文化,2021(08)：
　　5-11.

［17］徐锦江,郑崇选.上海文化发展报告［M］.上海社会科学院出版社：上海文化发展系列
　　蓝皮书,2021(05)：261.

［18］费雯俪,童兵."海派时尚文化"的媒介镜像：上海城市形象对外传播的优化策略［J］.
　　现代传播(中国传媒大学学报),2021,43(09)：28-33.

建设城市公共阅读空间体系，
提升上海城市软实力

汤　诚①

摘　要　提升城市软实力是城市发展到一定阶段的需要，也是提高全球竞争力的要求，是增强市民幸福感、获得感的手段。建设城市公共阅读空间体系，可通过促进市民全面发展，提高市民生活品质，从增强城市包容性等方面提升城市软实力。目前上海城市阅读空间的数量质量、品牌运作、管理方式等与全球卓越城市对标仍有差距，可通过量的增加、质的提升、打造品牌、完善管理等方面予以改进。

关键词　公共阅读空间　城市软实力

党的百年华诞之际，《中共上海市委关于厚植城市精神彰显城市品格全面提升上海城市软实力的意见》（下称《意见》）于 2021 年 6 月 22 日正式发布。这是全国首次以全会形式讨论并通过有关城市软实力的相关文件，体现了上海对城市软硬实力关系的认识和对提升城市软实力的自觉。提升上海城市软实力，从此有了明确的方向和清晰的路线图。

《意见》高屋建瓴，立足"把上海打造成为引领未来超大城市发展的典范标杆，成为全面展现建设社会主义现代化国家新气象的重要窗口，成为我国链接和影响世界的重要纽带"的宏大目标，从核心价值观、文化建设、现代治理、创新创业生态、人居环境、国际传播以及组织领导等方面提出提升上海城

---

①　汤诚，上海师范大学图书馆副研究馆员。本文系上海市哲学社会科学规划"全面提升上海城市软实力研究"专项课题"以城市阅读空间建设提升上海城市软实力研究"（2021XSL010）阶段性成果。

市软实力的原则和路径。

《意见》是一份引领性文件。软实力需要硬抓手。提升城市软实力需要物化的载体。市民的获得感、幸福感需要可落地的措施来实现。因此，《意见》提出要"强化理论研究，充分发挥高等学校、科研院所、智库等智力资源作用，深化软实力建设的理论和实践研究"，还要"营造'人人参与软实力建设'的浓厚氛围，形成'人人都是软实力'的生动局面"。

我们认为，建设城市公共阅读空间体系，可作为提升上海城市软实力的一个有力的可操作措施。作出这个判断，基于以下三点理由：

1. 有价值。《意见》提及的提升上海城市软实力的几个方面中，城市公共阅读空间体系的建设属于公共文化服务体系建设的范畴，也可作为人居环境的一部分。也就是说，建设城市公共阅读空间体系，既可完善上海公共文化服务体系，也可改善上海人居环境。

2. 有空间。目前上海城市公共阅读空间无论在数量还是从质量而言，与纽约、伦敦、香港、东京等全球城市相比有较大差距，也与上海建设"具有世界影响力的社会主义现代化国际性大都市"的目标不相匹配，有进一步提升的空间。

3. 有借鉴。城市公共阅读空间的建设，已经得到了国内外很多城市的重视，也涌现出了很多优秀的可供借鉴的实践案例。这些案例中，有的长于数量供给，有的长于服务优良，有的长于品牌建设，有的长于运营管理，既有大而全，也有小而美，能为上海建设公共阅读空间体系提供借鉴和启示。

一、城市公共阅读空间与城市软实力的关系

（一）软实力与城市软实力

美国学者约瑟夫·奈于1990年首次提出"软实力"（Soft Power）的概念。"软实力"是相对"硬实力"而言的。"硬实力"是通过强制或利诱来达到目的的能力。而软实力"是一种依靠吸引力，而非通过威逼或利诱的手段来达到

目标的能力"①。

软实力原意指在国际关系中一个国家所具有的除经济及军事外的第三方实力,主要是文化、价值观、意识形态及民意等方面的影响力。后来的学者将其引申应用于区域、企业、个人等范畴,并分别形成了区域软实力、企业软实力、个人软实力等衍生概念。"在国家层面上,软实力主要寓于政治价值观、制度、文化、外交和国民素质之中;在区域层面上,软实力主要寓于公共管理、区域文化、人口素质和宜居环境之中;在商业领域,软实力主要寓于组织与制度、企业文化、品牌与服务、全员素质和社会责任之中;而在个人层面上,软实力则主要寓于性格、涵养、品德和志趣之中。"②

戴业炼等提出将区域软实力分为广义区域软实力和狭义区域软实力两个范畴。所谓广义区域软实力,指区域内以软资源为基础、软设施为平台、软环境为保证、软产业为主体、软投入为支撑、区域形象为标志、软能力为关键、软人才为根本的"八 S"要素集成所形成的区域创新力、凝聚力和影响力。所谓狭义区域软实力,指区域内以文化事业为基础,以现代创意设计产业为先导,以文化产业为主体,以文化贸易为标志的区域创新力、凝聚力和影响力。狭义软实力,即文化软实力。

城市是一个区域范畴,因此城市软实力可视为区域软实力的一个变体。"从世界各国城市的发展历史来看,当经济发展到一定程度时,城市竞争中起决定性作用的就是文化和以文化为核心的软实力。因此,各国城市在解决经济发展规模问题后,都会花大力气来推进文化建设和以文化为核心的软实力建设。以经济为核心的硬实力可以解决城市的硬件问题,塑造城市的'硬形象',但'硬'形象的长期效果,依赖于以文化为核心的软实力作为支撑,因为软实力塑造的城市形象才具有长效性和持久性。"③概而言之,硬实力让城市强大,软实力让城市更伟大。

国内对城市软实力的关注由来已久。2004 年发布的国内首部系统研究

① 约瑟夫·奈.软实力.中信出版社,2013.前言.
② 韩勃,江庆勇.软实力:中国视角.人民出版社,2009.总序.
③ 胡键.城市软实力的构成要素、指标体系编制及其意义.探索与争鸣,2021[7].

城市"十一五"核心问题的科研成果——《中国城市"十一五"核心问题研究报告》指出,越来越多的迹象表明,影响和决定一个城市、一个地区综合竞争力和持续发展能力的因素很多,但城市软实力至关重要;在"十一五"期间,我国城市竞争将进入以软实力为标志的新阶段。

什么是城市软实力?鲍宗豪教授认为,城市软实力就是城市发展的精神文化力量。软实力中最重要的是文化力。当今世界,经济文化相互交融、经济社会统筹发展的趋势日益明显,人文环境、科教人才、公共服务等软实力越来越成为一个地区、一个城市综合竞争力的决定性因素。陈志和杨拉克将城市软实力界定为"城市以其文化和哲学为精髓的文化软实力、社会软实力和环境软实力之和"[1]。胡键认为,"城市的发展包含物质、文化、制度三位一体的内涵,从这些资源中产生的有关城市的吸引力、辐射力、影响力等,都属于城市软实力的范畴"[2]。综合上述概念我们认为,城市软实力是产生于城市的物质、文化、制度、人员的城市凝聚力、吸引力、创造力、竞争力、影响力的总和,主要体现为城市的本土文化、公共管理、文化设施、人口素质和居住环境等因素中。提升城市软实力既是城市发展到一定阶段的需要,也是提高城市全球竞争力的要求,还是增强市民幸福感获得感的手段。

(二)城市公共阅读空间体系及其价值

目前对城市公共阅读空间的研究尚处于起步阶段,公共阅读空间的内涵和外延在学术界尚未得到公认。政府和其他社会力量提供的公共阅读空间,内容丰富多样,但还未形成有说服力的定义将其统揽于内。目前引用最多的为杨松在北京西城区实践调研后所形成的概念,公共阅读空间是"社会组织在政府支持下,在一定的空间范围或区域内,利用现代科技手段向社会公众提供公共阅读、流通借阅、艺术赏析等文献资源和数字资源的公共文化服务,以及开展阅读推广、艺术交流、教育培训等公共文化活动

① 陈志,杨拉克.城市软实力.广东人民出版社,2008.
② 胡键.城市软实力的构成要素、指标体系编制及其意义.探索与争鸣,2021-7.

的新型场所"①。

建设城市公共阅读空间体系,有如下方面的意义:

1. 建设城市公共阅读空间体系是人全面发展的内在要求

一个人的阅读史就是一个人的精神发育史。人的阅读高度决定人的精神高度,人的精神高度定义城市的精神高度。在城市建筑和外观同质化的时代,城市间的区别在于精神和文化层次的高下。人的精神状态、认知水平、文化层次很大程度上取决于阅读。一座公共阅读空间随处可及、阅读蔚然成风的城市,必定是一座有精神内蕴的城市。公共阅读空间体系建设可作为实现《意见》提出的"市民文明素质和城市文明程度全面提升"目标的重要抓手。

"城市软实力的内容非常广泛,其核心在于城市精神和城市品格,归根到底则是人的素质。城市是人生活、工作的空间,人的一切活动都会对城市产生某种构塑作用。一个有品位的城市,也一定有高素质的市民,而市民素质的提升依赖历史文化的滋养,依赖城市深厚的人文底蕴,更依赖市民自觉的人文陶冶和科学素养。"②自觉的人文陶冶和科学素养,需要基础条件来保障。上海提出,"'十四五'期间,上海终身教育发展目标是:到 2025 年,进一步完善服务全民的终身学习体系,率先建成以城市学习力为驱动的更高水平、更高质量的学习型社会,形成普惠多元、泛在可选的终身学习环境"③。家门口的城市公共阅读空间,是市民进行人文陶冶提升科学素养践行终身学习的天然场所和有力保障。

2. 建设城市公共阅读空间体系是市民高品质生活的迫切需要

"当代文明转换的进程中,日常生活、常人世界日益成为城市精神、城市品格、城市软实力的源头活水。一个没有高质量日常生活的城市,不可能具有真正的软实力。"④"城市是一种多功能、多属性的文明集合体,生活性、日常

---

① 杨松.城市公共阅读空间概念、发展定位和运行机制研究.全国流通经济,2016-32.
② 胡键.城市软实力的构成要素、指标体系编制及其意义.探索与争鸣,2021[7].
③ 刘增辉.让终身学习成为城市软实力提升重要基石——专访上海市教育委员会副主任倪闽景.在线学习,2021[9].
④ 陈忠.城市软实力的日常生活营建.探索与争鸣,2021[7].

性日益成为城市的重要属性。为更多主体提供更加美好的幸福生活，使每个人都有条件幸福地生活，是城市发展的历史趋势。"①

上海 2021 年 GDP 可能越过 4 万亿人民币大关，人均 GDP 也已迈入发达国家水准。市民早已不满足于单纯的物质需求，精神文化需求重要性凸显，而阅读是满足精神文化需求的重要手段。然而，上海高企的房价下，狭窄的居住空间让很多人家里放不下一张安静的书桌，独立的书房对大多数家庭而言更是不可企及的梦想。传统的图书馆或商业性书店都有其不足，打造家门口触手可及、随处可见的公共阅读空间体系已成为市民高品质生活的迫切需要。"城市软实力的打造，不是一句简单的口号，而应涵盖人人有感知、有体验、有融入的生产生活场景，体现出基于都市独特性而生成的吸引力和影响力②。"

3. 建设城市公共阅读空间体系是城市包容性的具化体现

"开放、创新、包容已成为上海鲜明的城市品格。""只有具备兼收并蓄、包罗万象的品格，城市才会呈现出更多的自由空间，才会不断更新，才会拥有安全感，并最终促进人类社会秩序的完善。"③包容是城市最大的魅力，但包容不是一句口号，而是具体的感受，需要物化的体系来呈现与支撑。10 年前的乞丐进杭州图书馆，2020 年老年打工者回乡时留言东莞图书馆等案例让我们认识到公共阅读空间的场域价值，也让我们认识到，公共阅读空间可以成为一个跨越户籍、肤色、性别、阶层、学历等差异，让每个人平等使用、包容共存的独特场所，也可以成为一个城市温度和温情的具体表达。

"文化软实力是全球文明城市的内生驱动力，是城市形象最集中的体现，具体体现为包容的多元文化和穿透性的文化影响，既包含强大的文化融合能力，又有着强大的国际传播能力。如果不具备文化软实力，上海就不会成为真正的国际化大都市。"④

---

① 陈忠.城市软实力的日常生活营建.探索与争鸣，2021[7].
② 王战.多管齐下打造城市软实力.探索与争鸣，2021[7].
③ 陈恒.全球文明史视野下的城市软实力与国家文明形态.探索与争鸣，2021[7].
④ 王战.多管齐下打造城市软实力.探索与争鸣，2021[7].

二、上海城市公共阅读空间的现状及问题

目前,上海城市公共阅读空间有传统图书馆、新型城市书房、商业性书店等类型,但每种类型都有其问题和不足,难以满足市民需要。

(一) 传统图书馆

上海有市级图书馆 2 家,区级图书馆 21 家,街道(乡镇)图书馆 213 家。一方面,传统图书馆数量少,空间覆盖不足,可及性、便利性都有待提高;另一方面,市民家门口的基层街道(乡镇)图书馆大多设施老化、环境陈旧、服务僵化。市民容易对其形成"古板而过时"的刻板印象。

(二) 新型城市书房

至 2020 年 10 月,徐汇区、长宁区、闵行区、嘉定区、浦东新区等以书香驿站、"阅"空间、我嘉书房、城中书房等为名,建设城市书房 84 个。以嘉定区"我嘉书房"为例,书房融合了 24 小时自助图书室、社区文化空间、市民科创实践基地、志愿者自治基地、公益休闲区域等多元功能,提供图书阅览、自助借还、场所使用等便捷服务。新型城市书房以其多功能和时尚性获得当地市民赞誉,但其数量和覆盖面尚不能满足多数市民需求。

(三) 商业性书店

由于成本高企、利润微薄等原因,上海商业性书店数量有所减少,由 2017 年的 2 379 家减少到 2019 年的 1 445 家。其中,很多书店如钟书阁、西西弗书店等也为市民提供一些阅读空间。但是,这些书店的大部分阅览座位都需要消费店内咖啡等饮品方可获得。另外,钟书阁等新潮书店往往成为网红打卡地,不利于市民真正阅读。

总体而言,上海城市公共阅读空间从量和质两方面而言,均与上海建设"具有世界影响力的社会主义现代化国际性大都市"的目标不相匹配。

三、建设城市公共阅读空间的国内外经验

(一)纽约公共图书馆的全民覆盖

纽约公共图书馆是美国最大的公共图书馆系统,服务范围覆盖曼哈顿、布朗克斯和斯坦顿岛三个行政区(布鲁克林和皇后区有其自身独立的图书馆系统)。通过吸收包括卡耐基基金会在内的社会个人及团体的捐赠和支持,对图书馆布局设置定量化标准,以及颁发法律保障贫弱地区的馆舍改造等措施,面向其服务的 343 万人建立了 92 个馆舍,达到平均 3.7 万人拥有一座图书馆,实现全民覆盖和步行可达,成为名副其实的"家门口的城市书房"。

(二)伦敦公共图书馆的创意店(Idea Store)改造

伦敦公共图书馆在 2010 年提出了"丰富公众生活,推进知识强民"的战略规划,但调查显示,70%的居民不是图书馆常客,因为图书馆"古板而过时"。于是,伦敦公共图书馆以"居民获取生活各方面信息和学习技能的第一场所"为定位,推出创意店(Idea Store)项目,对改建或新建公共图书馆以此统一命名。创意店建筑外观和内部装潢追求时尚,选址临近人流量大的超市或百货店,实行连锁经营的品牌管理模式。创意店首先具备传统公共图书馆的所有功能,在此基础上与网络、终身教育、社区生活相结合,集传统图书馆服务、社会教育、文艺表演、商品零售经营于一体,形成贴近市民需求的社区文化中心。

(三)中国香港公共图书馆的品牌建设

中国香港的公共图书馆服务由康乐及文化事务署提供,秉承"以客为本、素质至上"的服务理念,将自己定位为全香港的资讯中心、推广香港文学活动和文学研究的中心、休闲娱乐以及社区文化的中心。中国香港公共图书馆网络由 67 个固定图书馆和 12 个流动图书馆组成,为全港 700 多万市民提供服务。中国香港公共图书馆通过统一徽标,举办"青少年图书会""阅读缤纷月"

"香港文学节""全港诗词创作比赛"等阅读推广活动,建立国际组织托存书藏及十余个特藏,形成了涵盖手段、资源、平台、服务、协同五大要素的鲜明品牌。

(四)上海嘉定区"我嘉书房"的成功尝试

2017年1月,上海首个以政企合作模式运行的24小时公共图书馆"我嘉书房"正式开放,使群众就近享受高品质的阅读服务,目前,已在嘉定区布点30家。同时,书房融合了24小时自助图书室、社区文化空间、市民科创实践基地、志愿者自治基地、公益休闲区域等多元功能,并纳入上海图书馆"一卡通"管理系统,使用RFID自助服务技术,可实现图书阅览、自助借还、自助办证等便捷服务功能。居民还可在此免费申请场地,举办小型艺术展。

四、建设上海城市公共阅读空间体系的建议

(一)加大公共阅读空间增量供给

从国际比对来看,上海城市公共阅读空间供给不足。上海目前有常住人口2 487万,有图书馆236个,平均10.54万人拥有一座图书馆。虽然拥有量高于全国每44万人才拥有一座图书馆的数据,但无论跟国际图联颁布的《公共图书馆标准》要求每5万人配备一座公共图书馆的标准相比,还是与纽约的每3.7万人拥有一座图书馆和东京每3.25万人拥有一座图书馆相比,都有较大差距。与《意见》提出的"公共文化服务体系日臻完善"及"15分钟生活圈建设"也有距离。建议制定规划加大上海城市公共阅读空间供给。目前以下几个方面较具操作性:

(1)重新激活现有闲置空间。对全市目前处于封存、闲置、不允许营业,且产权属于事业单位和行政单位的房产,包括临街房产、老厂房、小区内物业房产等进行摸排,结合现有公共阅读空间分布,在公共阅读空间缺乏或不足的区域,将其中一些房产重新激活,转换成公共阅读空间,实现这些空间对市民的通达性和便捷性。

(2)嵌入"一江一河"沿岸公共配套设施。"一江一河"是民心工程,《意

见》也提出"完善'一江一河'沿岸公共设施配套"。在打造世界级滨水区，提升黄浦江苏州河两岸公共空间的过程中，可将公共阅读空间建设纳入进来，实现江河两岸锻炼、休闲、交流、学习、研究等功能的集成，让市民既可放松身体，也可浸润心灵。

（3）政府向商业性书店购买服务。加大对商业性书店的政策扶持，但要求书店提供更多无消费门槛的座席供市民使用，以政府买单的形式增强商业性书店的公益性。

（二）加快传统存量场馆提质改造

以城市书房为代表的公共阅读空间的营造实现了观念上的重大突破，改变了公众对传统基层图书馆的刻板印象，符合《意见》提出的"公共文化体系社会化、专业化"的要求。建议将既有街道（乡镇）和社区图书馆纳入城市公共阅读空间体系进行提质改造，使其建筑外观和内部环境更加新潮时尚，功能更贴合市民实际需求，使空间设计、服务设施（比如无障碍设施）、活动策划、教育培训等方面符合各阶层各年龄段的需求。

（三）打造城市公共阅读空间品牌

上海现有的城市公共阅读空间中，传统类型多以"地名＋图书馆"命名，新型公共阅读空间的命名包括书香驿站、"阅"空间、城市书房、我嘉书房、城中书房、"融"书房等，缺乏统一名称和标识。建议对全市现有及新设公共阅读空间的名称、设施、标识、风格等统一，打造统一品牌，形成文化名片。在对城市公共阅读空间进行设计时，要植根于城市特色和地域文化的独特性，将江南文化、海派文化和红色文化的元素嵌入和整合到设计方案中。

（四）完善公共阅读空间管理运营

在城市公共阅读空间的管理运营中，要凸显市民的主场感，通过简化手续和隐形管理让市民感觉"这就是我家的书房"；但这并不意味着放手不管，而是以数字化、智慧化手段将市民使用时的个人行为纳入其诚信体系。同时可让广告、自动售货机等进入空间,借助商业性设施的盈利来弥补公益性经费。

土耳其诗人希克梅特曾写道:"一个人一生中有两样东西是永远不能忘却的,这就是母亲的面孔和城市的面貌。"从某种意义而言,城市和母亲的相关性在于她们带给儿女的安全和温暖。也许我们能期待这样一个场景:当你需要查点资料做研究,当你的孩子需要更为宽敞的桌子做作业,当你的爱人需要一个地方跟朋友聊聊天,当外卖小哥跑累了需要一个地方歇歇脚,当忘记带伞的上班族想找个地方避雨取暖,你只需走上几分钟,转弯的街角总有一盏温暖的灯亮起,以城市公共阅读空间之名透出上海这座城市的温度、温情与温馨。

图书在版编目(CIP)数据

上海文化发展报告. 2022 / 徐锦江主编. —上海：
上海远东出版社，2022
（上海文化发展系列蓝皮书）
ISBN 978 - 7 - 5476 - 1784 - 7

I.①上… Ⅱ.①徐… Ⅲ.①文化发展—研究报告—
上海—2022 Ⅳ.①G127.51

中国版本图书馆 CIP 数据核字(2022)第 033240 号

责任编辑　贺　寅
封面设计　徐羽情

上海文化发展报告(2022)
文化建设与城市软实力

主　　编　徐锦江
执行主编　郑崇选

出　　版　**上海远东出版社**
　　　　　（201101　上海市闵行区号景路 159 弄 C 座）
发　　行　上海人民出版社发行中心
印　　刷　上海中华印刷有限公司
开　　本　710×1000　　　1/16
印　　张　17.25
插　　页　3
字　　数　255,000
版　　次　2022 年 6 月第 1 版
印　　次　2022 年 6 月第 1 次印刷
ISBN 978 - 7 - 5476 - 1784 - 7 / G·1131
定　　价　98.00 元